素系列

宝贝

跟着孩子看非遗

上海文化出版社
SHANGHAI CULTURE PUBLISHING HOUSE

立春 雨水 惊蛰 春分 清明 谷雨 立夏 小满 芒种 夏至 大暑 小暑

立秋 处暑 白露 秋分 寒露 霜降 立冬 小雪 大雪 冬至 小寒 大寒

在孩子们眼中看到非遗的未来

非物质文化遗产是以人为核心、以生活为载体的活态传承实践，作为一个民族、一个地区、一个乡村乃至一个社区的生活方式，其传承的最终目标是让其回归民众的生活。而在广大民众尚未对非物质文化遗产有自觉了解和深入认识的现状之下，传播普及可以视为传承的前站。通过传播普及非物质文化遗产的相关知识，让非物质文化遗产广泛走入民众视野，是营造良好传承社会环境的重要一步，而年轻人群，特别是青少年学生群体对非物质文化遗产的接纳和喜爱在其间显得尤为重要。

基于这样的理念，上海市自2007年非物质文化遗产项目三级名录体系基本形成之后，政府职能部门、项目保护单位以及相关的社区街道就开展了各种针对青少年的普及教育活动。2011年6月，上海市非物质文化遗产保护中心启动了“上海学子非遗展馆行活动”。活动联合了上海工艺美术博物馆、土山湾博物馆、上海笔墨博物馆、嘉定竹刻博物馆、七宝皮影艺术馆等13家非遗展示场馆，并设计印发了10万册包括非遗护照、展馆分布地图在内的“参观套件”，下发至全市200多家社区文化活动中心，并在上海市教育委员会的协助下，向各区青少年活动中心、少年宫发放，供上海全市学生免费领取。“学子行”还为各展馆设计制作了展馆参观纪念章，用于在参加活动的非遗护照上加盖，凡集齐所有展馆章的学生，还能领取上海市非物质文化遗产保护中心发出的精美礼品一份。

其时，2010年世博会余热未消，拿着护照看展馆，同时能加盖展馆章的观展模式一经推出便受到了在校师生和学生家长的广泛好评。学生们看地图、选展馆，主动走近非物质文化遗产，在课堂之外，体验了传统文化的魅力。特别由于活动推出时间正值暑假开端，很多家长陪着孩子冒着高温，乐此不疲地完成了参观和盖章任务，充实了孩子们的休闲时光。截至2019年，“学子行”共发放了“参观套件”57万册，参与的对象由最初的中小学生扩展到了高中生、大学生，参与活动的展馆也由原来的13家非遗专门场馆扩展到了30家介绍“传统历史文化”的非遗+展馆。同时，更多丰富的内容围绕着“学子行”得以开展。

2020年，由于突发新冠疫情，“学子行”的活动计划受到了阻碍，正当我们忙于策划新的活动内容时，《新闻晨报》和上海汐梦文化传媒有限公司给了我们很好的灵感，最终促成了2020年“非遗守‘沪’人”活动的推出。活动以8k高质量非遗微电影纪录片《海派百工》为抓手，向社会广泛招募中小学生“记者”。孩子和家长一起观看纪录片，拿着“学子展馆行护照套件”参观非遗展厅，走进30位海派非遗代表性传承人的生活和工作场景，通过这一系列活动，孩子们得以多维度感受上海非遗项目的魅力。孩子们的感受凝结成一篇篇富有情感的文章，展示着他们独特的视角中对匠心和传统文化的理解，让我们在新一代年轻人眼中看到了非遗的未来和希望。这样的活动方式不仅契合了文教结合工作的主旨，同时也为青少年的非遗社会化教育探索了新的模式与途径。

“求木之长者，必固其根本；欲流之远者，必浚其泉源。”我们推动非物质文化遗产在青少年人群中的普遍认知，就是为了在青少年心中种下一颗中华优秀传统文化的种子。希望大众通过了解非遗，增加一种根基性的文化积淀，然后自主地进行文化探索，从而形成更深的文化自省，让非遗保护不再是政策强制性的产物，而是全民的自觉行动，最终实现保护主体的普及。

上海市非物质文化遗产保护中心主任

吴鹏宏

2021年6月

记录，传承

每日都排得很满，周末都在赶场，耳边还充斥着师长的声声催促：“快一点，快一点！”这是如今很多孩子的生活状态。

而就在同一时空里，有另一群人，大隐于市，一辈子只做一件事，花费几个月甚至数年的时间，只为完成一件作品。

当“快节奏”的孩子遇上“慢下来”的生命状态，他们一定会有所触动和思考。

在《新闻晨报》记者带领小记者们做采访前的功课时，小记者们提出的最多的问题是：

您遇到过的最大困难是什么，是什么让您坚持下来？

您这几十年来都在做同一件事，有没有觉得枯燥无味呢？

完成这件作品需要花费多长时间，最难的时候有没有想过放弃？

采访中小记者们得到的答案往往是：

我就是喜欢。

我一做起来就忘记了时间。

我在传承中也会追求创新。

最难的时候也哭过，但没想过放弃。

这些质朴的话语，展现了非遗传承人身上普遍具有的优秀品质——热爱、坚韧、追求卓越！

这些优秀品质，也就是我们所倡导的“工匠精神”的内涵，放在任何一个时代都不会过时。

这次活动的采访环节，都是在酷暑天完成。有的非遗传承人的工作室内，甚至没有空调，这对于小记者们来说就是一次坚韧力的磨练。采访完后，小记者的稿件都被带教老师多次退回修改，这就和非遗传承人打磨自己的作品一样，是一次追求卓越的体验。

所以，当《新闻晨报》小记者与非遗传承人面对面时，从某种程度上来说，就是一个生命在影响另一个生命，是精神的传承，是最好的“实践教育”。

最后，回到我们媒体人的使命——记录与传播。不论是精湛的传统手工技艺，还是非遗传承人的工匠精神，都是我们民族的财富，值得我们去记录与传播。我们的合作伙伴，上海汐梦文化传媒有限公司拍摄制作了非遗纪录片——《璀璨薪火》《海派百工》，为众多的非遗技艺和传承人保留下了珍贵的影像记录。在此基础上，我们共同主办非遗守“沪”人青少年实践活动，让《新闻晨报》记者带领小记者们，用记者的思维、孩子的视角去进行文字记录。两者结合，相得益彰。

此书，便是完成这份使命的表达。

在此，还要特别感谢上海市非物质文化遗产保护中心的指导。

新闻报社党委书记、社长

黄琼

2021年6月

序 让非遗传承人做这个时代的“明星”

19岁踏进上海西南某高校，班级里有一大票同学都是成绩堪称学霸且有“一技之长”的文艺特长生——同寝室的哥们，就是个有事没事拉帕格尼尼的小提琴“十级”。或许是缺少一门“手艺”傍身的“自卑”，毕业十年后选择创业，我竟然开始为非遗传承人做影像纪录，这一做就是五年，逐步打造了一座拥有全国各地近三百位非遗传承人超高清影像的“数字档案馆”！这两年作品陆续上映、播出，《璀璨薪火》系列的全网播放量早就突破了千万，《海派百工》系列的第一季全网播放量也有好几百万了，作为一个心性不是那么“稳当”的人，这件事情会做得这么执着，我觉得是因为在我“三观”养成阶段，就已经把拥有高超技艺的“手艺人”当作明星、偶像一般“顶礼膜拜”的缘故！

如果说文艺特长生，是20年前我可望不可即的“星辰大海”，那么非遗传承人，就是我眼里这个时代最亮的“明星”。所以，2020年初，当上海市非物质文化遗产保护中心正为如何在新冠疫情肆虐的情况下，继续推进中小学生进入非遗展示场馆了解传统文化而苦费心思的时候，我和《新闻晨报》学生记者团负责人张智丽老师一起建议，让孩子们在暑假里走进上海非遗传承人的工作室，给他们一个机会近距离接触这些活生生的传承人吧……大学的经历，让我对“榜样”“明星”的作用认识得太深刻了！

非遗和文物不一样，文物，是冷冰冰很难感受到真实温度的历史，你听到的都是有关他和她的“故”事，你有景仰却很难共鸣。非遗是正在进行的当下，是我们热火朝天的生活，与非遗传承人的亲近，会让人开阔眼界、拓宽思路……哦，原来每一个非遗传承人，都是那么真真切切地拥抱着时代，他们的“一生择一事”不仅仅是一种精神信仰，更是一种生活状态，所谓的“坚持”，是“痛并快乐着”的同义词。

我一直在猜想，当非遗传承人成为这个时代的“明星”，这些孩子里会有多少，将来自信满满地选择在非遗的行当里“乘风破浪”！

2021年6月1日，是《中华人民共和国非物质文化遗产法》公布施行十周年的日子，谨以此书的出版，纪念这一里程碑。

上海汐梦文化传媒有限公司 创始人

非遗纪录片《璀璨薪火》《海派百工》出品人

华凌磊

2021年6月

与节气宝贝一起，探秘海派百工

一年分四季，每个季节又分为六个节气，一共是二十四个节气，一个节气分为三候，五天为一候，一年有七十二候。作为中华民族传统文化的瑰宝，二十四节气知识深深浸透着我们祖先的智慧，他们根据太阳运行的位置，随着四季的变换作息，辨别一年七十二种物候的迁移。我们总能在生活的不经意间，感受到节气中的生命、科学、自然、风物等诸多魅力……

2006年 5月，“二十四节气”被列入第一批国家级非物质文化遗产代表性项目名录。

2016年 11月，“二十四节气”被列入联合国教科文组织人类非物质文化遗产代表作名录。

中国二十四节气的成功申遗，对于每一个中国人来说，都是最值得骄傲的， 也是最值得庆贺的消息。这一凝聚着中华大地几千年古老智慧的传承，让我们站在世界的舞台上熠熠生辉。

对于农人来说，二十四节气是指导农事的重要风向标，遵其播种和孕育中的规律，才会拥有累累硕果。

对于匠人来说，因时而作，因时而变，善用天时、地利，呈现出精湛技艺、追求完美的作品。

而对于孩子，二十四节气其实还有更深层次的表达，对孩子的成长，对于亲子关系也是影响深远。

从新生命的诞生到幼儿、少年成长的历程，也正是一个新生命刚刚对外界有意识的时候与认知的过程，这些稚嫩的生命以自己的方式与外在的世界进行连接，用好奇、探索、体验，与父母和大自然进行关联， 而这些连接的稳定性，对孩子精神发展的高度和深度起着重要的作用。

观察是智慧的开端，二十四节气从自然中诞生，也和自然相辅相成，在孩子认知初启的时候，应该引导他们认识自然界中的风、雨、云、雪，观察与感受自然界变化，感知日夜的交替以及万物的运行规律。因兴趣而了解，因了解而得到的知识才能长久。

节气者，时间运行之坐标也，气象物候之时空节点也。节气之说，唯华夏先人独创；节气之用，为华夏古今承袭。我们拥有二十四个节点，推动了一年的变化、收获和大地生灵的运作，每一次的花开花落，日月交替，都富含着诗意。二十四节气如同一部生动的百科全书，包含着自然的奥秘、时间的奥秘、生命的奥秘等等；原来非遗是这么生动有趣，寓教于乐，老师与孩子、父母与孩子、匠人与孩子的有效互动，感知与领悟这些文化瑰宝，既是传承也是创新，沿着一年时间的轨迹 ，探秘海派百工 ，经历二十四个节气，“节气宝贝”陪伴着孩子与时间同行 ，小记者们用自己的语言，诠释了与非遗传人亲密接触的第一线真实感受，再加上珍贵的三十段非遗传人精选影像，30位海派非遗传人如同在你身边，亲自与孩子们讲述，成为一本集听、说、读、看与AR体验的非遗研学指南。相信这个充满趣味的节气非遗世界， 会在孩子的成长路上留下很多的美好，伴随他们快乐成长。愿不远的将来，每一个中国的孩子甚至世界的孩子，都能够知晓，也能够脱口而出，自己的所属节气。

中国文化IP
节气宝贝
2021年6月

目录

节气宝贝国学探索系列
跟着孩子看非遗

立春　小雨　惊蛰

春分　　清明　　谷雨

目录

节气宝贝国学探索系列
跟着孩子看非遗

立夏　小满　芒种

夏至　小暑　大暑

目录

跟着孩子看非遗
节气宝贝国学探索系列

立秋　处暑　白露

秋分　寒露　霜降

目录

节气宝贝国学探索系列
跟着孩子看非遗

冬至  大寒

春

七十二道工序纯手工制作
老字号周虎臣毛笔
期待新的春天

立春

越来越多的孩子课余学习书法，而且上海的每一名中小学生都要参加上海市中小学生书法等级考试，但很多孩子都不知道，就在我们生活的这座城市，还有个百年制笔老字号——周虎臣毛笔。

周虎臣，清朝制笔名师，曾为清朝康熙皇帝制笔，被康熙誉为“笔走龙蛇”。1862年，周虎臣笔庄迁入上海。“海上制笔者，无逾周虎臣”，透过这句清末著名海上书法家李瑞清的评价，足见周虎臣毛笔之行业地位。

一支毛笔是如何制成的？老字号周虎臣毛笔的“好”又好在哪里？2020年7月10日，《新闻晨报》学记团的小记者们走进上海周虎臣曹素功笔墨有限公司笔/墨厂，听周虎臣毛笔制作技艺传承人吴庆春老师讲述他和这支笔的故事。

守护项目

周虎臣毛笔制作技艺

传承人

吴庆春

请珍惜这支毛笔

《新闻晨报》小记者　王语心
上海民办福山正达外国语小学　四年级

在我七岁时，爸爸妈妈便让我学习书法和国画。他们说，这是我们中国传统文化的重要部分。从一开始学习握笔，到现在能完成一幅幅的作品，我渐渐喜欢上了闻着墨香挥毫的感觉。

今年暑假，我参加了非遗守“沪”人活动，有机会前往上海周虎臣曹素功笔墨有限公司笔/墨厂参观采访。

周虎臣曹素功笔/墨厂位于静安区的南山路上，当我找到路牌时，发现那里正面临搬迁，周围堆满了砖头和砂石，显得有些破旧。但一走进厂楼，就闻到一阵熟悉的墨香，门洞的两边，挂着“中华老字号”“国家级非物质文化遗产”的铭牌，楼道里挂着不少书法家的墨宝。

来到会议室，周虎臣毛笔制作技艺传承人吴庆春老师已在等候我们。简单的自我介绍后，他取出三支毛色不同的毛笔向我们介绍。

“你们知道狼毫是用什么毛做的吗？”

“黄鼠狼！”我抢先答道。

“那羊毫呢？”吴老师继续问。

“山羊毛。”我们七嘴八舌地回答。

“兼毫呢？”

“狼毫和羊毫都有。”

“太对了！”

没想到我们的回答让吴老师拍手称好，笑称“遇到高手了”。原来以前他到外面讲课，有的人会回答“大灰狼”和“绵羊”。

然后，吴老师介绍了毛笔的制作。整个过程有72道工序，其中最难的是水盆工艺。吴老师说，制笔工人的整只手要泡在加有脱脂材料的水里进行操作，为了不损伤毛，即使是冬天，也只能用冷水，制作时会冷得刺骨。刷毛的时候，刷子一不小心刷到手，皮破了，手再浸到水里，更是钻心的痛。

正是因为制作毛笔太辛苦了，所以现在许多年轻人都不愿去做，或者做了一段时间

就坚持不下去跑了，所以笔厂的工人越来越少，手艺的传承也遇到了困难。

听了吴老师的介绍，我想，一支毛笔真是来之不易，我们要珍惜手中的毛笔。吴老师告诉我们，写完字不及时洗笔，墨就会干，再洗就要用力，用力就会伤害毛笔。所以一定要及时洗笔，洗完用纸吸干后挂好，下次写之前要用毛笔蘸水，湿润后再写，这样才能保养好毛笔。不仅如此，我们更要珍惜周虎臣这个百年老字号，让更多人知道周虎臣这个名字，让周虎臣制笔技艺一直传承下去。

时间成全了技艺

《新闻晨报》小记者　刘霁靓
上海市世界外国语中学　八年级

清末，著名海上书法家李瑞清曾赞誉："海上制笔者，无逾周虎臣。"

在静安区南山路一片动迁基地中，藏着百年制笔制墨世家——上海周虎臣曹素功笔墨有限公司笔/墨厂。这里的时间仿佛比外面慢很多：制墨车间，两位工人在数千上万次地捶打墨团；翻晾车间，一块最小分量的墨也需翻晾半年；描金车间，所有人都在埋首描画，没有一点声音。

国家级非遗周虎臣制笔技艺传承人吴庆春老师告诉我们，因为原材料等原因，制笔车间已经搬去外地。和制墨一样，每支周虎臣毛笔全是纯手工制作，14道流程，72道工序，"都有制笔工人的情感在里面"。

坚持、坚守制笔41年，有三句话深深影响了吴庆春老师。

"第一句是我师兄说的，荒年饿不死手艺人。第二句是我师父说的，不但要笔头朝上，学做笔，还要笔头朝下，学用笔。"吴庆春老师回忆道，他1979年进入笔厂，师傅知道他喜欢写字，就带他拜师学书法。"一支毛笔究竟好不好用，不是我们做笔的人说了算，而是用它的人说了算。"他介绍说，制作常规产品没有太大问题，难度最大的是书画家订制笔。

"每个人的风格不一样，我要研究他们的书写习惯和风骨，确定原料配方和笔的软硬度，让他们用得得心应手。"

虽然是一支小小的毛笔，制作工序却有72道。比如其中的水盆工艺，是制笔头的核心工艺。兽毛从皮上剥离后，会四处散落，制笔头时需要带水操作。为此，制笔工人的手要一直泡在水盆里，长年累月，冬天也不停息。

即使辛苦，吴庆春依然非常热爱制笔技艺。"咬定青山不放松"是吴庆春此生受用的第三句话。因为有着"择一事，终一生"的初心，"终一生，爱一事"的耐心，守得

住寂寞，日复一日地磨练，时间终于成就了精湛的技艺。

如今他最大的忧心，是如何将这门手艺传承下去。“一个人从学徒开始做，没有十年八年拿不下来。做这一行非常辛苦，要有悟性，收入也不高，愿意学的年轻人很少。”不过，吴庆春依然有信心，“我相信市场会调节，只要还有人写字，有这个需求，就有人愿意来学习这门技艺，担起这份责任”。

一支好毛笔的秘密

《新闻晨报》小记者　吕瞳瞳
上海市民办新世纪小学　五年级

周虎臣笔庄1694年创建于苏州，曾给康熙皇帝定制60支大小不一的毛笔，被康熙皇帝评价为“笔走龙蛇”。1862年，周虎臣笔庄迁入上海，和上海一流的书画家合作，成为了响当当的“中华老字号”。

这么好的毛笔是怎么做出来的呢？带着这份好奇心，我参观采访了上海周虎臣曹素功笔墨有限公司笔/墨厂。

周虎臣毛笔制作技艺传承人吴庆春老师告诉我们，因为毛笔生产原料等原因，笔厂的生产车间都搬去了外地。不过他准备了几支大小不等的毛笔，和我们聊起了制笔的秘密。

要制作一只毛笔，首先是制笔头。笔头的选毛很有讲究。吴老师说，毛笔通常有狼毫、羊毫和兼毫。狼毫用的是黄鼠狼的尾巴毛，羊毫用的是山羊的毛，兼毫则是两种毛兼而有之。“大冷天动物的毛最好，因为特别厚实，有弹性。山羊则是太湖流域、长江流域的最好。”吴老师有些怀念地说，以前湖州等地的山羊吃的是桑叶，甚至螺蛳，毛色雪白雪白的。如今因为生长环境改变了，相对毛质也有变化。

不过周虎臣毛笔最厉害之处，是为书画家订制个性化毛笔，也就是根据每个人的书写风格和习惯，为个人量身订做最适合的毛笔。“用什么毛、怎么用是要研究，有配方的。”吴老师透露说，几百年前周虎臣笔庄给皇帝制笔的配方都还在呢。

毛选好了，就要开始制作了。制笔工人需要不停地将毛放进水里，再拿出来，目的是让毛对齐，并将杂毛处理掉。这就是周虎臣毛笔制作72道工序中最为苛刻的水盆工艺了。“这些操作必须是全手工，不能用机器代替。比如用机器刷毛会损伤毛质，影响笔锋。”

毛配好后，用绳子把笔头后面绑好，开始装套。按笔头的大小在笔管内打洞，让笔

头达到尖、齐、圆、健。

一只毛笔就这么做好了，最后是在笔杆上刻字。这可是吴老师的拿手好戏。他刻字的方法很特别，先把横和撇刻好，再刻竖和捺，最后再回来刻出笔锋。“手刻的字有韵味，那也是机器刻字不能比的。”

一支周虎臣毛笔就这样做好了，大家都来试试吧。

用心用情　制笔一生

《新闻晨报》小记者　吴宇翀
上海市普陀区新普陀小学东校　五年级

毛笔，乃中国文房四宝之一，其历史悠久，是我国古代的重要书写工具。今年暑假，我有幸参加非遗守“沪”人活动，见到了国家级非遗——周虎臣毛笔制作技艺代表性传承人吴庆春老师。

初见吴老师，他身着条纹短袖T恤，中等身材，国字脸，黑发中夹着些许白发。吴老师一直笑呵呵的，与我们谈天说地，让我感觉非常和蔼可亲。

吴老师1979年顶替退休的父亲，进入周虎臣笔厂学习制笔。他先前当过小学老师，对书法有兴趣，他的制笔师父严琴学就带他去拜书法家马云虎学书法。严师父对吴老师说过一句很重要的话：“不但笔头朝上学制笔，还要笔头朝下学用笔。”笔好不好，使用的人感受最深，懂得笔，才能更好地做好笔。如今，吴老师是做笔的人里面写字最好的，也是写字里面做笔最好的人。他负责给厂里试笔，把好质量关。

吴老师的另一门绝技是刻字。“我父亲

是刻字工，我从小耳濡目染，跟着刻，别人说你刻得很好嘛，这给了我信心。”吴老师就自己琢磨，越刻越好。“即使有老师教，你要比别人走得远，走得深，也一定要自己用心领悟，花比别人多的时间。你花了多少功夫才能取得多大的成绩，一定是这样的。”因为有这股钻劲，吴老师如今的刻字功夫，被同行评价说：“你说你是第二，没人敢说第一。”

老师还给我们讲了一个小故事：上海笔墨博物馆为了庆祝孙中山先生诞辰150周年，请吴老师在150支笔上刻孙先生书写的“博爱”二字。“他们打电话过来时，我很爽快地答应了，没想到一看到字，发现孙先生的字很特别，非常不好刻。”吴老师说，他沉下心来，花了大半天时间来研究这两个字，等胸有成竹了，才以刀代笔开始刻。活动当天，嘉宾们看到吴老师的作品都惊叹不已。

今年是吴老师入行的第41个年头。疫情期间，他重新写了一遍当年拜师时写的一幅字：“雄关漫道真如铁，而今迈步从头越。”他感叹道：“我感恩两位师父，一位让我学书法，一位教我学书法，我才有今天的一点成就。一个人取得成功，不是有多聪明，一定是有很多人在帮助你。”

最后，吴老师说，希望等明年新厂搬好以后，我们还能去参观，带上我们的朋友伙伴一起，他希望能有更多的人了解周虎臣毛笔，了解这项非遗。

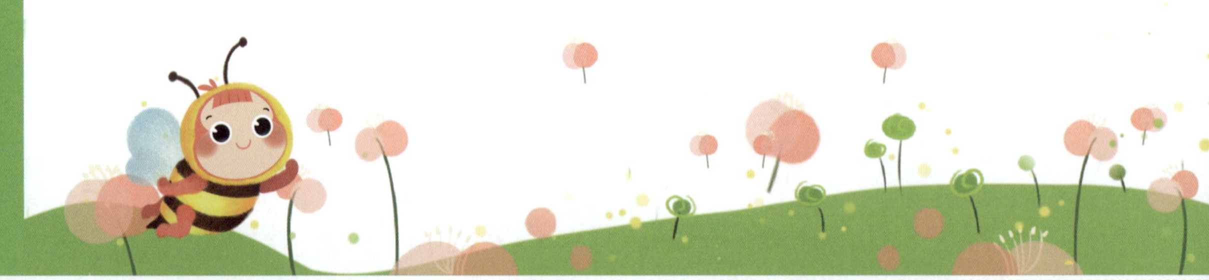

留住老字号周虎臣毛笔

《新闻晨报》小记者　徐乐妍
上海市实验学校附属小学　三年级

你听说过周虎臣这个名字吗？他是清朝的制笔名师，曾为康熙皇帝制作过御笔呢！他开办的周虎臣笔庄在1862年迁入上海，一直延续至今。暑假的一天，我们来到了位于上海市静安区南山路上的上海周虎臣曹素功笔墨有限公司笔/墨厂参观。

周虎臣制笔技艺传承人吴庆春爷爷热情地接待了我们，他和我们聊起了他和周虎臣毛笔的故事。

吴庆春爷爷先问我们，羊毫用的是什么毛、狼毫用的是什么毛。如果你以为是小绵羊的毛和大灰狼的毛，那你就错啦！狼毫中的“狼”指的是黄鼠狼，而羊毫的“羊”指的是山羊。如果你要去商店买毛笔，别家的售货员可能会问，“您要买什么笔，是狼毫还是兼毫呢？”而周虎臣的店员则会仔细地询问：“您要写什么字体，要临谁的帖呢？”这是因为用不同动物的毛制作出来的笔，写起来感觉也会不一样。写什么字用什么笔，这是很有讲究的！

吴爷爷还跟我们详细介绍了毛笔制作的工艺。原来，一支毛笔做出来需要整整72道工序，纯手工操作，听起来都觉得非常复杂辛苦。比如水盆工艺，因为整双手都要泡在水里，以前没有空调，夏天手伸进冷水里还可以，可大冬天那叫一个冻啊！即使后来有了炉子取暖，双手浸在水里还是很冷！

做一支毛笔选材那么困难，做起来又很辛苦，所以愿意来做毛笔的人越来越少了。但是我还是希望，有人能把这个技艺传承下去，让我们能一直用上这么好的——周虎臣毛笔。

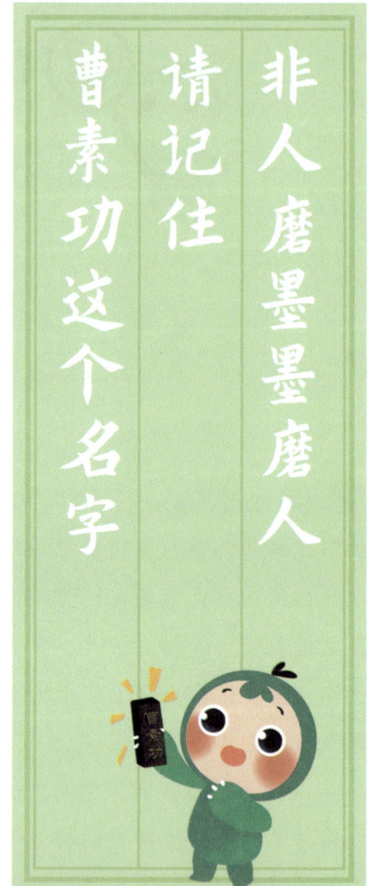

非人磨墨墨磨人

请记住

曹素功这个名字

1862年，曹素功墨庄迁入上海，和海派书画家合作，互相成就了一段辉煌。

2020年7月10日，《新闻晨报》学记团小记者走进上海周虎臣曹素功笔墨有限公司笔/墨厂，探访这个延续了三百多年的制作技艺。

制墨间里，两位师傅在17度的空调下反复捶墨搓墨，额头上沁出豆大的汗珠；翻晾间里，一位师傅守着一层层墨条，小心翻晾，也守着这番寂寞；描金间里，五六位师傅专注地持笔描画，彷佛我们不曾闯入。

曹素功墨锭制作技艺代表性传承人——徐明老师说：“二十多年前，我第一次走进昏暗漆黑的车间，是这古老、细致、精美的墨模吸引我留了下来……”他希望通过我们的口口相传，让更多人记住“曹素功”这个名字。

守护项目

曹素功墨锭制作技艺

传承人

徐明

择一事，爱一生

《新闻晨报》小记者　陈穆非
上海市育才初级中学　七年级

“当我第一次走进昏暗漆黑的车间，是这古老、细致、精美的墨模吸引我留了下来，这一干就是20多年……”曹素功墨的第15代传人徐明这样对我们说。

南山路是一条充满烟火气息的小马路，一路上，人来人往，喧闹嘈杂。作为“国家级非遗”的曹素功墨厂已拥有三百多年的历史，然而藏在这条路上，还是毫不起眼。

小记者们集合完毕，便走进了工厂。楼道上墨迹斑斑，楼梯的窗口旁结满了蜘蛛网，工厂面临搬迁，陈旧不堪。然而墨香弥漫在有点潮湿的空气中，还是令人舒适，心一下子静了下来。

迎面过来接待我们的是徐明厂长，中等身材，五十岁上下，言语之间，脸上总是挂着微笑，目光温厚而亲切。他告诉我们，这座厂房是1917年从老北站搬迁至此，1976年重新翻建，不久之后将要再次迁移。我幸运地见证了曹素功老厂最后的时光。

走进制墨车间，一位夏师傅正在两个黑漆漆的老木桩上捶打一团墨泥，只见他左手抓起墨泥，右手抡一方锤，双手一抓一打，此起彼落，行云流水，一气呵成，动作煞是好看。

“这过程难道不能用机器来完成吗？”我好奇地问。

“不行！机器替代不了。”徐明连连摇头，“机器生产出来的墨条容易开裂，只有像夏师傅这样，心手合一，反复捶打，才能使墨团中的气泡全部排出，这是做出好墨条的关键。”

我看着夏师傅在那里不停地忙忙碌碌，额头上沁出豆大的汗珠，看着他那双有力而灵巧的双手，将称好的小块墨泥快速地从圆球搓成长条，再小心翼翼地放入石楠木做成的木模盒中。敲打几下，放进一个铁做的装置中压紧，最后再转移到楼上的翻晾车间将水分阴干。一般来说，一块二两重的墨条也

需要半年多的时间才能出厂销售。

的确，每一根完美的“曹素功”墨条，都是这样踏踏实实、一步一步打造出来的。从点烟、取烟、蒸胶、和料、制墨、翻晾、描金到最后包装出厂，这其中包含了大大小小几十道工序。老师傅们口传心授，徒弟们用心揣摩，每一道工序都马虎不得。疏忽一步，那墨条便丢了“曹素功”的味道，配不上“曹素功”的名号。

“请问，那些脸盆和洗漱用品是怎么回事？”一位小记者满脸疑问。

“师傅们是住在厂里的，每天清晨五点钟就得起床蒸胶，那时候的气温和湿度正是蒸胶的黄金时段……”徐厂长神秘地笑了笑，“这可是从前老师傅们传下来的秘诀呢！”

我环顾着陈旧的车间和那些被墨染得乌黑的器具，忍不住追问：“曹素功墨会不会随着时代的发展增加一些现代感，比如我们青少年喜欢的一些流行元素呢？”

徐厂长笑着点头：“我们有这方面的考虑，可以让包装和图案增加一些时尚感。最近我们还采用了网络直播带货的营销手段。”他越说越兴奋，“到时候欢迎你们再来新厂参观，那里有博物馆，还有高科技的多媒体放映室……”

从徐明厂长的话语中，我仿佛看到了曹素功宽敞明亮的新厂房，还有一个非遗项目更美好的未来。

择一事，爱一生。中国的制墨人就这样坚守在这古老的行业中，经历着寂寞，在日复一日的枯燥中，用一颗沉静之心，用一双匠人的妙手，一代一代地传承，也一代一代地延续“曹素功”的传奇。

墨色映河山

《新闻晨报》小记者　糜知好
上海市风华初级中学　六年级

在素南山路的一条小弄堂里，藏着一座铺着青色瓦砖、古风样式的厂房，这就是曹素功墨厂和周虎臣笔厂了。踏进厂房，走过层层的楼梯，来到一个会议厅，那里，国家级制笔大师吴庆春和国家级制墨大师徐明在等我们了。

简单的介绍之后，徐老师带领我们下了一层台阶。“砰，砰”，还在楼梯上的我们就听到了响亮的捶打声。“这是哪儿呀？”我抬头一看，只见门框上的牌子写着“制墨间”。推开门，我不由地打了个寒颤，真冷啊。原来，为了让墨有一定的湿度，这里一直开空调，常年保持在低温。“这个是我们的夏师傅和童师傅。”徐老师介绍道，“他们正在制墨。”我抬眼望去，只见两位师傅汗涔涔的，正各自用一柄锤子反复敲打一块胶状的墨。

“想要做好一块墨，可是要花很大功夫的呢！光是一块墨就要捶打上千次。”趁着

夏师傅转身把打好的墨称重，我走上前，偷偷拿了一下那个锤子，哇，可真沉啊，“这个锤子可有十几斤重呢！”徐老师发现了我的小举动。他还告诉我们，夏师傅和童师傅每天五点钟就起床开始蒸胶。“做这项工作必须要有耐心，要肯吃苦。最终能留下来的人，靠的是对中华文化的热爱。”

他一边招呼我们随便看，一边骄傲地介绍，“我们这的东西，随便一件就有上百年历史呢。”我环顾左右，发现房间中央处挂着一块牌匾，写着“紫玉光墨”，字的上方正中间写着小小的“御赐”两字。我好奇地问：“徐老师，这真的是皇帝写的吗？”徐老师的声音里有几分郑重：“这是康熙皇帝赏赐的牌匾。就是因为曹素功墨墨色浓醇，研墨后自带清香，所以深受古代书法家、画家青睐。康熙年间，曹素功墨庄上供给康熙一块墨锭。皇帝用了之后整个皇宫都飘着清香，他龙颜大悦，就题了这块牌匾，曹素功墨因此名声大振。”我听后，仔细地端详起那块牌匾，牌匾的外面是红木色的画框，黄色的纸虽然因为时代久远有些暗淡，但仍透出庄严的气势。

离开了制墨间，我们来到翻晾间。在这儿需要“看管”全厂几千根墨条。这些墨分二两、四两、六两、八两不等，墨越重，需要晾干的时间就越长。徐老师说，他们做过的最重的一根墨有二十四斤。

最后，我们来到了描金的工作室，这里工作的全是女生，黑乎乎的墨就是在这里穿上精美的衣裳，摇身变成大家喜爱的曹素功墨。描金是用金箔兑上水后，用笔头极小的笔描上去的，图案大多出自大师的字画，有梅兰竹菊、十八罗汉，还有当年专门给皇帝用的五爪金龙墨，十分好看。经过这样的点缀，小小的墨块在实用之外，还增加了收藏价值。徐老师小心翼翼地拿起一根完工的墨条，如珍宝一般放在手心里，轻轻地抚摸，“别看这小小一块墨，可是集画家、书法家、雕刻家、制墨家的心血于一身啊。”

曹素功墨在金陵东路开了一家实体店。徐老师说，他们今后还会尝试将古老的制墨技艺融入流行元素，比如将墨上的图案设计成一些卡通造型，以及直播带货……让更多的人知道曹素功墨，让非遗重新流行起来。

这，也是课堂

《新闻晨报》小记者　严陈轩
上海市民办桃李园实验学校　五年级

静安区的一条即将拆迁的小弄堂里，成堆的瓦砾，陈旧的房屋，看起来颇为破败，可这里面竟然藏着两个国家级非物质文化遗产——曹素功墨锭和周虎臣毛笔。这座厂房已有一百多年的历史，即将搬迁。尽管如此破旧，我们一进门还是能闻到一股扑面而来令人陶醉的墨香。这天，我有幸走进曹素功制墨厂，一探其悠久文化。

据曹素功墨锭制作技艺的第15代传人徐明大师介绍，曹素功墨已经有350多年的历史了。康熙南巡时，曹素功曾经用“黄山图”墨进献，深得赏识，并被赐予了“紫玉光”的美名。如今俞樾所书写的“紫玉光墨”四个大字，依旧摆在曹素功制墨车间的门口，显眼极了。

曹素功制墨严谨的步骤令人惊叹。墨锭制作工艺分为制墨、晾晒、翻晾、描金等多个繁杂步骤，十分耗时耗力。我们刚进入制墨间，一股冷风扑面而来。原来，这里的温度常年都处于17摄氏度，这样才能保证墨锭质量。在那里，我们看见两位“榔头大师”拿着十几斤重的榔头，反复捶打黑乎乎、软粘粘的墨坯，这是制成较好墨锭的独特秘方。这种方法需要细心，不然一不小心就会敲到手。“榔头大师”的手上有几滴已经嵌在手里的墨，永远也洗不掉了，这成了他们的职业印记。

墨坯制成墨条后，还需经过长时间的翻晾，不同的墨锭所需翻晾时间不同，小的需要半年，大的则需要数年。接下来是最考验眼力的描金工作。描金姐姐们低着头，专注地看着墨锭，一笔一画，将一块墨锭装饰上各种寓意的图案。这也是一项纯手工、要求极其细致的工作，需要一分不差的耐心与匠心。

这些匠人最值得学习的，是他们“几十年如一日”的持之以恒。其实，他们每天都在做同样的一件事情，但并不觉得枯燥，而

是一心坚持。两位“榔头大师”已经干这一行有十几年了，从早到晚捶墨搓墨；心灵手巧的描金姐姐也很沉得下心来，静心屏蔽外界的一切干扰；还有翻晾哥哥，其实翻晾这项工作真的很寂寞，就是每天把所有的墨条全部翻动一遍，我很佩服他。

这次参观与学习让我开始关注非遗的传承，让我知道了保护和宣传非遗的重要性。

原来，这也是课堂！

留住曹素功墨

《新闻晨报》小记者　陈乐琪

上海市杨浦区建设小学　五年级

曹素功墨，一个有着350余年历史的中华老字号，也是国家级非物质文化遗产。尽管大家平时可能听过这个名字，但曹素功墨到底有着怎样的独到之处，今天就请跟我一起去现场探个究竟吧。

一走进上海周虎臣曹素功笔墨有限公司的大门，浓郁的墨香扑面而来。墨厂的师傅先带着我们来到了二楼会议室，周边陈列着一些曹素功墨收藏品，我这才知道，好墨原来可以成为收藏品代代相传，看来这曹素功墨确有独到之处！

接着，师傅带我们走向制墨间。远远的就听到里面传出连续不断的击打声，难道制墨还需要敲打吗？走进去，只见一位制墨师傅右手握着铁锤，不停地捶打着左手的一块拳头大小的墨团。铁锤的手柄是木制的，长约40厘米，头部是一块厚厚的方体铁块，听说重达十几斤！随着铁锤的上下舞动，制墨师傅也在快速地翻转着墨团，让我们看得眼花缭乱，同时也为师傅揪着心。好在师傅技

艺娴熟，左右手的配合丝丝入扣，还能在手起锤落的间隙擦一下脸上密密麻麻的小汗珠，实在是艺高人胆大！

我们又来到了描金间，这里是赋予墨锭栩栩如生图案的工作室。阿姨们每人拿着一支小楷毛笔，认真地用金色和银色的颜料描绘墨锭上已经刻好的花纹，那一丝不苟的样子仿佛在做精致的刺绣。

这时你可能已经明白了曹素功墨两个最大的特点：一是质地坚硬，千锤百炼方得一块曹素功墨；二是做工精致，从事描金几十年的老师傅们用心雕画的墨锭，本身就是一件纯手工的工艺品。听工厂的师傅们说，清朝时，曹素功生产的墨锭专供皇帝使用。近现代以来，有些书画大家专门定制曹素功墨锭，足见书画家们对曹素功墨的青睐。

参观结束，我不禁感慨良多。随着城市生活的现代化，曹素功墨已经不再被年轻人所熟悉，而它本身所蕴含的人文和艺术性，值得让它重新回到人们的视野中。

闻香识墨

《新闻晨报》小记者　汪捷

上海市育才初级中学　七年级

喜欢书法的人都知道，曹素功的墨和周虎臣的笔是非常有名的。带着“百闻不如一见”的好奇，我走进了即将搬迁的上海周虎臣曹素功笔/墨厂。虽然它已非常陈旧，楼道里结满了蜘蛛网，但是在那微微湿润的空气中，弥漫着一股墨的清香，让人不禁感到心旷神怡。

走到制墨车间门口，里面传来敲打的声音，我们不禁有些疑惑：制墨还要敲打吗？果然，制墨车间，一位夏师傅正在一块木桩上不停敲打一团墨坯，左右手的动作配合得十分娴熟，时而敲打，时而捏形……由于长时间从事这一行，他的手上已经留下了洗不净的墨痕。

随后，墨厂厂长——曹素功墨锭制作技艺第15代传承人徐明老师带我们来到门口的一幅书法作品前，向我们介绍：“这幅字画是康熙皇帝赐给曹素功墨的，它由清代书法家俞樾书写，是曹素功的一大成就。”我细看这幅作品，上书“紫玉光墨”四个大字，果然是对曹素功墨的极高赞誉。

制成一块墨，还有其他许多步骤。手艺人每天早上五点就得起床，点烟、取烟、蒸胶、和料，每道工序都马虎不得。之后就是捶打制墨，完成之后墨锭进入翻晾间，在那里待上几个月到几年时间，其间每天都要翻一翻，以免弯曲变形。最后，墨锭在描金之后包装出厂。

参观完成后，我们迫不及待地和厂长交流起来。一位小记者问：“您觉得制墨过程中最难的一步是什么？”“制墨最难的一步便是我身后的制墨车间，墨在里面要被反复敲打，不断揉搓抹掉气泡，很考验手艺人的手上功夫。他们周而复始地做一件事，可谓择一事爱一生。”厂长不疾不徐地答道。

另一位女生记者追问道：“那么该如何检验墨里面是否有气泡呢？”厂长微笑起来，笑容中透露着满满的自信：“这就需要时间

来验证了，如果有气泡的话，时间长了墨会裂开的。我们的手艺人都会非常认真地去制好每一块墨。”

这时，我也不禁想到了一个问题：“厂长，您最希望现在的青少年怎么来保护这些非遗文化呢？”厂长依旧面带笑容：“我当然最希望有更多的人来关注、探究我们这个行业，同时也希望你们在自己的能力范围内去推广宣传我们的行业，让更多的人了解曹素功墨。”

临别时，厂长邀请我们在新厂搬迁完成后去那参观，那里的环境和设计将有很大提升，能参观到全新设计的“点烟房”。

我想，我一定会与这项宝贵的非遗再度相约！

墨锭原来这么神奇

《新闻晨报》小记者　王玥灵
上海市黄浦区卢湾一中心小学　五年级

7月10日上午，阴雨不曾影响我满怀期待的心情，我早早来到曹素功墨快要被拆迁的厂址，探访了“曹素功墨锭制作技艺”这项国家级的非物质文化遗产。

很幸运我能选到这个采访主题，因为我现在正在学书法，正所谓“笔墨不分家”，所以我最感兴趣的是在采访过程中能了解到很多关于墨的知识。

在这栋陈旧而且到处是黝黑墨痕的厂房里，我们参观了制墨间、翻晾间、描金间等不同的工序车间。印象最深刻的是制墨间，那里不断传出“砰砰”声，两位制墨的老师双手灵巧地配合着，不停捶打和翻揉墨团，在开足空调的房间里挥汗如雨。奇怪的是，这连墨团都似乎被捶热了的地方，我们这些参观者却被空调吹得有点冷，我都还一直瑟瑟发抖呢！原来，为了让制作出的墨锭处于最好状态，这里的温度始终被控制在17摄氏度。除此之外，从制墨非遗传承人兼曹素功墨厂厂长徐明老师的口中，我了解到，一块墨在制作过程中，至少要经历几千次甚至上万次这样的捶打，真是“千锤百炼”出好墨啊。

听周虎臣毛笔制作技艺传承人吴庆春老师介绍，在写书法和画国画时，墨很重要。如果写书法时墨里有水，那么字就会糊掉；如果国画画不出层次和深浅，那么国画就失去了存在的意义。徐明老师还解释说，比起从瓶子里倒出来立即使用的墨汁，墨锭磨出来的墨水因为墨锭里含有胶和烟，所以能分五色，做到墨走水留。而且，磨墨的过程也给了文人墨客构思和慢慢沉淀的时间。

小小的墨锭，原来有如此神奇的内涵。作为探访了这一非遗项目的小记者，我很想向同学们以及更多的人介绍曹素功墨背后的故事。我也希望这份非物质文化遗产能一直被传承下去，得到更多人的重视、关注和支持。

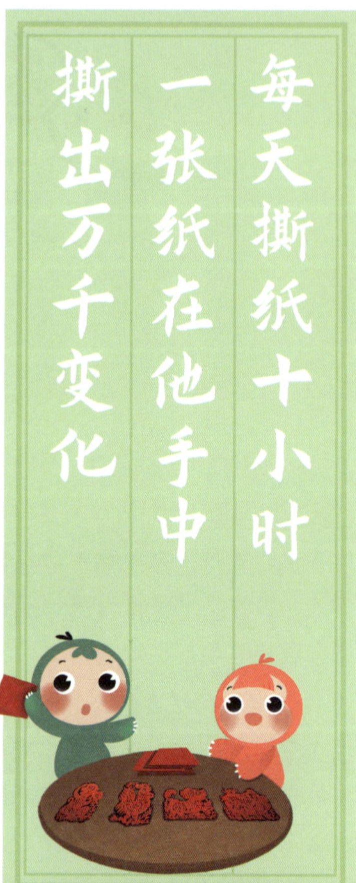
每天撕纸十小时
一张纸在他手中
撕出万千变化

一张普通的红纸，一双巧手由上到下，信手撕来，几分钟后就变幻成一条小鱼。更妙的是一纸成形，毫无断裂。纸的边缘不如剪纸那般光滑，却有种特别的古朴之感。

再仔细看这双手，有些苍老骨感，食指已弯曲变形，指甲也有断裂的痕迹，似乎在告诉我们，那“信手一撕”的背后几十年如一日的苦练。

这双手的主人，是上海市非物质文化遗产海派撕纸代表性传承人华兴富老师。2020年7月4日，《新闻晨报》学记团的小记者们来到华老师家中，欣赏撕纸作品，体验撕纸艺术，听华老师讲述他40年来醉心于撕纸的故事。

守护项目

海派撕纸

传承人

华兴富

纸上得来

《新闻晨报》小记者　许诺
上海市中远实验学校　四年级

第一次听到撕纸这门手艺时，我猜想是撕一些图形粘在一起。可当我跟随晨报学记团来到海派撕纸非遗传承人华兴富老师的家中一看，原来撕纸是用手来“剪”出一幅画。它的造型和用剪刀剪出来的剪纸差不多，却因为是靠手撕的，线条没有那么平直，更自然一些，同时边缘也有一些毛糙，看起来比剪纸多了些古朴的韵味。

华老师给我们展示了他的作品，有的是传统题材：十二生肖、年年有余；有的是现代题材：上海高架、东方明珠……甚至还有今年抗击新冠疫情的！

在欣赏着华老师的作品时，有人提问：“请问，您完成一张作品需要多久？”华老师微微一笑，“看情况了，有些简单的，只要几分钟就好了。”我和其他小记者不禁都惊叹了一声。但很快我们就知道了，别以为这个几分钟很容易做到，它的背后是华老师几十年的刻苦练习。华老师向我们展示他的手，他的右手大拇指上有一个厚厚的老茧，食指和大拇指也很尖，他还说，撕纸练习过程中，指甲会因为长期施力而断裂。

华老师一边向我们介绍“海派撕纸”包容兼蓄的特点，一边不断地强调着“由上到下、有来有去”的动作要领与中国人“顺应自然”的文化传统之间的关联。说话间，他现场给我们撕了一张作品，一条可爱的鱼！

听到我们也可以体验，我跃跃欲试。我在一堆草稿中拿到了一个老虎头的稿子。一上手才知道，这撕纸可真不容易。靠近边缘的地方还好撕一些，图形内部就更难撕了，一不小心就会撕错。而且撕纸很容易手疼，才撕了一个圆形，我的手指就疼了。撕老虎耳朵的时候，我想着要专心点，却不小心手一抖，呀！歪了！好不容易修好后才发现比草稿小了一圈。撕到胡子的时候撕不好，这老虎的胡子却弄得比猫还短。就算这样，这个老虎头都还是花了我好长时间才撕完的。

看来，要撕好纸真的不容易啊！这就是我在“纸上得来”的感悟。而在实际操作中，又是“纸上得来终觉浅，绝知此事要躬行”。

撕下一方纸，传承一片天

《新闻晨报》小记者　李星辰
上海市世界外国语小学　四年级

初夏时分，暑热渐渐浓厚起来。一个周日的上午，我来到长宁一个普通的居民区，准备采访一位普通却又不平常的老人——海派撕纸传承人华兴富爷爷。

车到达小区门口，爸爸摇下车窗问保安叔叔："请问，11号楼怎么走？""你们是去华兴富家吧？"叔叔的话令我暗暗吃惊，我赶紧追问"您怎么知道的？""咳！今早有四五个小朋友问11号楼，看样子你们也是去拜访他的，华老爷子是我们小区的名人，他那双手巧得不得了……"这话吊起了我的好奇心：华兴富爷爷真有这么厉害么？

所有小记者到达后，我们跟着指导老师爬上六楼，来到华爷爷家。他家简洁清爽，书房不大，却是一个名副其实的"纸天地"。书房有三面墙都摆满了高到房顶的大书橱，里面堆满了书籍和纸张。华爷爷十分热情，一上来就打开他的宝贝书橱，小心翼翼拿出珍藏多年的撕纸作品和证书奖杯，绘声绘色

地给我们讲起他和海派撕纸的种种机缘与趣事。当他拿出今年刚刚撕好的一百幅鼠年生肖作品时，小记者们都“哇”地大叫起来，我们都不相信，这一幅幅形态各异、构思精巧的小老鼠竟然是用他那几乎变形的手指撕出来的。

后来，我们亲自上场体验撕纸，才发现连造型最简单的小鱼或小兔子，都要笨手笨脚地撕上半天。我不禁感叹，华爷爷不仅有一双神奇的手，他的心里还住着一个能在中国传统文化和现代海派文化之间自由翱翔的精灵！否则，他的作品，怎么能既有北方撕纸的浑厚质朴，又有江南水乡的灵动细致和海派文化的现代开阔？当看到他花费整整一个星期，每天工作10小时才辛苦手撕出来的“向抗疫逆行者致敬”系列作品时，我似乎理解了华爷爷20年来克服各种困难坚持撕纸教学和创作的良苦用心。

回答小记者提问时，华爷爷说：“我年纪大了，所以要抓紧时间多创作一些作品，一定要把这么优秀美好的中国传统文化发扬光大，我特别希望小朋友们能参与到非遗文化的学习与传播中，只要你们愿意学，我会毫无保留地把我所知所学全教给你们……”这是一个平凡的上午，我却收获了人生中最不平凡的感悟：一张小小的纸片，经过中国能工巧匠的点化，竟能变成一片广阔的天空。愿更多人能领略到非遗文化的无边魅力！

一室阳光——访海派撕纸传承人华兴富

《新闻晨报》小记者 陈诺
上海市爱国学校 五年级

撕纸，是迄今为止最古老的民间技艺之一，这次我们有幸去到长宁区一个普通小区里，拜访一位“海派撕纸”的传承人——华兴富老爷爷，他虽已年过七旬，但依然热心于撕纸技艺的传承与推广。

第一次接触华老师就明显感受到了他的不同，一聊起撕纸、一开始展示撕纸技艺，他便神采飞扬，双手灵活矫健。在他那双巧手下，一张普普通通的红纸很快就能变成一条“小红鱼”。看着他因长期练习撕纸而已然变形、无法伸直的食指，我不免感到有些心疼，但他似乎毫不在意，甚至颇为得意地用这变形的双手给我们展示、讲解学习撕纸的要诀。

在华老师一室一厅的小家里，他将光线最好的阳台打造成了他的工作室。为了满足工作室的储物功能，紧挨着的卧室竟变成了一个“暗室”，终日见不到阳光。当然，得知华老师每天需要在工作室工作10个多小时后，这样的房屋布局似乎也没什么奇怪了，

毕竟工作室才是他生活中待得最久的地方，这似乎也很好地证明了撕纸在他心目中的重要性。

“宝剑锋从磨砺出，梅花香自苦寒来。”华老师对撕纸的这种热爱和坚持让我感到深深地敬佩。祝愿他往后的生活也如我们采访当天的工作室那样，充满了“一室阳光”！

一世一事

《新闻晨报》小记者　施聿扬
上海市静安区闸北第三中心小学　五年级

“知了知了……”伴着一阵阵蝉噪，七月的第一个周末，我作为《新闻晨报》记者团的成员，与其他五位小记者一起，在资深记者顾老师的带领下，来到了撕纸传承人华兴富老人的工作室。

刚走进工作室，我顿时怔住了。工作室中一派“纸天纸地”的景象。书桌上，撕完的作品琳琅满目，堆积起来有一人多高。书柜中，各种专业书密密麻麻。翻开书，书页上整齐又整洁，写满了华老师的笔记。拉开抽屉，只瞧见里面的撕纸作品多如牛毛，数不胜数。

华老师告诉我们，撕纸技艺面临失传的危险，他非常希望这种古老的民间手艺能传承下去，也就是因为这份热爱，他克服了关节变形、手指甲断层等困难，坚持了下去。让我难忘的是华老师的手。只见他的指关节已经严重地弯曲变形，无法伸直了。手指甲也因为用力过多而断了层，裂开了。

现在，轮到我们来尝试了。我拿起一张

纸，左手像一把老虎钳一样握住纸片，右手沿着图案，一拉一撕。接着，我遵守撕纸要点，“哪里来，哪里去”，完成了我的“作品”。

华老师又给我们讲了一个“故事”。他每天要花10小时左右的时间进行撕纸创作，每天除了吃饭，就是撕纸。他还每天上午和下午去附近的一所小学教小学生们撕纸，时间久了，腿关节也出了问题。于是他便用轮椅代步，坚持给学生们传授撕纸的技艺，被学生们评为“最受欢迎的老师”。在众多的荣誉奖状和奖杯中，他最看重的也是这个荣誉。

一世一事，华老师用一辈子的时间，用心做好一件事。他坚持执着，只为了能将撕纸这项手艺发扬光大！

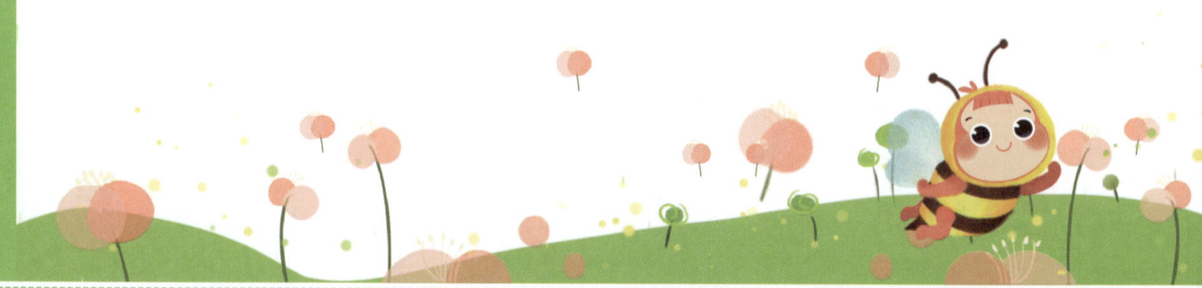

撕纸画的"秘诀"

《新闻晨报》小记者　胡诗晨
上海市世界外国语小学　三年级

暑假后的新学期，我把几张老鼠图案的大红窗花带去了学校。同学们看到，都很眼馋，想要得到这些窗花。他们都纷纷惊叹不已："哇，怎么剪得这么栩栩如生、神态各异啊！"

当我告诉他们，这不是剪的，而是撕的的时候，他们更是惊讶得张大了嘴巴，一脸不可置信的神情。我猜想他们心里肯定都想：怎么可能撕得这么好？看出了他们的疑惑，我向他们解释："你们仔细观察一下，其实它不像剪出来那么平整，上面有一些弯曲的折痕，有一种朴素粗犷的美。"

这些窗花都出自一位名叫华兴福的爷爷手中。暑假的一天，我和《新闻晨报》学记团的小伙伴们一起去华兴富爷爷家，采访这位非遗传承人。在他家里，我看到了很多看上去复杂的撕纸画，有抗疫英雄主题，有新春吉祥主题，还有生肖主题……每一张看上去都像一幅美丽的画像。

华爷爷给我们展示了他的作品之后，就让我们试着自己撕。他先帮我们画好图案，我们只需要照着画线撕就好。我以为这样撕起来轻而易举，结果没想到。我想撕兔子，结果撕成了鱼；我想撕鱼，谁知撕成了猫头鹰；而我想撕猫头鹰，怎么就撕成了"认不出"？

经过自己实际动手，我才发现，看着简单的撕纸，其实这么难。华爷爷能撕出这么好的撕纸画，真了不起，我好佩服他！我们向他请教撕好撕纸画的秘诀，他说："没有秘诀，只有日复一日地练习。"而华爷爷因为不间断的练习而变得弯曲畸形的手指，似乎也在向我们诉说着撕纸画的"秘诀"。

“撕纸如做人，要真诚善良，要坚持到底。”

《新闻晨报》小记者　闫宥希
上海市闵行区实验小学畹町校区　五年级

宽敞明亮的露台改造成的书房里，撕纸有关的书籍、教学资料和各类奖杯、奖状被分门归类、井然有序地摆放在白色书柜里。一位穿着休闲衬衣、戴着银框眼镜的老人正耐心地给晨报学记团小记者讲解着与撕纸有关的故事。这位老人就是上海市非物质文化遗产撕纸技艺的代表性传承人——华兴富老师。

10岁那年，华老师在街边看到有人可以不用剪刀、只靠双手就能撕出各类栩栩如生的动物，被深深地吸引住了。成年后的华老师在印刷厂工作，因为经常和各样的纸张打交道，他开始潜心钻研撕纸。日日夜夜沉浸在“纸天纸地”中，他的双手大拇指结出了厚厚的老茧，手指轻微变形、疼痛难忍，但这些都不能动摇华老师自学撕纸的决心。

2007年，华老师通过展会上似曾相识的作品，辗转联系上了其作者——美术工艺大师胡立德，当得知这正是儿时街边看到的那位撕纸艺人时，他满心欢喜，下决心要拜胡先生为师。胡立德也被华老师对撕纸的一腔热忱打动，从不收徒的他破例收下华老师。

华老师在所学技艺的基础上，把南方撕纸和北方撕纸结合起来，一纸成形，形成了独特的海派撕纸。海派风格时而精细，时而粗犷，时而抽象，成为“沪上一绝”。他不

断地研究和创新，每种生肖可以制作出几十种憨态可掬的造型，并配上各种花卉和吉祥符号。他还尝试将撕纸和皮影戏、漫画等艺术形式相结合。为了制作一个作品，每天工作10个小时。但是华老师并没有把撕纸当作一项任务，而是把它当作一种对生活和美的享受。华老师的作品在国内外屡次获奖，也将我们国家的撕纸传统文化推向了世界。华老师说："撕纸这门技艺如果不传承下去，我担心它会面临失传的危险。"他花了三年时间手写了《撕纸画技法》，并走进院校、培训班和社区，将撕纸技艺传授给更多人。为了让大家更容易接受和学习，他自创了撕纸的口诀，把撕纸的步骤总结成一想、二撕、三折、四挖、五摘、六扯、七裂、八修。华老师向年轻一辈表达了自己的期望：传承人可以将传统文化发扬光大，将海派撕纸发挥到极致。

"撕纸如做人，要善良和真诚，要有坚持到底的勇气。"访谈虽然结束了，华兴富老师的这句话仍旧回荡在我脑海……

春

听最会『玩』香的人
给你讲传统文人
最风雅的香事

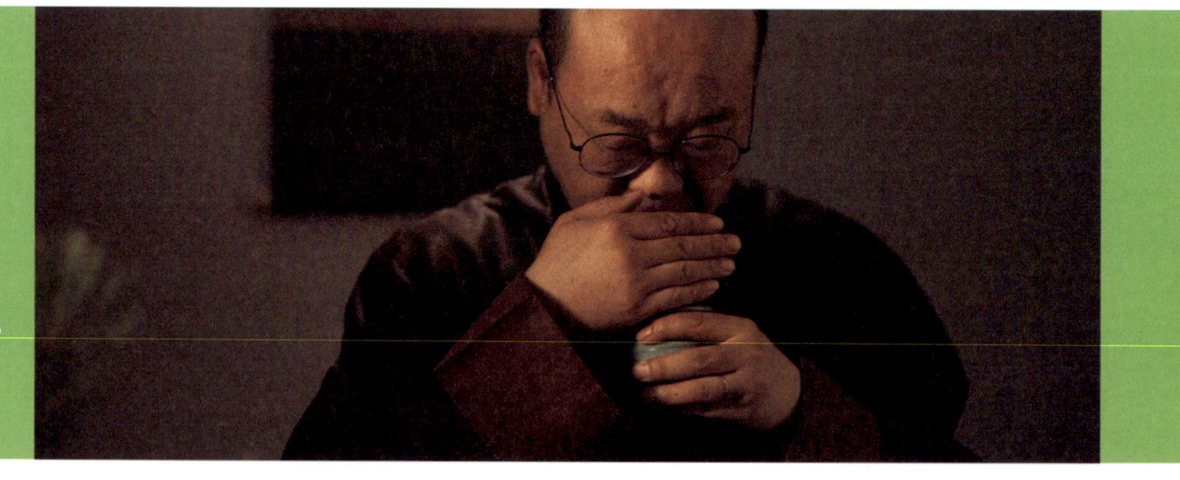

一说到香，许多人会联想到日本的“香道”，甚至认为中国的香文化来自日本。其实恰恰相反，日本香道起源于中国，香文化在中国有着数千年的历史，在组成中华礼乐文明之余，用香传统也在古代文人雅士之间广为盛行。在他们的参与下，“焚香”从祭祀之事逐渐转变为一种日常生活中的风雅闲情。

大诗人陆游有言道：“语君白日飞升法，正在焚香听雨中。”在他口中，那飘渺氤氲的香气，竟能将人们带往神仙一般的境界。

2020年8月2日，循着这一缕贯通古今的幽香，《新闻晨报》学记团的小记者们来到了长宁区虹桥中心花园香事馆，听非遗传承人吴清老师讲述传统香事文化的前世今生。

守护项目

江南传统文人香事

传承人

吴清

最会“玩”的人，最风雅的事

《新闻晨报》小记者　尤晏临

华东师范大学附属小学　五年级

浓浓绿荫下，延伸着黝黑发亮的木质曲桥，碧波荡漾的湖边伫立着青瓦白墙房屋，明朗灯光中一股清新香气扑鼻而来，这就是虹桥香事馆的所在。

伴着清凉进入香事馆，里面的氛围立刻使人安静下来：造型、材质各异的古董香炉陈列在展柜中，与玻璃窗外美景相得益彰，人们参观着，聆听着。给大家如数家珍地介绍这些文物及香文化的人，正是香学专家吴清先生。

手持一把纸扇的吴老师自称喜欢“玩”。他热爱美术、考古，喜爱弹古琴、吹箫。古人云：梵香弹琴。爱弹琴的吴老师购买了市面上的檀香，在琴旁点燃，可是完全找不到古人所说的风雅和谐。但当他在香学宗师刘良佑先生家中第一次品棋楠香时，他无比感动，惊叹“此香只应天上有”，才真正知道了文人香事。于是一发不可收拾地爱上了香事，当即拜师，开始了自己的“玩”香生涯。

“玩”亦有“道”。在吴老师的工作室里，我们看到了琳琅满目的香料。

一排排的瓶瓶罐罐，装着草本、木本香料和动物香、甲香；麻布铺陈的桌子上放置着制香用具，有船碾、捣臼、研钵、石磨。吴老师会去各地访求最好的香料，回来自己制香，有香丸、香饼、花型香和线香等。吴老师给我们演示了品香的流程，从香席的摆设、香具的使用，到品香的动作都有讲究。如果想要拜在吴老师门下学香事，先要读完吴老师开列的长长书单。香事馆建在绿树湖泊间，也是因为老师讲究，他认为品香要与自然相融洽。

中国的香文化历史悠久，在宋代，品香成为文人最风雅的生活方式。焚一炷香，弹一段琴，听一场雨，赏一幅画……“即将无限意，寓此一炷烟”。听着老师的讲述，手中握着刚搓制的香丸，闻着阵阵清香，我仿佛也感受到了“一缕轻烟拒浮尘”。

诞生了古代四大发明、花道、茶道、香道、琴、棋、书、画的中华民族，当之无愧是最会“玩”的民族之一。吴老师相信作为最会“玩”的中国人，传统文化是刻进我们的骨髓里的，文人香事会被越来越多的人了解和喜爱。

走进古意盎然的香世界

《新闻晨报》小记者　袁心越
上海市浦东新区明珠小学A区　五年级

“语君白日飞升法，正在焚香听雨中”，这是闻一多先生喜爱的陆游诗句，讲的正是文人香事。焚一炉香，听着屋檐外春雨的滴落，静坐，闻香听雨，澄怀观道。

没想到，我们这次能在繁忙都市生活中见到一位常常闻香听雨的人。

香事馆，一座古色古香的红色小屋，静静地坐落在公园里微波荡漾的湖边。“你们好！”一位胖胖的、手拿一把折扇的伯伯站在门口，笑眯眯地和我们打招呼。原来他就是江南传统文人香事非遗传承人吴清老师。而这座香事馆，正是吴老师倾注了心血，展览历代香具和传播中国香文化的地方。

“吴老师，你还记得第一次闻香的感受吗？”

“哈哈，当然记得。我觉得当时刘老先生绝对是引我上钩。”

时间退回到2000年，从事古代玉器研究的吴老师，结识了从台北逢甲大学退休回沪的香学泰斗——刘良佑老先生。有一次，吴老师回访刘老，被刘老家中萦绕的香味所吸引。当听说吴老师没品过香，刘老即兴请他入家中香室品香。摆上精致的香炉、香瓶，放上炭，刘老先生小心翼翼拿出香盒，取出一小块价值不菲的棋楠香，用香刀一切，往炉上一放。当香气出来后，吴老师都呆了。“当时就是一种感动的感觉，闻着特别惬意，没想到世界上还有这么好闻的味道。”当下吴老师决定拜刘老为师，从此和香结下了不解之缘。

采访中，吴清老师表示，他最大的心愿就是让香成为我们生活中的一部分。沏茶，焚香，听音乐，放松身心。中国传统的生活是非常文艺和优雅的，琴、棋、书、画、诗、酒、花、茶、香都是中国人生活中的重要环节，是优雅生活的体现，包含了我们的生活哲学。听着吴清老师的讲解，我们都沉醉其中，恍若走入了古代文人雅士的世界，感受

到中国文化之美。

采访很快结束了，文人香事的种子似乎在不经意间播在了我的心中。也许下次当我再吟起“薄雾浓云愁永昼，瑞脑销金兽”，我也可以和我的小伙伴说说易安居士词句背后香的故事。

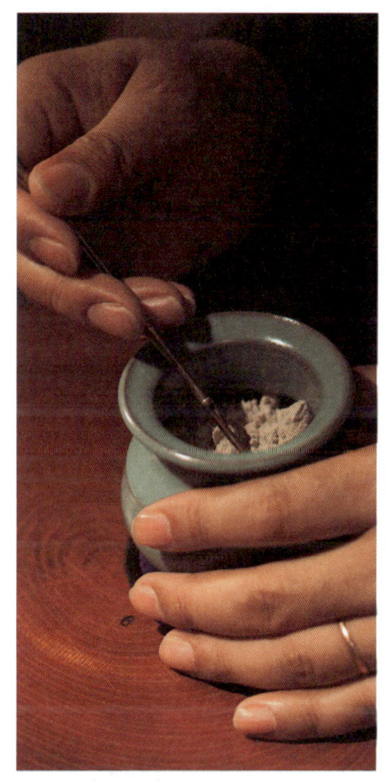

那一抹清香

《新闻晨报》小记者　郑心愉
上海市闵行区明星学校　七年级

古时候多有描写熏香的诗句，“水沉香冷懒熏衣”“玉炉沉水袅残烟”“竹炉重炷南海沉”。以前从诗里“品”到的香，总是认为它如同“高山流水”般的高雅，难以触碰。

今夏，有次难得的机会让我走近了它。在绿树成荫的公园一隅，我见到了我的文香领路人——吴清老师。初见老师时，他穿着随意，手里摇着一把折扇，脸上带着笑，惬意悠然。“香”气未所闻，“文”气已让我寻得。

“文气”从何处来呢？

老师爱书，更爱读书。他拥有大概数以万计的藏书，这简直是一个天文数字。更难得的是吴老师全部都读过，并且都记得。

老师也喜抚琴。读书时、抚琴时点燃一支香，静心、凝神。而“香”又恰好能将这些凝合起来，并在它的熏陶下得以升华。

对于香，人们听到最多的应该是四大名香“沉檀龙麝”，它们名贵、奢华。老师却

介绍了一种宋代文豪苏轼的最爱——“四弃香”。这“四弃香”的原料其实都是废弃之物，是把香橙皮、荔枝壳、杏子核、甘蔗滓等成份配在一起的香料。虽然不如“沉檀龙麝”的气味敦厚绵长，但多一份瓜果自然质朴的清爽之气，别有韵味。

品香，可以不介意香料的优与劣，也可以不介意环境的奢与陋。随情随性，方显淡泊本色。

在被问到为什么要把香事馆建在花园里时，吴老师脸上顿时添了一抹向往之色。建园之初，便有一份遐想：春日里草长莺飞，夏日里蝉鸣蛙叫，秋日里缤纷落叶，冬日里白雪飘飘。景与香交相辉映，想到此景心已醉。说话间，窗外的阳光正好斜射下来，照在老师的身上，更添一份宁静致远。

香，它虽不是生活必需品，但它串联了历史，联络了情谊，承载了智慧。

某日，我已寻得那一抹香，坐下来，静下心，香气袅袅，读着书，或许还听着雨，在努力拼搏明天的时候休憩片刻，享受快乐的安逸！像老师一样，让“香”带给我另一份特别的美好。

花海忆香——记文人香事采访活动

《新闻晨报》小记者　罗悦
上海市进才实验中学　八年级

记忆中很深刻的：是那样一座繁华喧闹的小园，走到尽头，却有了一粒小屋。就是这里！蝉声此起彼伏，风浅浅地吹过，书画飘飘。这是一座香室。在繁忙的城市中，能找到这样一处，如此想来，不静自清，便与那“蝉噪林逾静，鸟鸣山更幽”一般震撼。

才踏进香事馆的大门，一阵悠悠的香气扑面而来。急于去寻找这香气的来源，没想到在右手边发现了一整排有着整整齐齐标签的香料。在仔细的辨认中，惊奇地发现有些香料的名字在生活中是如此的熟悉，比如菖蒲、丁香等等。原来，香在我们的生活中无处不在。

他有胖胖的身躯，可是脸上却有着浓厚的文艺气息，深深的酒窝朝我们咧嘴笑着，他，就是江南传统文人香事非遗传承人吴清老师。和老师问过好、做完简单的介绍后，老师带领着我们在香事馆内，了解从战国一直到晚清的香史，并向我们展示了许多的香炉。这香炉不尽相同，有提篮似的，被挂在高架子上；有似鼎的，方方正正地矗立；也有形似一只鸭子，有着吉祥的寓意。

焚香是古代文人学习时的必备，香，净化完思想后，再静心读书写字。这时，我们方才了解到，原来古代文人和香有着深深的共鸣。值得一提的是，不仅在普通的静心、作诗等人场合中会使用到香，它还是一种礼尚往来的使者。北宋文豪苏轼便是香的狂热爱好者之一，宠弟狂魔的他，被贬海南时，还不忘给他弟弟子由寄一大块顶上的海南沉香山子，并写下千古名篇《沉香山子赋》。

吴老师娓娓道来，我们静心倾听，时间一点点流逝，这份平和的感觉令我无比地享受。我想，在如今科技日益发达的时代，很少有人能真正静下心来，阅读一些古人的文章，或是去像老师一样点一支香感受生活。古代文化的斑斓正在不断地缩小，甚至有一天，有些古人的智慧会不会永远地消失。带着疑问，我向老师询问。“总是有人会来接过重任，将古典文化传承下去，而你们，就是那传承下去的力量。”老师说。

香韵悠悠

《新闻晨报》小记者　包欣悦
上海市文来中学　七年级

“坐我以灵空，炉中一篆香。清芬醒耳目，馀气入文章。”

香事馆，一座简约典雅的临水小屋，收拾得清清爽爽；明净柔和的灯光，在古朴的香炉香具上流淌。江南传统文人香事非遗传承人吴清老师，大概也是因为常常接触它们的缘故，而透出雅致、从容如古代江南才子一般的气质。

吴清老师耐心地为我们讲解了展馆中的各式香炉具，从文人学子偏爱的青瓷薰炉，到富人们所用的制作工艺繁杂精致的掐丝珐琅香炉，以及妇人放在房中以求丈夫或儿子高中一“甲”的“鸭”型香炉……那些香炉在他的讲解下，恍若被镀上一层岁月祥和的流光。

香呀，不管掩得多严实，那馥郁幽芳都是如何也挡不住的，正如挡不住它的魅力一样。吴清老师偶然在友人处的一次品香，让他结下了与香道终生的羁绊，开启了一发不可收拾的学习与热爱。学习香事20余年，每日清晨，焚香默坐，静心自省。是恍若慈悲佛祖的拈花微笑，是乡路上漫野金色菜花；也是人生大起大落的感悟，善与恶的改正，有“见贤思齐，见不贤而内自省”的功课，也有“水善利万物而不争”的看破……于是乎，就像香一样优雅地活着。

每当有雨落下之时，疏雨滴梧桐也好，骤雨打荷叶也罢，清脆可听得韵律，迷离的雨意与袅袅的烟气、氤氲的香气，烘托出一片安静而平和，荡涤过心灵中三千烦恼。

吴清老师在这份香韵悠悠里，像历史上无数文人墨客一样为焚香听雨沉醉。

文人香事的发扬光大，宁心净气的香事总像香炉里袅袅升起的一道纤细烟柱，细水长流，在空气中幻化多般姿态，不变的却永是那份宁静祥和。

走出展馆，身上仍残留的一丝香气，被阳光煨暖的风蒸去，揉进一片蓝天白云，使它们越发明净澄澈。

余香缭绕

《新闻晨报》小记者　黄靖轩
上海市世界外国语小学　四年级

炎炎夏日，公园燥热无比，蝉鸣悠悠；传习教室内却清凉舒爽，袅袅香气令人怡然自得、沁人心脾。

《新闻晨报》学记团的小记者们正围绕着江南传统文人香事传承人吴清老师提问。一个小记者一上来就提问了一个有些“苛刻”的问题，“在学习与传承香事文化这二十年，您有遇到过什么巨大的困难或者绝望的时刻吗？”在场的小伙伴们好奇地看着吴老师，想听听他的困难是怎么样的。

吴老师却微微一笑，看着小记者，手中扇面转开，不紧不慢地看向大家说：“我想了一下，几乎没有。”大家都觉得很惊愕，根据我提前准备的资料，几乎每一项非遗目前都处于即将消失的状态，缺乏资金、后继无人、大众缺乏兴趣、手工价格高昂……每一个问题都悬在传承人头上亟需解决。

吴老师接着说：“香事这二十年遇到的问题确实不少，可是我却认为这是磨炼心境的过程。”

听着吴老师的回答，我陷入思考。从古到今，香一直受到文人墨客的青睐。它不仅可以交友、驱虫避疫、欣赏与收藏，在制香与闻香的过程中更是修身养性、怡情清心。因为，从三个多月炮制原材料、去除杂质，到上万次用双手研磨香料从粗到细，再到一遍遍反复筛选仔细过滤杂质，这个过程需要十分的耐心与百倍的认真，一步不扎实出现纰漏，香气就不正。整个制香就需要从头再来。这漫漫过程的反复中，我们寻求到自己内心的平静，感受到香气的灵气，也去除了内心的浮躁。

身处暑假的我，每天奔波于各种补习班中，心里一直烦躁，看到同学们游山玩水，我的心思也百转千回。当我用铸铁的滚轮研磨香料时，感受到一丝放松，搓着小小的香丸闻着袅袅的药香，感觉自己脱离了烦躁。缕缕香烟渐渐弥漫开来，留在我的心间，留下一串串美妙的梦…

春
以针代笔，以线着色
她把名画搬上绣布

没有留过长发，没有穿过旗袍，没有踩过高跟鞋，叶伟娜以至简至朴之态，创造了画绣艺术。

不生孩子，不要房子，还早早签署了遗体捐献书，叶伟娜不求身外之物，一心只想维系与传承的，唯有画绣艺术。

从懵懵懂懂的小小女孩，到年逾花甲的清瘦女子，叶伟娜的人生，以针代笔，以线着色，勾勒描摹，在绣布上呈现出一幅幅画坛名作。五六岁时，她就喜欢在自己的枕套上穿针引线，勾勒出稚拙的花样。

十余年里，她兼学苏绣、蜀绣、湘绣、粤绣，终于大成，开创了画绣艺术。

这数十年，她三次卖房，以一己之力，勉强维系着画绣艺术，“买布，配线，请助手，每个月实打实支出十多万，我们卖掉最后一套房子的时候，我老公说，以后再想‘败家’，都没得败喽。” 可明明曾经有人出价百万，想要买下她的心血之作，她却偏偏选择了免费捐赠给公共机构，只为了让画绣艺术得以展现在更多人的眼前。

近十来年，她终于寻到得意弟子。很多人惊异，这样一门精巧绝美的艺术，竟然传授给一个男徒弟？她却说：“和我一样，姜姜安于清贫，又醉心画绣艺术，这是难能可贵的缘分，我把他当自己的孩子来看，有他在，画绣不至于‘到此为止’。”

守护项目

上海画绣

传承人

叶伟娜

《百骏图》有bug?

《新闻晨报》小记者　张子肖
上海市实验学校附属东滩学校　六年级

“哇！这马像活的一样，好逼真啊！”一个惊讶万分的声音，把我的注意力吸引到了眼前这幅似曾相识的“名作”之上。

这个马的世界栩栩如生，窃用一句王维的名诗，可以说是“远看山有色，近听水无声。春去花还在，人来马不惊”。绚丽的花瓣仿佛柔嫩欲破，蓬勃的小草像是与风轻语，阳光之下，一棵棵盘根虬枝的古松上，根根松针恰如镶上了金边。作为画面中的主角，那些马儿纤毫毕现，或立或卧，姿态怡然，仿佛它们和牧人、和天地的关系，本就那么和谐。

咦，这不是画家郎世宁的传世名作《百骏图》么？怎么到了我对面这位一头乌黑齐耳短发，一身飒爽衣裤的“女先生”手里？

“我叫叶伟娜，是上海画绣的非遗传承人，大家今天看到的这幅作品，就是我近期的得意之作！”今年62岁的叶老师，引领着我和晨报学记团的伙伴们，细细观赏那以针代笔、以线上色的《百骏图》画绣作品。我们惊叹于东方刺绣与西方画法新奇而又融洽的结合，更是被“附赠”了一个大瓜：原来世界名画里面也有bug！

“你们知道吗？无论是郎世宁的《百骏图》，还是这幅画绣作品《百骏图》，其实都没有100匹马哦！”叶老师笑着娓娓道来，“为了描摹出每一匹马的动静之态，我曾经几次三番到故宫观摩真迹，也曾经细细比对过高清画作图，这才发现，郎世宁的《百骏图》里，其实只有97匹马。”

原来，这就是“画绣大师”！“画绣大师”的奥义是什么？是细心，是细致。

解说完了《百骏图》背后的故事，叶老师让我们也体验一下画绣的过程。从劈线、穿线，到定位、走针……“我太难了”这句话，用到此时，真是再好不过了。原来细细的一根线，竟然还要劈成四分之一，八分之一，十六分之一……手指稍微毛糙一点，线

就会变得乱七八糟；而走针时的上上下下更有讲究，一不留神就会搞混，然后就是拆了绣、绣了拆，着实把我弄得手忙脚乱！再细想想，我还只是在那不足一个手掌大小的布上绣了一朵简单的小花而已，叶老师可是绣了足足三四米长的世界名画啊！

原来，这就是“画绣技艺”，“画绣技艺”的真谛是什么？是“轻功”，也是“苦功”。“画绣”是一项了不起的非遗技艺，它的存在与延续，需要细心、细致，需要轻功、苦功。而我们生活中，要在任何一件事情上有所成就，不也需要细心、细致，需要轻功、苦功吗？

一双柔软的手

《新闻晨报》小记者　张霂岑
上海市静安区市西小学　三年级

听妈妈说，周末要去采访上海画绣的非遗传承人叶伟娜老师，我心里可激动了！捧着一摞叶老师的资料，里面对她作品的描述有很多很多。可我却更好奇的是，叶老师究竟是怎样一位厉害的人物？她为什么要花八年时间卖了房子去绣一幅作品？这样"昂贵"的作品还有多少？她连房子都卖了，生活会不会很艰苦？

带着好多好多的问题，我来到了叶老师在长宁区的工作室。在我眼前的叶老师，一件黑色上衣，一条黑色阔腿裤，耳边挂着两盏小灯笼似的耳环，右手手腕上还系着一方漂亮的丝巾。早早等候着我们的她，那么精神奕奕，那么英姿飒爽，一点也不像是资料里说的六十多岁的样子。

经过了作品介绍和刺绣体验环节，终于到了提问环节，这我可是有备而来的呢！为了占据有利地形，我"噌噌噌"挨到叶老师身边，拿出我的采访本，好奇地提问："叶

老师，您刺绣已经有50多年了，我写字才几年，我手上已经有老茧了，您手上也有老茧吗？”叶老师笑着摇了摇头：“我可没有老茧。”我才不信呢！赶紧放下我的采访本，伸出自己的手，握住叶老师的右手，“啊，那么凉。”我有一些些担忧：叶老师的手那么凉，会不会是不舒服呢。这时，叶老师的手，也回握住了我的手，我这才小心翼翼地托起她的手，仔细地看了看：修长的手指，平平的指甲，没有一点点毛刺。我又摸了摸叶老师的手背，好光滑呀，按了按叶老师的手心，好柔软呀。我不禁纳闷起来：这双手摸起来比我妈妈的手还要舒服，怎么会是拿了50多年针的手呢？

叶老师这才解释道：“其实刺绣特别讲究手的保养，脸可以不护理，可一双手要当心得很呢。每次准备刺绣之前，一定要洗净双手再抹上护手霜，然后再把护手霜洗掉，擦干，才能开始刺绣。在刺绣的同时，随时要准备一块湿毛巾。隔段时间就要擦擦手，防止手上的汗把绣品弄脏。晚上睡觉前，还要敷上手膜，戴上手套呢。”听到这里我都惊呆了：这么多这么复杂的步骤，就是为了保证双手的光滑和柔软，为了保证不会把绣品刮毛。

望着眼前的叶老师，握着她柔软的手，我的心头涌上浓浓的敬佩：哪怕是双手保养这样的细微之处，这位画绣大师都在追求着艺术的完美境界！我相信，有这样的极致考究，画绣艺术会以它的魅力，征服越来越多的人；而非遗技艺，也一定不会变成将死的“技艺”，也会真正活起来、流传起来。

春

这里的丝毯不会飞
却美到让你『飞起来』

40年前，20岁出头的江苏如皋姑娘程美华面临两个工作选择，机械厂和丝毯厂，因为喜欢颜色和创作，她毫不犹豫地选择了后者。还是因为这份喜欢，她不顾厂长的“忠告”，从后道工序岗位换到编织岗位，从此拿起刀耙剪，开始了丝毯编织创作之路。

手被刀割出血、被线刮疼，配色配到眩晕呕吐……那份喜欢支持她一路走来，从一个普通编织工成长为技术能手，再到上海金山丝毯厂厂长、如今的中国工艺美术大师。她说：“我哭过很多次鼻子，把枕头都哭湿了，不过睡一觉，第二天又是信心满满地干起来……40年来，我从未后悔当初的选择。”

2020年7月17日，《新闻晨报》学记团小记者走进上海金山丝毯厂，体验丝毯编织，参观上海美华大师丝毯创意工作室，听程美华大师讲述她一生择一事的故事。

守护项目

金山丝毯制作技艺

传承人

程美华

择一事，终一生

《新闻晨报》小记者　李璟彦
上海民办华二宝山实验学校　八年级

我被眼前这幅名为《智慧之光》的丝毯深深吸。原来这是中国第一副现代艺术挂毯，1981年由清华大学美术学院袁运甫教授和四位丝毯编织巧匠，经过一年多的时间共同研制编织完成。当年27岁的程美华，就是四位丝毯编织巧匠之一。

7月的一个周五，我们在雨后微晴中，走进了金山丝毯技艺传承人程美华老师担任厂长的上海金山丝毯厂，听她讲述她的丝毯人生。

时光退回到1974年，那一年程美华老师20岁。“当时有两个企业让我选，一个机械厂，一个是丝毯厂。我认为机械又冷又硬，我不喜欢，我喜欢五颜六色，所以我了丝毯厂。”进入丝毯厂后，程美华老师原本被安排在后道工序，可她因为喜欢自己创作，要求去做织造这一环。“一上手我就发现，这非一日之功，非常辛苦。小刀一不小心就把手割破，鲜血直流，在穿经线的时候，伤口被刮得痛。有时回家会哭，不想做，但第二天太阳照样升起，我就告诉自己，既然选择了这条路，咬紧牙关也要坚持下去。”

1981年，已是丝毯编织高手的她，和其他三位能工巧匠一起，前往原中央工艺美术学院学习，与著名画家袁运甫共同研制中国第一幅现代艺术挂毯——《智慧之光》。这幅挂毯用了2580种颜色编织，色彩丰富，变化渐进。“当时我们天天配色，配得眼冒金星，觉得屋子都在转，心理压力很大。但是我们还是靠坚持，一天克服一点困难，一年多下来，终于完成，就此开拓了中国现代艺术挂毯的新局面。”

再后来，程美华老师作为引进人才来到上海，成为上海金山丝毯厂厂长。“做厂长更难，需要坚持的时候更多。尤其是在2003年非典时期，其他的丝毯厂都停产倒闭，我们关起门来搞设计，打破传统的大花大叶大红大绿，创新了一套素配的新风格，在2004

年的国际地毯交易会上一炮打响。”回忆起这些往事，程美华老师的声音里满是豪情与自信。

46年倏忽而过，当年的青春少女已逾花甲，然后对丝毯的挚爱让她依然内心年轻、豪情万丈。“我非常爱这一行，我从来没有后悔过，在最困难的时候我可以拿我的房子做抵押，让企业正常地运转。正是这样的执着和努力，才有我们金山丝毯厂的今天。”

程老师最后语重心长地告诉我们：“所谓工匠精神也就是三句话：追求极致，追求完美，追求卓越。凡事都需要坚持不懈的努力、持之以恒的精神。大家平时也要把工匠精神融入学习中，咬紧牙关克服一切困难，那么我相信你们就能走向成功。”

金山丝毯工匠精神初体验

《新闻晨报》小记者　谈章涵
华东理工大学附属小学　五年级

这几年，我常常从大人嘴里听到“工匠精神”这个词，但对它的具体含义，心里是模糊不清的。在这次非遗守“沪”人活动中，我来到上海金山丝毯厂，采访上海非遗金山丝毯制作技艺传承人程美华老师。一番体验和采访后，我对“工匠精神”有了自己的理解。

一走进丝毯厂，我们便被热情地迎进了丝毯编织体验馆。约有四五米高的空间里，垂着一排排五颜六色的丝线，几位编织师傅让我们依次坐下，教我们打八字节——打八字节，是编织丝毯最基本的环节。一平方英尺的丝毯要打14400个八字结。

“你看，编时左手缠一圈线，右手挑出前后经线，然后把左手的线穿到经线后面，打个8字，最后拉紧。就这样重复。”师傅边讲解边操作给我看。我一看觉得很简单，不料一上手状况百出：一会儿忘记缠线，一会儿挑错经线……我抬头看着面前高高的经线，想着要完成一幅这么大的丝毯，要重复多少次打节啊？原来，工匠精神就是“静得下、坐得住”。

织比编更难一些。打好八字节后，要将较长的线留出适当长度后割断。我一听，马上拿起刀开始操作，却不小心割破了手指！“没事，在我们这里，这都是家常，我刚学时，织一次割到一次手呢！”师傅安慰我。之后的采访中，程美华老师也说，她刚进丝毯厂时，手也经常被割伤，鲜血直流，还会被经线刮得生疼。原来，工匠精神就是“能吃苦、能坚持”。

体验结束后，我们走进了上海美华大师丝毯创意工作室进行参观。这里的丝毯用上海话来说，真是“弹眼落睛”。一幅《笑迎世博》，恢宏大气，编织一体的走线方法，描绘出中华盛世的美好景象，此作品入选了2010年世博展。

另一幅《舞动人生》，采用天然蚕丝编

织出柔美的舞姿，突出了作品的视觉效果和艺术价值，这幅作品获得2019年首届“百鹤杯”工业美术设计创新大赛“百鹤奖”。原来，工匠精神就是“既传承，又创新”。

我想，如果下次有人问我什么是“工匠精神”，我会告诉他程美华老师和上海金山丝毯厂的故事。

赏 金山丝毯，识匠心情谊

《新闻晨报》小记者　戴子喻
上海民办新竹园中学　八年级

伴着一阵清脆的高跟鞋声，程美华老师身着一袭紫色的改良式旗袍款款走来，一看就是一副干练的模样。“喜欢这些丝毯吗？”62岁的她嗓音甜润，一双丹凤眼闪亮着，笑盈盈地问我们这些小记者。她就是金山丝毯厂厂长，上海非遗金山丝毯制作技艺传承人，已与丝毯艺术结缘46年。

回忆最初选择这个行业，程老师有些许动情：“当年我有两个选择，丝毯厂和机械厂。机械又冷又硬，我不喜欢，我喜欢五颜六色，所以毫不犹豫地选择了丝毯厂。进厂时，厂长把我安排在后道工序，我又提出来要去织造岗位，因为我喜欢创作。”从此以后，程老师拿起了刀剪耙，开始了丝毯编织之路。

程老师说，丝毯赋予了她对生活的激情和憧憬，因为她爱这一行，所以再苦再累都会去坚持。丝毯制作全靠手工，共有12道工序。每一平方英尺，就要打14400个八字结。“我上班比别人早、下班比别人晚，因为手

工的东西，必须靠时间去体验、去制作，才能熟能生巧，掌握这一门绝技。”

当天我们小记者体验了打八字结。我看着指导老师完成得很轻松，可是当自己操作时，却发现需要反复指导和提醒才能完成一个结，“熟能生巧”并不是件容易事。

当程老师从一名丝毯编织能手转型为丝毯厂长后，她把更多的精力放在了丝毯设计上。她在生活中寻找灵感，独创编与织和片剪新工艺，令丝毯从平面走向立体，赋予其“软雕塑”的艺术美感。

至于为何不采用机器取代手工，程老师说，手工丝毯很柔软，有灵魂；机织的则很死板，摸起来像个“木头”。在程老师和团队的努力下，金山丝毯厂的丝毯作品曾多次在国际、国内荣获大奖。

程老师的工作室里，挂满了团队创作的丝毯代表作，令我印象深刻的是一幅现代艺术挂毯《花之魂》，中心一朵抽象的花蕾含苞待放，流线型的花瓣夸张地往四周飘散；在配色上，采用蓝紫色渐变交织，再辅以金色，大气华美，令人叹为观止。

“彩丝茸茸香拂拂，线软花虚不胜物。”做丝毯并不容易，一丝一线都浸透着像程老师这样的艺术工作者们的吃苦耐劳和匠心独运。也因为他们的这份坚持，才能将中国的丝毯艺术发扬光大。

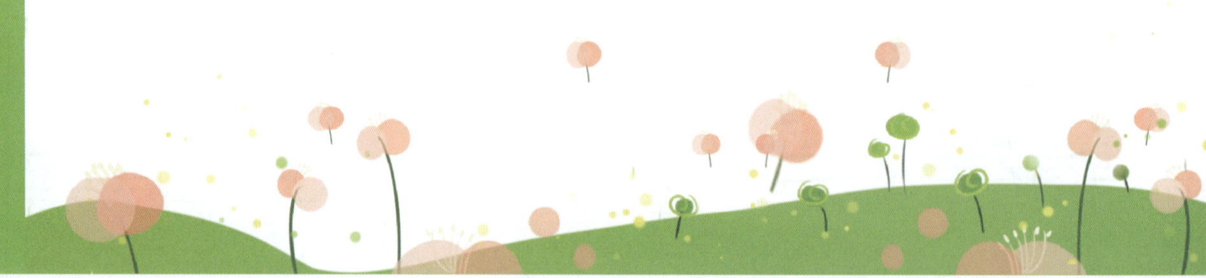

在坚持中创新，在创新中坚持

《新闻晨报》小记者　于淼淼
上海市长宁区天山第一小学　五年级

从市区驱车60多公里，在风景秀丽的枫泾古镇旁，终于找到了“上海金山丝毯厂”。这是上海目前仅存的一家手工丝毯厂，“上海美华大师丝毯创意工作室”和“丝毯制作体验馆”就坐落在厂区内。工作室内，一块块手工精湛、图案华美、风格各异的丝毯让参观者叹为观止；体验馆内，手工丝毯制作流程之繁复精细、耗时费力令人啧啧称奇。

此次我们采访的金山丝毯制作技艺传承人程美华，就是这家厂的厂长，也是由国家发改委授予的中国工艺美术大师。

金山丝毯厂所有丝毯均为纯手工制作，这样的手工丝毯和机器相比，光泽度更好，手感更柔软，也更具有弹性。但手工制作丝毯的工序更为复杂，需要12个工艺流程，总共128道工序。前后交叉绕一个八字结是做丝毯的基本工序，而一平方英尺丝毯需要手工打出14400个八字结！这样的“慢工细活”在当今快节奏的社会如何维持经营呢？

当年的丝毯编织能手程老师坦言：“经营厂子比自己做丝毯难多了。”金山丝毯厂最困难的时候是2003年非典时期，“客户进不来，我们出不去，其他一些地毯厂都先后停产倒闭，我们怎么办？”令人意想不到的是，程老师带领团队关起门来搞设计。

他们打破传统的设计理念，不弄大花大叶大红大绿，而是独创了一套素配新风格。“在2004年的国际地毯交易会上，我们一炮打响，各国的客户都来看我们的丝毯，说他们这么多年要找的新东西终于找到了！”订单纷至沓来，金山丝毯厂在坚持中迎来新生。

开设丝毯体验馆是程老师的又一创新之举。体验馆内分别设有纺车、织造、画室、大师讲堂等内容，让参观者能更为直观地体验丝毯的工艺流程与文化内涵。

在一架织机的下方，我注意到一个记录簿，上面记录了很多学生的姓名、学校和年

级。原来，丝毯体验馆现在也同为“金山区青少年社会实践活动教育基地”，通过和区教育局合作，每周三天，都有学生来此社会实践。“这一大幅丝毯就将由分批来体验的150名学生共同完成！”程老师说，“我想把金山丝毯技艺融入到教育当中，提升孩子们动手能力与兴趣的同时，把中国丝毯发扬光大、代代相传！”

从46年前走进丝毯厂，成为一名丝毯制作工人，到如今的一厂之长、工艺美术大师，正是因程老师在坚持中创新，在创新中坚持，才把手工丝毯做成了毕生的事业！

金山丝毯，美的不仅是外在

《新闻晨报》小记者　郭思妤
上海市世界外国语小学　四年级

暑假的一天，我和妈妈从市区飞奔60多公里，在金山区的一处小马路边，找到了此行的目的地——上海金山丝毯厂。这座外表看似有些陈旧的丝毯厂，却有着不普通的内在。它的厂长，是中国工艺美术大师、上海非遗金山丝毯技艺传承人程美华老师。

当我们跟随程老师，走进厂区一侧的上海美华大师丝毯创意工作室，顿时被满室的华美丝毯惊呆了。一幅名为“希望”的丝毯上，无数条鱼儿徜徉在蔚蓝色的海洋里，簇拥着一个“希望的鸟巢”。再看另一幅作品“城市，让生活更美好”，则浓缩了东方明珠、上海博物馆、城隍庙等上海各大标志性建筑，展现了国际大都市的风采。还有一幅“丝路花语”，采用编织盘拉相结合的新工艺，让丝毯有了立体感。

在展厅的一角，我们看到了制作这些丝毯的材料和工具：柞蚕丝和刀、剪、耙。这些略微发黄的蚕丝和普通简单的工具，如何制作出这么美丽的丝毯来的呢？

程老师告诉我们，从蚕丝到丝毯，要经过12道工艺流程128道工序。其中最耗费精力的就是打八字节，一平方英尺的丝毯要手工打14400个八字节。她回忆起自己刚进丝毯厂的情景：“小刀一不小心就把手割破，鲜血直流，手再要穿过经线时，伤口很痛。那时候回到家哭，也不想做了，但是到第二天太阳升起来，我想既然选择了这条路，就要咬紧牙关坚持下去。没想到这一坚持就过了46年。”

当我问程老师遇到过的最大的挑战是什么时，她缓缓道来：“在2003年遭遇非典疫情时，面临坚持还是不坚持的选择，当时国外客户进不来，自己又出不去，其他一些兄弟厂家都先后停产，如果不坚持，这家厂也就倒了；而就像刘翔跨栏一样，最后一栏跨过去了，坚持了，也就胜利了。这一坚持非但没有让工厂倒下，还被选举为中国地毯理

事会的副理事长单位，成为中国地毯行业的领头羊。”

从这一天起，程老师成了我的新偶像，不仅仅因为她能编织出华美的丝毯，更重要的是因为她遇到困难不放弃、一生只做一件事的精神。

这里的丝毯美到让你“飞起来”

《新闻晨报》小记者　魏瑀宸
上海市浦东新区御桥小学　五年级

说起挂毯，你会想到什么？是阿拉丁神灯里那个会飞的飞毯，还是电影中那些花纹复杂异域风情的埃及羊毛地毯？但是你是否知道，在上海金山，有一种用飘逸的蚕丝编织的美丽挂毯，因为工艺复杂，品相华美，被誉为“软雕塑”，在国际上屡获大奖。今天，就请跟随我一起走进金山丝毯厂，走近这项上海市级非遗——金山丝毯制作技艺。

来到金山丝毯厂，穿过一扇圆拱门，进入上海美华大师丝毯创意工作室。工作室里面，展出了几十张精美绝伦的丝毯代表作，很多都曾在国际上荣获大奖。其中有一幅是我最喜欢的，叫做《年年有余》。在一张大约两米长宽的丝毯上，大大小小一共编织了288条红色和金色的锦鲤，花团锦簇，所有的鱼儿它们都向着中心，生生不息。神奇的是，无论你从正面看，侧面看，这些鱼儿和花朵都是立体的，因为这其中运用了片剪工艺，这正是程老师的创意。

想要编织一幅精美的丝毯可不容易，需

要配色、点格、纺纱、整修等十二道工序，每平方英尺的丝毯上要打14400个八字结。

参观中，我看到指导老师左手拿线，右手兜着线团，一前一后，把两根线绕成一个八字打结，心里想，这不是挺简单的嘛，就很自信地坐下来尝试。没想到刚刚打了一行结，我就觉得有点腰酸背疼，坐不住了。我们体验的只是最简单的八字结，而且只有一张A4纸大小，如果要编出墙面那么大的丝毯，可真是不容易啊。

采访中，我问程老师："您作为非遗传承人，得到了很多荣誉，但在经济上并不富裕，您会感到遗憾吗？"程老师未经思考，便回答道："从1974年我走进这门技艺那一刻起，我几乎每天都在艰辛中努力。我非常爱这一行，在最困难的时候，我可以拿我的房子做抵押，让企业正常地运转，但我从来没有后悔过。正因为这样的执着和努力，才有我们金山丝毯厂的今天。"听完，我十分敬佩程老师。

临走时，我再次环顾工作室里这一幅幅精美的丝毯，从创意到设计定稿、修色、编织……每一个环节，都凝结了丝毯手艺人的心血。我希望有更多的人了解金山丝毯，传承这门技艺，让中国传统手工丝毯飞向全世界！

春

他接过海派旗袍手艺
把东方审美带到全世界

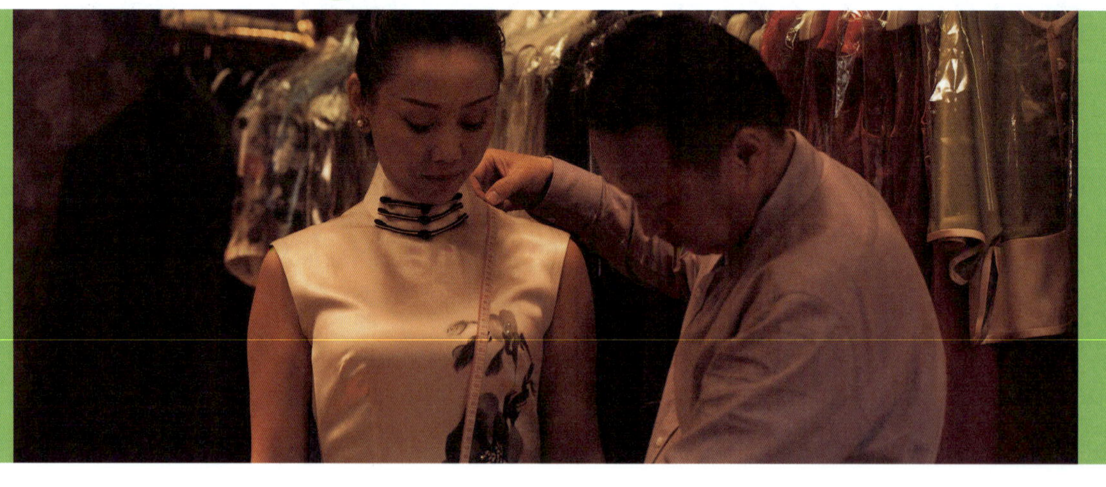

旗袍，承载着中国女性独有的传统之美。

十里洋场，上海滩旗袍大师褚宏生的剪刀下，裁出了一个绮丽的传奇时代，宋美龄、胡蝶、孟小冬……都曾指名要他裁制旗袍，而他的作品，也打动了无数女性的爱美之心。

今日上海，诸宏生的爱徒周朱光，从师父手里接下了海派旗袍技艺，在安化路上这家不大的“瀚艺旗袍工坊”里，坚持一针一线，为仍然醉心传统手工旗袍的明星、商人、都市白领们，送上最合身的一袭华服。

20多年，说艰难也艰难——他为了维系这个小小工作坊，二度卖房周转；说值得也值得——他带着旗袍走上了巴黎、维也纳的秀场，也把东方的审美带到全世界。

海派旗袍，很美很中国
——访海派旗袍制作技艺传承人周朱光

《新闻晨报》小记者　耿米珈
上海民办华东师大二附中紫竹双语学校　七年级

8月9日，我们步入安化路271号，参观了“中国的连衣裙”——海派旗袍。

这次参观的“讲解员”，是海派旗袍制作技艺传承人周朱光先生。他曾经为了海派旗袍事业，几经起落，两次卖房，经过20余年的努力，成功地把中国人的旗袍带到了巴黎、维也纳等时尚之都的T台上。

当周朱光先生带领我们走进这间小小的“瀚艺旗袍工坊”，我们仿佛步入了一个别样的美丽世界，领略到了诸多缤纷多姿的旗袍风景。我曾经看到过、想象过的旗袍，或是穿在老太太身上的古老衣服，或是宾馆、餐厅服务员的统一着装，而眼前这一件件的旗袍，精致、华美，充满了时尚的气息，有些颇为隆重，另一些则年轻俏皮。“老师，现在这个时代，没有多少时候可以穿着旗袍走在街上了，是什么信念让您坚持到现在的呢?”我不禁问出了内心最疑惑的问题。

周朱光先生笑着回答道：“衣食住行，‘衣’在第一位，这足以突出衣服的重要，现在中国发展迅速，在衣服方面也是一样。我之所以坚持，就是因为有一种审美，叫作东方审美，而通过旗袍，东方审美能够真正发扬光大。”

听说，曾经从事成衣进出口生意，还做得颇为成功的周朱光先生，就是被师父诸宏生先生的一句“旗袍哪里有做成衣的？”给“拐”入手工旗袍行当的。而眼前，一位位技艺娴熟的老师傅，正在一针一线缝纫着手中独一无二的旗袍。我的问题又冒出来了：“手工定制的旗袍和量产的旗袍有什么区别呢？”周朱光先生不慌不忙地回答道：“我们喜欢一幅画，比如蒙娜丽莎、向日葵，这些世界上可以有成千上万幅印刷复制品，但是最珍贵的，挂在博物馆里的，不还是原来独一无二的那件吗？”

说到艺术品，我可按捺不住了，做足功课的我继续发问：“老师，我之前有查阅过

一些资料，旗袍分三个派：海派、京派和粤派。后两者与海派有什么区别吗？”周朱光先生解释说：“说起旗袍的派别，其实和天气关系很大，北京四季分明，京派旗袍也是窄袖直筒；而两广地带天气炎热，粤派旗袍就做得比较短，而且做成了大袖；至于海派旗袍，则是立体造型的尝鲜者，胸省、腰省、肩缝、装袖等尝试，使旗袍更加合身，更能体现中国女性的美。旗袍一直在适应穿着人的需求，而不是让人去套在旗袍里面，这就是手工定制旗袍的魅力了。”

如今，海派旗袍既在阳春白雪的重要场合大放光彩，又渐渐走上日常街头，穿到爱美少女的身上。

海派旗袍，很美很中国！

海派旗袍：随身带着的袖珍戏剧

《新闻晨报》小记者　山霁月
上海市黄浦区卢湾一中心小学　四年级

“衣服是一种语言，是随身带着的袖珍戏剧。”如果说，身穿旗袍，是民国女作家张爱玲对爱与富足的渴望，那么，亲手裁制旗袍，则是诸宏生和周朱光师徒对东方审美的执着。

一个明媚的夏日上午，沿着一条静谧的小马路，我们来到了“瀚艺旗袍工坊”，只为解读旗袍的独特语言。

简单的两扇玻璃门上贴着大红的窗花，如果不是事先做过功课，真的很难把这个简朴的门面和厚重的历史联系起来。然而推开大门，里面却堪比小型旗袍文化博物馆：墙上的一幅幅老照片，玻璃展柜里的各式老熨斗，摆在过道里的那台锈迹斑斑的缝纫机，都在无声地诉说着海派旗袍的百年历史。

而我的目光，一下子被一袭叫“凤蝶”的旗袍吸引住了。这袭旗袍选择了端庄的深色面料，深浅不一的蓝色丝线，以更环保的形式，模仿着失传已久的点翠工艺，绣成了栩栩如生的蝴蝶、凤凰，翩翩起舞于旗袍前襟处，在华丽典雅之余，又不失灵动活力。

“瀚艺旗袍工坊”主理人周朱光先生的到来，打断了我万分沉醉的欣赏。眼前的这位海派旗袍制作技艺传承人，身穿一身笔挺的白色立领衬衫，衬衫上打着低调细密的褶皱——优雅，是我对他的第一印象。而当打开话匣子，对旗袍如数家珍的他，又别有一种熠熠神采。

面对我们这群彻头彻尾的门外汉，周先生很耐心地从头说起。关于旗袍的起源与发展，他告诉我们，由古老的旗装演变而来的旗袍，在20世纪20年代的上海滩，经过西方元素的融合，真正声名鹊起，丝绸、缎料、丝绒，鸟雀、花卉、流云，海派旗袍在面料与纹饰各方面真正是包罗万象，敢想敢做。

周先生的恩师诸宏生老先生，就是海派旗袍精神的杰出代表。早在民国时期，18岁的诸宏生，就敢为一时之先，用从未有人选

用过的白色蕾丝面料，给当红影后胡蝶制作了一件全蕾丝的旗袍，在上海滩引起轰动。“我相信旗袍一直在被改造，它永远是新鲜的，与时尚接轨的，我也希望中国女性能在旗袍上穿出时尚，穿出国际范儿。”诸宏生先生说。

而今天，这份创新精神，又延续到了周朱光先生这里——他为我们展示了刚刚登上国际大秀的几款牛仔旗袍，一个立领，一个盘扣，让普通的连衣裙打上旗袍的烙印，让旗袍装扮真正步入日常穿着的舞台。“那么多世界大牌都青睐于手工高定服装，而海派旗袍，就是中国人的手工高级定制。”周朱光先生说。

当然，创新的基础永远是扎实的传统工艺。伴随着周先生的解说，“瀚艺旗袍工坊”的小小制作间里，三两老阿姨正在精心制作旗袍领口的盘扣，一位头发花白的老师傅则在用熨斗为一块布料贴上衬布，而周朱光先生也时不时对照着定制客人的量身数据，指导着旗袍的开衩和省道的加减，而这些，正是手工定制旗袍有别于普通流水线成衣的灵魂所在。

有魄力创新创制，有能力传承传统，周朱光先生与“瀚艺旗袍工坊”，让海派旗袍这出随身带着的袖珍戏剧，焕发出了新的光彩。

百年旗袍也能很时尚

《新闻晨报》小记者　施奕晨
上海市杨浦区打虎山路第一小学　四年级

提到海派旗袍，很多人会觉得古老而不日常，似乎是外婆辈的人才会穿在身上。曾经的我，也这么认为。直到有一天，我踏入了周朱光先生的“瀚艺旗袍工坊”，这个想法被彻底改变。

“瀚艺旗袍工坊”坐落于一条安静而偏远的小马路上，看上去毫不起眼，我还差点迷路，在门口几次徘徊，终于找对了地方。

不过，“山不在高，有仙则名”，“瀚艺旗袍工坊”也是如此。狭小的入口处，一块醒目的牌子挂在墙上——“非物质文化遗产，海派旗袍”，周围墙上还有好多证书奖状。我不由肃然起敬。

真正让我刮目相看的，是里面展示的各式各样的手工旗袍，有真丝的，有丝绒的，有棉麻的，一件件线条流畅，颜色典雅，凑近细看，连一个小小的针脚，都做得细致漂亮，领口的盘扣更是五花八门，简直是丝线与布料缝制出的艺术品。

正欣赏着，海派旗袍制作技艺传承人周朱光先生开始为我们介绍起了旗袍工艺，又领着我们去参观那间不大的制衣间——缝纫机、线、布、手工匠人在这间不到60平米的房间里，创造出了一件件精美的手工旗袍。“不要以为，旗袍就是老古董，就是老太太穿的哦。事实上，我一直在提倡‘时尚旗袍’的概念，让旗袍可以更年轻化，更贴近我们的日常生活。”他展示了一件又一件创新旗袍，比如牛仔布旗袍，比如短裙旗袍，还有贴满了水晶的耀眼旗袍。说实话，连我都觉得有点心动呢！

“我的师父，是赫赫有名的旗袍大师诸宏生，而让他在上海滩一鸣惊人的，就是应当红影星胡蝶要求，特别创新制作的全蕾丝旗袍。这种大胆创新的精神，师父一直没有丢，现在又传给了我，我希望自己可以创造一个属于中国人自己的旗袍品牌，把它带到世界的舞台。”

短短的采访很快结束了，但是周朱光先生的这番话一直留在我的心底。是啊，一代代匠人们不断努力传承非物质文化遗产的同时，也同样不忘创新，让传统与时代结合得更紧密。我作为一名小学生，不能遗忘我们的传统文化，也不能用老眼光看待他们，而应该期待他们在今天绽放出更耀眼的光芒。

我与旗袍的约会

《新闻晨报》小记者　顾有欣

上海市浦东新区明珠小学C区　五年级

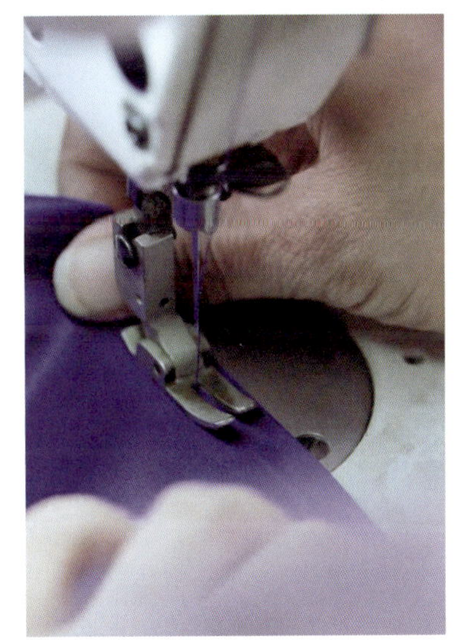

旗袍是中国悠久的服饰文化中最绚烂的一道风景。而今天，我与旗袍有约，期待着一览这道风景的迷人之处。

我与旗袍之约的“约会地点”，是在长宁区安化路一处幽静的巷子里——名声赫赫的“瀚艺旗袍工坊”就坐落在这里。一走进室内，就看见一张张证书、一座座奖杯，一张张记录历史的照片，一件件精美的旗袍成品，满满地陈列在通道两侧，承载着一代代匠人的心血！

我与旗袍之约的“约会主题”，是高定手工旗袍到底有什么魅力——海派旗袍制作技艺传承人周朱光老师告诉我，一位经验丰富的技师要完成一件精美的高定旗袍，至少需要一年的工时。而在快节奏的今天，制作者为什么愿意花上这一年时间，消费者又为什么愿意等上这一年时间呢？

我与旗袍之约的“约会过程”，就在这个问题的带领下，真正开始了。我们走过一位位全神贯注的裁制师傅，便来到了周老师

的“密室”。小小的房间里，叠放着一个个密封文件卷，周老师小心翼翼地打开其中之一，拿出一片半透明的物件，铺平展示给我们看。原来，这是这些年来，周老师设计与积累的各种旗袍绣样。我凑上前仔细观察，只见绣样上打底的祥云图案线条流畅，错落有致，尤其是绣样中间的盘龙，形态灵动，每一处细节都勾勒得栩栩如生，与我们平时穿的成衣上面千篇一律的机器绣花有着天壤之别。也许，这正是高定手工旗袍的精髓。

我与旗袍之约的“约会高潮”，则在一件件真正的高定手工旗袍被捧到我们眼前之时。每一件旗袍，都被数百万针精雕细琢过，密密的针脚，精挑细选的配色，搭配上各有寓意的绣纹，妖娆好似绽放的牡丹，绚烂夺目，温婉又如出水的芙蓉，清新素雅，当之无愧是“穿在身上的艺术品”。

我与旗袍的这次“约会”，让我领略了非物质文化遗产的底蕴，让我找到了高定手工旗袍让人趋之若鹜的原因，更让我看到了非遗传承人的执着与坚守。这将成为我生命中一次难忘的“约会”。

追求完美，致敬匠人

《新闻晨报》小记者　张一诺
上海科技大学附属学校　六年级

坐落在安化路上的“瀚艺旗袍工坊”，门面貌不惊人，里面也不大，墙上还有丝丝灰尘。但入口处悬挂的张张照片告诉我们，这里与国际时尚界、顶流明星的关联。

“瀚艺旗袍工坊”主理人周朱光大师，身穿儒雅的中式衬衫，出现在我的眼前。从一日出入上百万的成衣进出口商人，到一针一线耗时几天甚至几个月完成一件作品的旗袍制作者，周朱光接过了师父——上海滩最后一位旗袍大师诸宏生的衣钵，以独有的匠人精神，续写着百年上海的旗袍传奇。

说起和师父的缘分，周朱光颇有缅怀之色：“我是被师父一句‘旗袍哪里有做成衣的？’惊醒的，那时候一天过手的衣服上万件，却从未追求过服饰之美，直到听到这句话，我才明白，想要做真正的好旗袍，必须量身定制，不能走捷径。”那天起，周朱光正式拜师学艺，和师父一起成立“瀚艺”。

秉持着“一生只做一件事，并做到完美”的态度，师徒两人不断地改进旗袍的工序和工艺。他们立足于传统，不断进行创新，将中国水墨画和旗袍结合，甚至还将旗袍和现代派的牛仔面料结合。曾有客人穿着在“瀚艺”定制的旗袍，徜徉在巴黎街头，引得时尚之都的时髦人士纷纷回头、询问……

师徒两代人的推陈出新，让旗袍具有了更为蓬勃的生命力。慢慢的，一袭又一袭象征着东方女性之美的手工定制旗袍，不再囿于时代，不再囿于国门，而真正走向国际。“我心里有个梦，我梦想把东方审美带到全世界，把瀚艺做成在世界时尚界享有盛誉的创智工坊。”周朱光感叹。

采访过程中，感受到周朱光对旗袍的挚爱与痴迷，我不禁发问：“您对一件完美的旗袍是怎么定义的？”他笑了：“一件完美的旗袍，得是高级的 —— 这个高级，要有完美的设计，完美的工艺，完美的面料，而且要具有时代性，所有的因素缺一不可。这

样，一件旗袍才会有灵魂。”滔滔不绝的他，眼中有一种无法名说的光辉。而我想，他的梦想，就是成为那个为旗袍注入灵魂的人吧。

曾经，匠人精神对我来说，是一个遥远的形容词。经过这次采访，我终于深刻地理解了像周朱光大师这样的不停追求完美的工匠，他们对自己的手艺拥有着近乎自负的自尊，不厌其烦，不惜代价，但求做到精益求精，完美，再完美。正是由于他的坚守，旗袍文化才得以传承和发扬，宝贵的非物质文化遗产才得以继承并保存。

致敬我们这个时代的匠人。

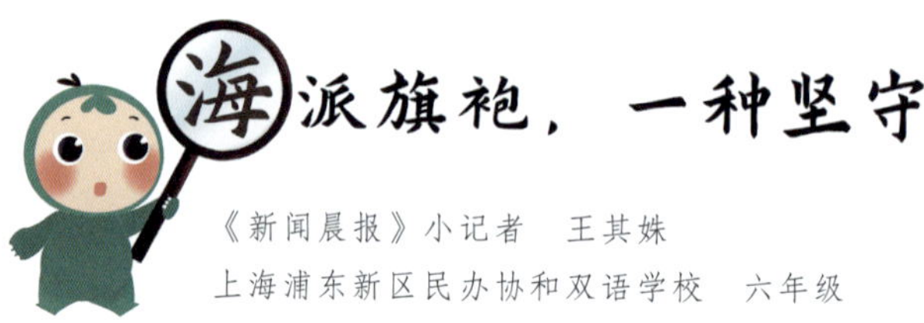

海派旗袍，一种坚守

《新闻晨报》小记者　王其姝
上海浦东新区民办协和双语学校　六年级

中山公园附近的一条小马路上，藏着一间海派旗袍工坊。海派旗袍大师周朱光老师着一身考究的白色衬衫，站在入门处迎接我们。海派旗袍的前世今生，就在他的讲述中徐徐铺展。

最外间的走廊墙壁上，一张张各有来历的名流合照，让人心生敬佩与向往；往里一些的会客厅里，衣架上、玻璃柜里，一件件绚丽耀眼的旗袍华服，让人忍不住生出想要摸一摸、试一试的渴望。

再往深处走，穿过一道门，就是旗袍制作间了。五六十平米，十几台机器，还有几位中老年阿姨、爷叔，正在低声交谈着、安静工作着。布料、针线，在他们的手里仿佛活了起来，即将变成人们身上的华服。无论是这些阿姨爷叔，还是为我们讲述的周朱光老师，眼里都闪耀着同样的专注和热爱。

是啊，听说周朱光老师的恩师，是上海旗袍大师诸宏生先生，为很多鼎鼎大名的明星裁制过旗袍。但现在旗袍似乎没那么流行了，周朱光老师还曾经在困难时期卖掉房子做旗袍，才能一步步艰难地把海派旗袍继承

和发展到了今天。

正思索着，有人替我问出了心中的疑惑“既然旗袍在现代已经不流行了，也没有多少人会购买，那您为什么不去做能挣更多钱的成衣生意，而要在这里坚持做手工定制旗袍呢？”

周朱光老师的回答很坚定：“做旗袍，不仅是爱好，更是使命。曾经的海派旗袍，是引领时尚的弄潮儿。而我相信，通过我们的努力，今天的海派旗袍，不再只是量产的普通商品，更是走遍世界的文化传播者。”

事实上，周朱光老师也的确这样做了。他曾经为师父诸宏生老师策划了两台中国山水旗袍的服装秀，更是把不少经典之作带到了巴黎、维也纳等时尚之都。就在我们到来的不久之前，还有一个著名的意大利服装品牌慕名来到上海，参观了这个海派旗袍的诞生之地呢。

领略了与想象中截然不同的海派旗袍，聆听了周朱光老师的一席肺腑之言，我不禁思索：我们的忽视中，很多传统文化正在慢慢湮没，而有这样一群人，却不忘初心，始终致力于为传统文化注入崭新的生命力。这正是我们应该向周朱光老师这样的非遗传承人学习的。

十三岁当学徒
八十三岁还在干！他用
一针一线缝出绝美戏服

长宁区安化路271号，居民区旁一个并不起眼的小门面，里头却是大有文章。就在这家汇集了多位服装类非遗传承人的瀚艺工坊，《新闻晨报小记者们见到了上海滩传统戏曲服装和龙袍制作大师——徐世楷爷爷。

13岁那年，徐爷爷从老家泰州来沪投靠亲戚，从广东路上的小学徒起步，开启了与戏服结缘的一生。七十年的匠人之路上，从戏服到龙袍，从龙袍到旗袍，他固本守正又迭开新境。如今虽已耄耋之年，但心不退身亦不退，依旧与剪刀、针线与熨斗作伴，为传统戏服制作技艺的传承和弘扬奔走不息。

守护项目

传统戏服制作技艺

传承人

徐世楷

匠人匠心

《新闻晨报》小记者　刘卉妍
复旦大学第二附属学校　五年级

初见徐爷爷，他就像一位普通的老师傅那样坐在瀚艺工坊的车间里，亲切地问我们是不是来参加夏令营的。当得知我们是来采访的小记者时，徐爷爷热情地拿出他的大作向我们展示。当一件件精美的戏服出现在我们眼前时，大家不禁发出了赞叹声。徐爷爷不急不慢地把戏服在展台上铺展开来，就像展开他与戏服的故事……

1950年的一个夜晚，当时年仅13岁的徐爷爷坐着小船来到了上海，在广东路上最热门的一家戏服店“蒋顺新”拜师学艺，从此与戏服结下了不解之缘。徐爷爷告诉我们，相对于北方人的“听戏”，南方人则更喜欢“看戏”，因此，上海滩的戏服制作要更华丽、更精致。

“学三年，帮三年”是行规。“师傅对我们很严的，刚开始就是打打杂，帮老板带两个小孩，然后从小东西开始做起，比如小兵的马甲。”做戏服的日子让徐爷爷尝到了工作劳累的苦，一天工作15个小时，师傅徒弟一起睡在长桌上是常有的事，但他更尝到了学会本领的甜。他们店里做的戏服就是特别好看，梅兰芳先生唱贵妃醉酒的戏服就出自这里。“当时这套戏服一上台就引起了轰动，大家都觉得好看极了，各个剧团都到我们店里来订戏服。”徐爷爷一边摸着戏服，一边眯起眼睛缓缓说道，仿佛想起了曾经的辉煌。

说起戏服制作，徐爷爷如数家珍般地介绍：选料、尺寸、设计、别浆、刺绣……可别小瞧一件戏服，足足48道工序，缺一不可，并且全手工制作，用徐爷爷的话说就是“讲究”。当被问到如何才能做到最好时，徐爷爷笑着说，他一直以梅兰芳先生比别人更加刻苦练功的事例来鼓励自己。下足功夫，才能让一件戏服形神兼备、光彩照人。

上世纪90年代，一家官府菜馆辗转找到徐爷爷，向他发出了仿制龙袍的邀约。为此，

徐爷爷与擅长画样的老伴陈莉蓉奶奶前往故宫博物院观察龙袍原件，又潜心研究各类书籍中的记载，从选料到图案设计，小到刺绣用的金线、铜扣都亲自四处寻觅，倾注了无数心血。当惟妙惟肖的唐、宋、元、明、清五代龙袍终于仿制成功时，其精美绝伦让委托者连连赞叹。后来，当这些龙袍亮相上海工艺美术精品展时，更是技惊四座，为徐爷爷夫妇再添“龙袍制作大师”的美名。

徐爷爷手指着戏服上的点滴，滔滔不绝地向我们介绍着：“这是苏库缎”，“这个图案绣的是游龙”，“这个用的是金箔做成的真金线”……对于戏服，徐爷爷仿佛有讲不完的话。

是啊，因为每一个细节里都凝结了他无数的心血！因此，徐爷爷现在最大的心愿，就是把戏服制作的技艺传承下去，把师门几代积累下来的图样出书留给世人。

道别时，我凝神望着站在戏服边的徐爷爷。在他身上，我看到了匠人匠心；徐爷爷慈祥地看着我们，希望在我们身上能看见未来。

“戏”说人生：针脚里的年华

《新闻晨报》小记者　陈振劼
上海市闵行区马桥实验学校　五年级

戏服也有它的人生，它的故事从传统戏曲服装制作技艺传承人——徐世楷爷爷的手里诞生，随着岁月变得璀璨。今天，我们有幸走进瀚艺工坊，用心去感受戏服的一生。

瀚艺工坊，一个不起眼的铺面，坐落在闹中取静的安化路。一进门，映入眼帘的是满墙的奖牌和各式精致的中式服装，还有许多国内外名人到访的照片，默默地道出这里的不凡。年逾八旬的徐世楷爷爷精神抖擞，笑容可掬地招呼我们入内，拿出早已准备好的两件最具代表性的戏服——龙袍和贵妃宫装，娓娓道来他与戏服的故事。

前世

清末民初，四大花旦梅兰芳、程砚秋、尚小云、荀慧生陆续从北京城南下上海滩。戏曲在北京着重“听”，而在上海更却讲究“看”。当梅兰芳大师在上海演出《贵妃醉酒》时，他头戴凤冠，身着霞帔，华丽的行头配上独特的唱腔，惊艳了观众，展现了海派戏服制作工艺的高超水准。

1950年，一位13岁的泰州少年来到上海拜师学艺，经历了“学三年，帮三年”，才正式开始了他的戏服制作生涯。这个少年，正是如今年过八旬的徐爷爷。

今生

身为南派戏服制作技艺的第三代传人，徐爷爷不仅制作各类戏服不在话下，还能仿制以假乱真的龙袍，又把龙袍工艺迁移到海派旗袍的制作上。几番腾挪跨界，让他大师之名不胫而走。

龙袍的制作工艺极其复杂，用料也极为考究。衣身选用苏库缎制成，这种面料由两根染好色的丝线织成，既牢固又不易掉色，彰显皇家的高贵。龙袍上的花样，是爷爷带

着他的老伴走访故宫亲眼观摩，并参照史书上的图片，一笔笔手工绘制而成的。

一件龙袍，从设计花样、凿花、绣花、盘金银线到缝合，四十多道步序，需要耗费长达一年的时间。在这个什么都可以用机器来替代的时代，徐爷爷仍坚持每一笔、每一划、每一针、每一线都依靠纯手工完成。他说，只有手工缝制出来的龙才有灵性、才逼真。正是因为这份对纯手工打造的初心和执着，才会诞生30多套极其逼真的龙袍。

未来

如今，徐爷爷年事已高、满头白发。一直以来，他和老伴都在为这项技艺的传承操心。由于戏服的制作既要具备精湛的指尖功夫，又要拥有扎实的戏曲知识，因此培养这样的人才难度很大。

说起这事，一直平静的徐爷爷眼里透露出一丝忧虑："我和老太婆一直在想，怎么把这个手艺传下去。想归想，但就像做梦一样，到现在还没有实现。"尽管困难重重，但徐爷爷和夫人依然没有放弃努力，他们希望将戏服工艺以图文形式记录下来，通过这种方式把戏服的一生传承下去。

两个小时匆匆而过，我们和徐爷爷道别了。走出工坊，回到喧闹的街上，我突然发现，在那些精致的刺绣针脚里，时光过得慢了，岁月变得美了。戏服的这一生，在徐爷爷的手里活得雍容雅致，有了情感和生命。

如果以后你恰巧来到安化路，不妨走进瀚艺，和这位白头发、白眉毛的老爷爷聊上几句。而我则会用笔记下这份年华故事，把徐爷爷的"'戏'说人生"让更多人知道。

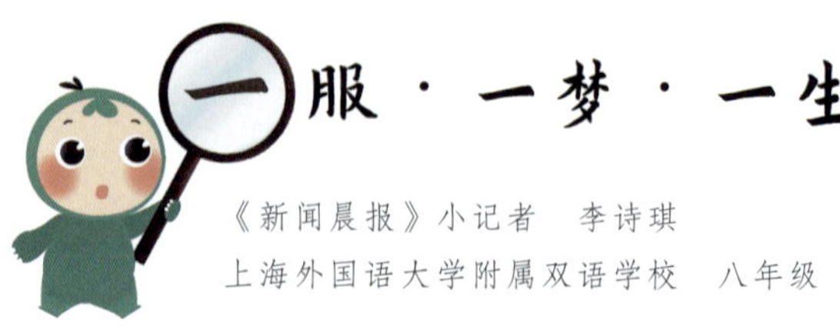

一服·一梦·一生

《新闻晨报》小记者　李诗琪
上海外国语大学附属双语学校　八年级

“海岛冰轮初转腾，见玉兔哇，玉兔又早东升……”

展厅中摆着几个木制靠椅，摆钟来回的嘀嗒声更显这里的安静。一位头发全白、年逾耄耋的老人站在红木桌前，细细地摆弄着他如数家珍的作品。他，就是如今上海滩屈指可数的传统戏曲服装制作大师——徐世楷爷爷。而我，站在桌子的另一边，痴痴地望着。在柔光的照射下，这些戏服显得如此华美。

我听着徐爷爷诉说他的过往，目光自然地落到戏服上。我看着它，大红鸾凤、金丝银丝交织镶嵌，要仔细看才能瞧见密密的针脚。再凑近些，隐约能看到五彩的暗纹，犹如光影流动，行云流水般。仅仅在这一件戏服上，就能看到牡丹盛开、凤凰飞舞、云卷云舒。在这静立的片刻，我仿佛看到百年的文化向我缓缓走来，古国的风采为我徐徐展开。

上世纪50年代，13岁的徐爷爷从江苏泰州乘船来到上海广东路上的蒋顺新戏衣庄当学徒。拜师学艺是很不容易的：第一年要帮师傅看孩子，只能在带孩子的间隙偷师；第二年开始打下手，比如给靴子撬边；直到第三年，才有机会制作小兵马甲之类的小件戏服。终于，“学三年，帮三年”的日子结束了。那时的徐爷爷，对制作戏服的兴趣愈发浓厚，也逐渐开始有了自己的见解。

此后，他经历了重重困难：古装剧目一度被迫停演，工人们纷纷改行；流行歌曲兴起后，传统戏曲的热度大不如前，连带波及戏服业……但这一切挑战，从来没有浇灭他心中的戏服梦。七十年如一日，他一直坚守自己的岗位，不断激发着内心的灵感，成百上千件戏服从他的这双巧手中诞生。

走进车间，略显昏暗的日光灯下，工人们正在一针一线地缝制着，偶尔转动一下酸疼的脖子。我才明白，美丽的背后竟有如此

艰辛的付出。由于缝制戏服常常要一连几个小时坐着不动，经年累月，工人们或多或少都落下了病根。与此同时，如今的戏剧团出于成本考虑，更青睐那些机器制作的戏服，手工戏服的需求量不可避免地萎缩了，整个行业难言景气。

走出车间，我有几分失神，转而又陷入沉思。也许是时代的变迁，使这些传统文化湮没在城市的喧嚣之中。当它们逐渐被人们淡忘，我们是否还能守住那份初心，守住那份对中华传统文化的向往？

愿这古老的文化在代代传承者的手中弘扬光大，而不是将来封存于展柜中的一门失传的技艺。

不能变，不能停——听徐爷爷讲传承之道

《新闻晨报》小记者　夏徐蔚
华东师范大学附属紫竹小学　五年级

传统戏曲服装制作技艺，“不能变、不能停”——当徐世楷爷爷一字一顿说出这几个字时，他的眼里闪着光。这位八旬老人，头发和眉毛全白了，一条条皱纹刻在那粗糙的皮肤上，争先恐后地诉说着那个年代的故事。

70年前一个晴朗的下午，13岁少年跳上一条老旧的轮船，顺着河流来从泰州来到上海广东路601号——招牌上赫然刻着几个大字“蒋顺新”。从此，这个男孩儿开启了数十年的学艺生涯。

经历过挫折，遭遇过倒闭，更有许多不易，却创造了更多辉煌。

戏服一铺开，我立马被强大的气场震撼住了，一条金龙似乎马上要腾跃升起，各式各样的花，一朵朵生机盎然，仿佛扎根在泥土，领口、袖口的精致更无法用言语形容。光看那颜色，粉绿嫩红，深蓝艳黄，如此缤纷绚丽……徐世楷爷爷穿针引线、手指翻飞，经过40多道工艺，花了近一年的时间终于完成了这件精品！

“我是传统戏服制作技艺的第三代传承人，还不知道第四代传人在哪里。”徐爷爷说着，神情黯然。不过，很快他又兴奋地像个孩子，“我有三个愿望，出两本书，办一个免费的博物馆，让更多的小朋友来接触传统戏曲服装！”

这，是一门有着数百年历史的优秀传统技艺；这，是一份让上海引以为傲的非物质文化遗产；这，是一项让黑头发、黄皮肤的人能昂首挺胸、自信微笑的民族瑰宝！戏服上每一个精致的图样、每一缕鲜艳的色彩，都绣着三代传人的努力和坚持。新时代，让我们对传统技艺的传承充满了遐想与期待！

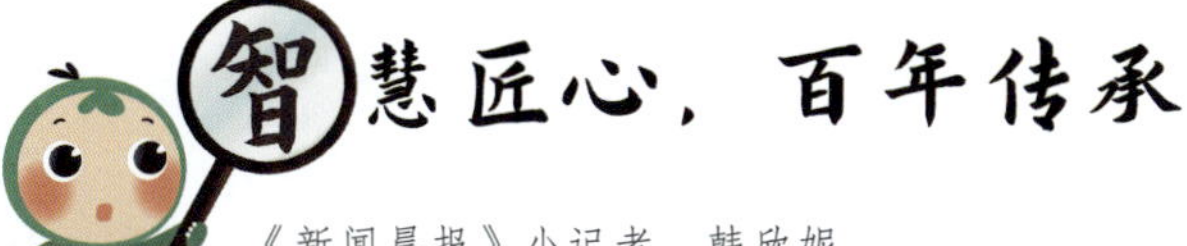

智慧匠心，百年传承

《新闻晨报》小记者　韩欣妮
上海闵行区万科双语学校　五年级

时代飞速前进，科技改变世界。在瞬息万变的发展浪潮中，一切旧时的东西似乎都会很快被淘汰、被迭代，然而有一种东西是科技无论如何也取代不了的，那就是一颗匠心——传统手工艺人呕心沥血、传承不息的品质。

拜谒了南派戏曲服装第三代传人徐世楷爷爷后，匠人与匠心的震撼力再次让我深受感动。以他为代表的这些非遗传人们，始终坚守着初心，坚持用一针一线缝出戏服的生命。在他们心里，手工缝制就是不可丢弃的使命。也正是由于这一辈匠人的坚持，传统戏服制作技艺终于成为非物质文化遗产。

徐世楷爷爷的匠心，表现在他对戏服制作的四十余道工序了然于心。从买料、染色、打板、设计花样、印花、刺绣上浆，到撬边、打料、成料，正如他所说："这些工艺需要很多人做，当时会做的人很少，所以我一个人要做好多事情。"在纹样资料室，我还看到了一片由画卷构成的"竹林"。一卷卷已经凿好花的设计图，大小各异，长短不一，徐爷爷的夫人陈莉蓉奶奶便以此见长。有它们打底，徐爷爷剪裁缝合的高超手艺才有用武之地。

常言道，"喜欢一时容易，坚守一世万难。"徐爷爷之所以能够成为国内屈指可数的传统戏服和龙袍制作大师，与他一生的坚守与执着密不可分。在他的身上，我看到了精益求精的匠心、持之以恒的决心、不言放弃的恒心和必须成功的信心。经得起时间的打磨和考验，受得住烈火的淬炼和炙烤，才能炼出真正纯澈的匠心。

一只小小竹哨
他能吹出四十多种
鸟叫声

对于鸟哨技艺第三代传承人袁菊平来说，吹鸟哨原是他赖以生存的技能。1960年出生的他，八九岁开始就跟着爷爷、父亲在南汇的滩涂上捕鸟为生。

先要学会辨识各种鸟类，“哪怕它再高再远，只要它一飞，我们就能知道它是什么鸟。”袁菊平说，这其中的诀窍，就是看鸟的大小、飞行的动作和它的颜色。学习辨识鸟的同时，还要学吹鸟哨引鸟。用牙齿轻轻咬住鸟哨，用舌尖控制气流的变化，长辈的传授加上自己的琢磨，渐渐地，袁菊平能够模仿40多种鸟叫声。

时代的发展，让捕鸟为生成为了过去时。如今的袁菊平，依然喜欢吹鸟哨，说起往事依然神采飞扬。但是他也知道，即使孙子和同龄的孩子们对鸟哨很感兴趣，但是他们没有时间来练习，更加没有生存的压力和实践的机会。这门祖辈传下来的技艺如何传承下去，依然是个待解的问题。

风中的鸟哨

《新闻晨报》小记者　陈宇洋
上海民办兰生复旦中学　七年级

酷暑8月，一波高温后，终于迎来了略微凉爽的一天，几丝风吹拂着我的头发。我坐在开往南汇的车上，疲乏地睡了一觉。一个多小时后，我们到达南汇新城镇卢潮港社区事务受理服务中心，对鸟哨技艺传承人袁菊平的采访就约在这里。

一推开房门，我困意全无：不必说地板上仿真的沙滩，长嘴的海鸟，垂挂的渔网；也不必说桌上排列的鸟哨，锋利的小刀，和一大沓看上去是示意图的纸张，光是站在桌旁等待着我们的袁菊平爷爷，就让我欣喜不已——毕竟我从来没见到过纪录片中的真人啊！

袁老师先给我们吹了几种鸟的叫声，有千鸠鸠、黄鹞、老鹳嘴、沙大头、直嘴等具有代表性的鸟种，有的悠长婉转，有的短促清脆，有的高亢嘹亮，皆抑扬顿挫、富有节奏感。我们听得入迷，袁老师却说这不算什么，他可以模仿四十多种不同的鸟叫声呢！

袁老师现场给我们制作了一只鸟哨，有点像被截断的笛子，打磨仔细的切面甚是光滑，一块刚插进去的响片恰到好处，再在开口处系上一根红绳。袁老师轻轻一吹，鸟哨发出清亮的声音。我们纷纷称他为“鸟哨爷爷”，“鸟哨爷爷”开心地笑了。

当被大家问到小时候如何吹着鸟哨捕鸟时，“鸟哨爷爷”说得最起劲。我们看着他的眼睛，仿佛映出了以前的时光：在南汇海边，他和父亲一起，寻找着天空中鸟儿的身影，辨识出鸟儿的种类，用鸟哨模拟出逼真的声音“呼朋唤友”，迎着风张开网，等着鸟儿入网……

“现在有了禁止捕鸟规定，鸟哨发挥作用的机会是不是比以前少了很多，您会不会感到寂寞、失落、难过呢？”我问他。

“鸟哨爷爷”一下严肃了起来。他停顿了几秒，一字一顿地答道：“的确，因为禁止捕鸟，大家不再有动力学习；而且孙辈们像你们一样学业很忙，也没有时间像我们小时候一样在大自然中玩鸟哨。但是，鸟哨毕竟是我国珍贵的非物质文化遗产，我不希望这个技艺在自己这一代断掉，所以还是会时常做些演出，搞些普及，希望能够将它传承下去……”

采访结束走出房间，外面的风凶猛地扑在了我的脸上，高大的树也都摇摆起来，几片叶子扑簌簌地掉下来，但是依旧有许多树叶，在风中跌跌撞撞，顽强地扒着树枝，向着那片光亮。

古老的鸟哨期待“新生代”

《新闻晨报》小记者　谭尘迪
上海市虹口区红旗小学　四年级

江南地区靠海的土地里盐碱重，农作物产量极低。为了维持生计，有的农民半农半渔，有的开始利用滩涂野生资源，逐渐形成了以捕鸟为生的群体，并在实践中创造了许多诱捕鸟类的手艺。

人如果要诱捕鸟类，就要先把鸟吸引过来，可人又不会说鸟语，怎么引鸟呢？我们的老祖宗发明了一种叫做鸟哨的工具，人吹鸟哨可以模仿出各类鸟的叫声。最古老的鸟哨，可以远到7000多年前，由浙江河姆渡人用于狩猎的“骨哨”呢。

暑假的一天，在南汇新城镇社区文化活动中心，我就亲眼见识了这一神奇的工具和技能。袁菊平爷爷是上海市非物质文化遗产鸟哨技艺第三代传承人。只见他咬住鸟哨，嘴唇、腮帮子相互配合，鸟哨发出短促而有力的“啾啾”声。“这是直嘴的叫声。”袁爷爷告诉我们，他从小就和爸爸一起在海边捕鸟，边学边练，渐渐学会了40多种海鸟的声音，其中有沙大头、花尖嘴、牵牛郎……

我好奇地拿起一只鸟哨，仔细观察，想看看里面究竟有什么机关，但发现它只是一截很普通的竹子。不过袁爷爷说，选竹子也是很有讲究的，可以做鸟哨的竹子必须有一面是平的。

他一边说，一边拿出一截竹子，给我们现场演示鸟哨的制作。他用锯子先在弧面距离竹节大约1cm处，45度斜锯出一条缝，切记不要锯断。然后用刀切除那块料。接着用小刀在平面上挖出一个1.5cm的长方形洞。最后用小刀开一个吹孔，插入簧片和插梢，一个鸟哨就制作完成了。

接下来是体验环节。袁老师为我们每人准备了一支鸟哨，我拿起一只鸟哨，用牙齿紧紧咬住，用力吹气，可是无论我怎么用力吹，鸟哨也只是发出“呼呼”的声音。袁老师见了，拿起自己的鸟哨，让我好好观察，跟着他吹。我学着他的样子，吹了几下，果

然，“嘟嘟”声也从我的鸟哨里钻出来了。

袁老师把这支鸟哨送给了我。虽然我对鸟哨有很大的兴趣，但我天天都要上课、学习，也没有时间和精力去玩鸟哨、吹鸟哨。袁老师也感叹道：“我的小孙子也爱玩儿，可他也没有时间啊！”唉！我们这代人该如何把这门古老的技艺传下去呢？

不再捕鸟的鸟哨人

《新闻晨报》小记者　郭宇航
上海市徐汇区建襄小学　三年级

“在我25岁结婚的那年，南汇、金山、奉贤春节联欢晚会上，我用自己做的鸟哨吹了一首《百鸟闹春》。当第一个鸟哨声响起，下面突然一个说话的人都没有了。等我曲子吹完，观众的掌声一浪接着一浪。”上海非遗鸟哨技艺传承人袁菊平爷爷回忆起1992年的登台演出，不禁神采飞扬。

我们好奇地问：“这个曲子怎么编的？”他不假思索地说：“先吹2斤，再吹1斤半，然后吹1斤，一直吹到半两。我一共吹了40多种鸟叫。”

一首曲子竟然完全是按鸟的重量来定出场顺序的！袁菊平爷爷的一番话让在场的小记者们笑得前仰后合，对我这个观鸟爱好者来说更是有些不适应。但笑过之后细想，却是合情合理。因为按斤论鸟，是为了赚钱，赚钱是为了生计，这就是袁菊平爷爷此前的捕鸟人生。

八九岁时，他就开始跟着父亲跑海、打杂，学习如何在南汇芦潮港的滩涂上捕鸟；十五六岁后，跟着长辈们学会了做鸟哨、吹鸟哨的本事。和上一代人一样，袁爷爷继承了家族的技艺，一直就以捕鸟为生，所以，识鸟、知道鸟的份量比什么都重要。

随着全社会对大自然保护意识的增强，国家出台了《中华人民共和国野生动物保护法》，鸟类捕猎被明令禁止，吹鸟哨一下子变得毫无用武之地。正当袁菊平爷爷倍感失落时，华东师范大学生物系鸟类研究专题组的专家老师找到了他，希望他帮忙吹鸟哨引鸟捕鸟，以便对鸟类进行课题研究。袁爷爷很爽气地答应了。

之后，鸟哨技艺被列入上海市非物质文化遗产之列。随着“非遗进课堂”，袁爷爷成了南汇小学、中学的拓展课老师，给孩子们讲鸟哨，教孩子们吹鸟哨。袁爷爷很满足现在“传播者”的角色。他说，孙子的同学们得知自己的绝活，也纷纷找来要鸟哨。

采访现场，袁菊平爷爷为我们吹了“干揪揪”“沙大头”和“直嘴”等十几种水鸟的叫声。几十年来，他仍然坚持叫着鸟的土名，并不知道这些迁徙到南汇的水鸟的学名叫做“红脚鹬”“灰斑鸻”和“黑尾塍鹬”。

在离开袁菊平爷爷工作室时，我收到了观鸟老师的微信：“航航，你居然可以碰到那么酷的鸟哨人。”我回答道：“还有一个月，袁爷爷就要正式退休了。真希望袁菊平爷爷也可以加入我们观鸟的队伍，让更多观鸟爱好者可以在上海的海边听到鸟哨和鸟儿们的对唱。”

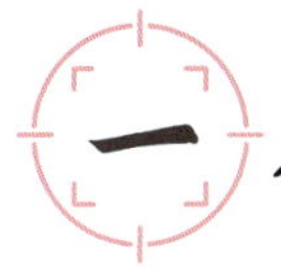

一只"高龄"鸟哨的自述

《新闻晨报》小记者　罗剑辰
上海市民办宏星小学　四年级

大家好，我是一只鸟哨，一只三十多岁"高龄"的鸟哨。因为常年浸泡在盐水里，我的身体已经有些发黑，但被主人吹起来依然声音清亮。

我原来只是一根生长在浦东南汇的普通翠竹，不过我和兄弟姐妹相比，长得有些特别：我的身体不是滚圆的，而是有一边是平的；颜色不是翠绿，而是呈现青黄色。我梦想过无数次，自己被做成某种乐器，发出优美的声音。这一天终于来到，我被一个叫袁菊平的鸟哨高手砍了下来带回了家。

我身上没用的部分被砍去，竹节被留了下来。当我被锯成形时，横截面呈45度。我优美的身体其实只是被留下了3.5厘米。再经过削割、开口、挖洞、插簧片，我终于变成了一只漂亮的鸟哨。

我被袁老师像宝贝一样带在身旁，天天和他一起捕鸟，回家后他还细心地用盐水浸泡，给我保护嗓子。捕鸟的时候，他轻轻地用牙齿咬住我，随着袁老师舌头上下活动，配合着嘴唇，气流温和地击打着簧片，我唱出了美妙的歌声。鸟儿真的被吸引了过来。在袁老师嘴里，我能发出40多种鸟叫声。

有一次，袁老师骑自行车出去玩，忽然听见天空中有鸟叫声，便嘴里叼着我，让我发出让那只鸟下来的信号。小鸟立即变成我们的跟随者，我一路和它对话，它竟然跟着我们从芦潮港，一直飞到了20多公里外的奉城。这是我第一次发现自己这么厉害。

可是有一天，下了一道命令——禁止捕鸟。我被泡在盐水里的时间更长了，偶尔，袁老师会带我去上台表演，赢得阵阵喝彩。不知哪年哪月哪天，我高兴地发现，鸟哨被列入了上海市非物质文化遗产当中。

今年，袁老师已经60岁了，我跟随他也30多年了。我看着身边和我当年一样有着青黄色身体的晚辈，盼望着它们能找到自己的主人，一起把鸟哨技艺一直传承下去。

他复制古船模型数千艘
只为保留
中国博大的船文化

在1990年公布的“上海市市标”图案上，一艘五桅沙船占据着视觉中心，上方一朵白玉兰花，下方一个螺旋桨，组成了这一代表上海城市的标志。

这艘船的学名，即为“上海五桅沙船”。据史料记载，沙船源于上海崇明岛，是江南一带民间常用的平底船，上海是沙船的故乡和发源地。而复原出这种已成历史的沙船造型的，正是本期《新闻晨报》学记团访问的非遗传承人张玉琪老师。

张玉琪老师制作的古船模型手艺，不仅使得沙船的模样重新展现在现代人的眼前，还让许多种仅存于古书记载中的船只形象和民间靠口头流传的木船品种“复生”。多年来，他经手制作的古船模型，摆满了小小的工作室，还被送到全国各地的博物馆展出，讲述着宝贵的历史文化。

就让我们跟随着晨报小记者的脚步，对这古代舟船文明成果的复现一探究竟。

斗室之中乘风破浪

《新闻晨报》小记者　周丹枫
上海市实验学校东校　七年级

一直对郑和宝船颇感兴趣的我，当得知要去采访“非遗守‘沪’人”中的古船模型项目时，兴奋不已。是怎样的古船，能做到“乘风破浪，风雨无阻”？又是些怎样的守“沪”人，能将这“宣威异域，举世瞩目”的古船技艺完好地传承下来？带着疑问，我和小伙伴们，一起走进了上海市非遗“古船模型制作技艺”项目代表性传承人张玉琪老师的工作室。

一间二十平方米的工作室里，橱窗内、桌椅和柜子上摆满了各种精美的古船船模、图纸和工具。身穿海蓝工作服、鬓角微白、和蔼可亲的张玉琪老师，早已等候着我们的到来。满室的宝贝，张老师如数家珍：“这是沙船，平底，江海两用船，遇沙滩搁浅不易倾覆，故称之为‘沙船’，起源于崇明岛，对上海的港口发展起了重要作用。”采访中得知，上海市标中沙船的模型正是由张老师制作完成的。

这时我注意到一艘气派的尖底船模型，于是问道：“郑和下西洋采用的是平底还是尖底船呢？”张老师耐心解释：“尖底船航行更快，平底船不易搁浅，但郑和下西洋使用的哪一种，史书没有记载。”说到这里，他拿起一本起皮的英文版《长江之帆船与舢板》，不无遗憾地告诉我们：“中国历史上关于古船的制作记载非常少，而古船能从一个侧面反映中国的历史变迁。多年来我们四处寻访各种现存古船，希望通过我们的模型复原制作，向世人还原真实的古船模样，让古船技艺保存下来。但制作古船模型是一件非常枯燥、极需耐心的事，手时常会被刀划伤，有时中途我们也想放弃，但想着古船模型能够复原的样子，又坚持了下去……”

窗外一缕阳光照进来，投映在他坚定而满怀期望的脸和布满老茧的大手上，熠熠生辉。

非物质文化遗产是一个国家和民族历史

文化成就的重要标志，保护和传承非遗有着重大意义。在采访中，我们欣喜地得知，已有多家电视台和博物馆将张老师的古船模型进行了拍摄和展出。作为小记者的我们，也多么期待能将这项非遗发扬光大啊！这时，一位小伙伴提议：“我们学校的劳技选修课可以引进船模制作！” 我也灵机一动：“今年疫情期间，可以把古船模型制作成网络课件进行推广啊！” 大家争先恐后，你一言我一语，纷纷献言献策，一时间斗室之中笑语欢声，好不热闹……

以匠人之心，琢时光之影

《新闻晨报》小记者　王羿泽
上海市民办扬波中学　六年级

一斧一凿，匠人之心。这个暑假，我跟随《新闻晨报》学记团一同前往参观采访了非遗守“沪”人——古船模型制作技艺传承人张玉琪老师。

张玉琪老师出身于木船世家，从小学习木船模型制作技艺，几十年来，积累了许多古船资料，制作了大量古船模型，作品被上海世博会、中国船舶馆等各大博物馆收藏。

刚走进张玉琪老师的工作室，就看见里面摆满了各种各样的古船模型，有沙船，有福船，还有一艘船头歪着的“歪脑袋船”。工作台上摆放着一张画着船模图形的图纸，张玉琪老师正在和另一位匠人一起制作一艘大型船模，船身长度比我的手臂还长一些。船的桅杆和船身长度差不多，桅杆上还有一张用帆布制成的船帆。做这么大的一艘古船模型，需要花费几个月的时间。

随着张老师的讲解，我们了解到，中国古船主要分为平底的“沙船”，尖底的“福船”，还有“广船”和“乌船”。沙船主要行驶在较浅的海面，通常用来运输货物，它阻力较大，可以抵挡较大风浪。而福船却和沙船相反，船身狭长，阻力小，速度快。各种船型各有各的优点好处。制作船模多用柚木为料，柚木会被加工成大小不一的零件，而后再用白胶拼接起来，形成一艘船模。

船模有很多类型，其中我最喜欢“瓶中船”，就是一个小小的船模装在透明玻璃瓶中，小巧而又精致。细看之下，这玻璃瓶的瓶盖有两根凸出的小木棍，卡在瓶口内，因此做好之后瓶盖就不能打开了，这样的模型多用来当装饰品或礼品。别看它小，做起来却也是非常难的，要用镊子小心翼翼地把粘上白胶的零部件在瓶子里面完成拼搭，一不小心撞坏了拼好的位置就功亏一篑，所以要有特别的耐心才能做好。这些船模虽小，却是五脏俱全，如果按同比例放大，就是一艘可以在江海中行驶的真船。

“虽然现在大家已经不再使用这样的古船，但制作古船的技艺，是中华传统文化的一部分，不可失传。”张玉琪老师就是秉承着这样一个信念，一直坚持着他心爱的古船模型制作。

坚持的美

《新闻晨报》小记者　王沛屹
上海市徐汇区樱花园小学　五年级

橱窗里摆放着大大小小十几艘精致的中国古船模型，凌乱的工作台上一艘上海沙船尚未完工，狭窄的过道上铺满了雪花般的木屑，一位身着蓝色工作服的老工匠正埋头钻研着密密麻麻的图纸——这就是我踏进古船模型制作技艺传承人张玉琪老师工作室时，映入眼帘的景象。

张老师今年65岁，却已经有四十多年的船模制作经验。据他介绍，他出身于造船世家，受父辈影响，很小就迷上了船模制作，曾经制作过各种各样的船模：军用的、民用的、木质的、铁皮的……但是唯独对中国古船模型情有独钟。

“我做过不同类型的船，很多作品都被博物馆收藏了。瞧，现在工作台上这艘正在制作的沙船模型，就是中国航海博物馆订制的。”我们发现这艘船完全是仿真复原、逼真呈现：所有的门窗都可以移动，楼梯短小精悍，真是麻雀虽小五脏俱全。

除了黄浦江上航行的上海沙船，张老师

还制作了左右自带辅船的湖南风网船、四川滏溪河上行驶的歪脑壳船等。他说他的梦想是复原所有的中国古船，让这些失传的古船被人所知，被人传承。

古船制作看似轻描淡写，其实却是个精细活。木质的中国古船模型最常用的是一种弧形木条，大大小小的木条是拼接船体或制作摇橹的基础，因此给木条刨弧线也成了古船模型制作中的基本功。

木工，我们从来没有接触过，刨木头就更是没见过了，只见老师将木条抵住卡口，将牛角样的推刀熟练地从木条上滑过，一片片薄薄的木卷便如同天女散花般层层飞起，木条顷刻间呈现出光滑的弧形，我和同学们都惊讶极了。熟练用刀的我立刻跃跃欲试。我按照老师的动作把刀架在木条上，可是费了九牛二虎之力，这铮亮的推刀却如同生锈般纹丝不动，好不容易才溅起几个木屑，木条也变得坑坑洼洼。

张老师告诉我，用刀要掌握好角度和力度，才能刨出完美的弧度。别看小小的一只橹，初学者制作起来通常要花一天工夫，而一艘成品的船模他们团队要做上3—4个月，制作者不仅要懂木工，还要有焊工、裁缝的手艺。可以说古船模型制作是多工种融合的结晶。当然过程中也会经历反反复复的失败修改，因此面对失败不气馁，细心坚持最重要。

语文课上曾学过盖叫天“台上一分钟，台下十年功”的故事，眼前的老手工艺人不也是这样吗？只有执着和坚持，才能成就每一件精美的作品。

古船界的“六一居士”

《新闻晨报》小记者　张君泽
上海民办兰生复旦中学　八年级

湛蓝的太湖上，微风轻轻吹拂着湖面，掀起一波荡漾。中伏的太阳照进船舱的木窗里，洒遍全屋。七桅的沙船并排行驶着，清澈的水流从交织的渔网中流过。霎时，收网。银白色的白鱼蹦出水面。火辣的阳光在其间穿梭，反射出耀眼的光芒……

思绪从遥远的太湖收回，落到上海东昌路的一个小房间里。清风抚摸着整个房间，中伏的太阳光一道道透过玻璃，停留在木桌上的一艘七桅沙船上，这是古船模型制作者六个月的努力和汗水。星星点点的光斑散布在房间里。一把老旧的锉刀，在一块厚实的木板上不断来回；一个生锈的刨子，在一双细小的摇橹上吐出木花；一支褪色的雕刻刀，在一根结实的桅杆上精雕细琢。

一双灵巧的双手，一群志同道合的伙伴，一桌奇特的工具，一摞翻烂的书，一打泛黄的图纸，一张老旧的木桌，撑起了上海古船模型的一片天。在这里的，莫不是古船模型界的“六一居士”？

这位“居士”此刻就站在我的眼前，他便是古船模型制作技艺非遗传承人张玉琪老师。年过六十的他曾在上海船厂工作，后来自己做起了古船模型。他身着蓝色的“上海船厂”工作服，上面灰蒙蒙地布满了木灰。

在老师的工作室里观看，会发现一片新的大陆。“这是五桅的平底沙船，这是三桅的尖底沙船。”老师一边说一边拿起自制的模型，为我们解释道，“五桅的沙船有一个升降的舵，在浅滩的地方收起，在水深的地方下降。所以五桅的沙船不会搁浅，装货也比较多。”老师又从书架上拿下一艘五桅沙船，晃动着升降舵，为我们耐心演示。除了这两艘常见的沙船，还有歪脑壳船、歪屁股船、瓶装船……我的目光却被木桌上正在制作的七桅沙船所吸引：这是一艘平底船，船上并没有鲜艳的颜色，也没有独特的装饰，只是它的繁复和独特吸引着我。船上共七根桅杆，两边的几对琵琶橹是用柚木做的。大小不一的小房间，也是用柚木做的。听老师说，柚木的颜色和质量都较好。我仔细地观察，发现船上门窗可以拉开，甲板上有精细的梯子，船的两侧制作得栩栩如生。

我想，能做出这样精致的沙船，需要十足的耐心和技术吧。这一天的所见所闻，让我心中的“匠人”二字更有分量。

晚上，唯有刨木花和锉木板的响声，萦绕我心。

高手在民间

《新闻晨报》小记者　华姝同
上海市浦东新区建平实验小学　五年级

那是一个周末的上午，盛夏的太阳炙烤着大地。在东昌路的市民文化中心三楼，有一个古船模型工作室，65岁的张玉琪老师正趴在工作台上全神贯注地制作着古船模型。

张玉琪老师从小就和船舶打交道，2008年开始制作古船模型，已经做了12年。他的工作室简直可以称为“古船模型博物馆”，桌子上、柜子里，摆放着各种各样的古船模型：如“七扇子”的风帆有七扇；如“歪屁股船”，据说这样的设计是为了两船能够在狭窄的水道里相向通行。

“古船分为两大类：一类是平底船，另一类是尖底船。”张老师耐心地向我们解释道，“平底船适合在水浅而且沙多的水域航行，但在水下的阻力大，行驶缓慢。尖底船适合在较深的水域行驶，因为阻力小，速度就更快。”

古船模型使用的木材大多数是柚木、松木或杉木。这些木材柔韧性强，但会有很多木刺，容易扎伤老师的手。但是，老师不等伤口痊愈就坚持继续制作模型。并且船舵、船橹、风帆等一样不少，连船上的门窗都能

活动自如。

张老师之所以对古船模型这么熟悉，是因为他曾经在上海船厂工作过，有着丰富的制船经验。退休后，他时时关注古船相关的出土文物、古书和外国资料，一心一意地投入到制作古船模型的世界中。“我做中国的古船模型主要是为了保存这些快要消失或已经消失的船的模样，让后人知道中国人造船的历史。”

张老师说，能传承这样一门技艺，家人的支持和团队的合作也功不可没。每天早上出门时，他都会带上妻子准备的可口饭菜。来到工作室后，便和大伙儿一同投入到古船模型的制作中。他的团队共有十人，每一个人都有各自的分工，一艘完美的古船模型需要大家共同的智慧和努力，才能够呈现出最好的效果。

张老师团队制作的古船模型名震四方，几乎各种古船模型的展览都收集了他们的作品，包括2010年世博会的古代船舶展、滴水湖旁的中国航海博物馆、儿童博物馆等等。“有时候博物馆会下订单定制古船模型，有时候会邀请我去介绍古船。这些活动能带给我不定期的经济收入，也可用来支持我们继续制作古船模型。”

经过这次难忘的采访，我真想呼吁更多的人能参与到保护非遗、传承非遗的工作中来，延续这些快要失传的珍贵手艺，让这些历史文化继续流传下去。

配角亦精彩
他给顽石搭起
通往艺术品的桥梁

赏石木座源于中国古代书房、书案，是一门为观赏石配制底座的装饰艺术。赏石木座配制技艺传承人陈时洪老师的工作，就是把石头的故事讲完整。

16岁起，陈时洪跟舅舅学木雕技艺，辗转于湖北、广东、海南、浙江，以给人打嫁妆家具为生。

40年来，陈时洪精进赏石木座配制技艺，千姿百态的顽石奇石，在他雕琢配制的木座衬托下，凸显了鲜活的形象，讲述了完整的故事，成为真正的雅石珍品。

赏石木座，是价值千金的艺术品底下，那个小小“配角”。而赏石木座配制大师陈时洪，却秉持着“共同成就，绝不喧宾夺主”的匠心，手持刻刀，搭建出那条通往艺术品宝座的桥梁。

守护项目

赏石木座配制技艺

传承人

陈时洪

阅读带来灵感，顽石走向艺术

《新闻晨报》小记者　黄兴迪
上海市建平实验中学　六年级

形态各异的奇石怪石在玻璃柜里或坐或躺；精雕细琢的红木家具在雅间四周随意散放；十多种长短用途不同的刻刀在工作台上整齐排列着……这便是赏石木座配制技艺传承人陈时洪老师的时时红工作室了。

“这门技艺，是让石头走向艺术品的一座桥梁。”陈老师有着一份大国匠人独有的自信，“没有木座，一块石头，就只是一块石头，甚至拿去送展人家也不肯收。有了一个能够衬托它、能够成就它的木座，一块石头，才真正拥有了完整的形象和故事。”说到他自己对于赏石木座配制技艺的心得与标准，陈老师的话匣子可就彻底打开了：“我做木座，标准就是不能喧宾夺主，有了我的木座，人们觉得石头和它很和谐，而不去单独注意木座的样子，那我就算成功了。”

说到自己的匠心由何而来，陈老师则更强调平时的积累：“要多看书，多学习。看书能让我知道更多故事，更多艺术形象，比如林冲夜奔、比如封神榜雷震子。阅读能带给我无限的灵感和源源不绝的创作素材。”说着，他从抽屉里小心翼翼地取出一匣子石头：“这里的石头，我暂时还没有灵感。哪一天灵感来了，再给它们配上木座。我自己比较满意的作品，都是需要经过很长时间构思的。”

至于是如何走上赏石木座配制这条道路的，陈老师也有种一不小心把生活过成艺术的劲儿。“我四岁丧父，靠母亲养大。刚从学校毕业，就开始给人做木家具赚钱。慢慢地，我觉得自己在赏石木座领域更加能够做得出来，就把这门技艺做成了自己的绝活。家里人也很支持。不支持也不行，总要谋生的嘛！”陈老师开朗地说。

采访的最后，陈老师带着我们体验了简单的木质挂件雕刻。我第一个兴致勃勃地抢过刻刀，用足了力气在小小的木块上撬了下去。“唰”的一声，刻刀直接划向了一边。

陈老师赶紧提醒我：“力道要适中，过轻雕不出痕迹，过重容易伤到手。”说着，他摊开了自己的左手，大拇指明显比普通人短了一截，“我的这根大拇指也是在刚开始学雕刻的时候伤到的。”我心头凛然，在“非遗传承人”这样令人骄傲的名头之下，原来是如此的伤痛啊！

配角也精彩

《新闻晨报》小记者　赵芷畅
上海市建平中学西校　八年级

曾经，去博物馆参观时，我会被各种千姿百态的奇石吸引驻足，却没有仔细打量承载着奇石的那不起眼的底座，更从未听说过“赏石木座配制技艺”这项非物质文化遗产。

“人家先看到石头，再注意我的木头，我就成功了；人家先注意我的木头，再看到石头，那我就失败了。”赏石木座配制技艺传承人陈时洪老师，作为奇石爱好者心目中当之无愧的大师，也把自己制作的木座定位在“配角”这个位置上。

可是，眼前这位16岁学艺的娴熟匠人，为什么不愿意当“主角”，制作独立的木雕作品，偏偏一头扎进了“配角”的生涯呢？陈老师笑着为我解答：“做独立木雕，市面上有的是比我技艺更高超的工匠，我很难独占鳌头，与其在大赛道上和那么多各怀绝活的人赛跑，我倒是想找到属于自己的赛道。再加上除了木工雕刻，我本人也很喜欢收藏奇石，所以就选择了为奇石打造木座这样一

个独特的领域。”果然，陈老师工作室的抽屉里，摆放着刚从各地收集而来，还没有经过整理的奇石，便宜的几百元，贵的要几十万。陈老师一一拿出，说起它们的来历，头头是道。也正是源于这份对赏石的热爱，陈老师在制作赏石木座这个“配角”时，动足了脑筋：“赏石木座，首先要完成它的功能性，也就是把石头摆稳，其次要完成它的艺术性，也就是把石头的故事讲完整。”

别小看赏石木座这个“配角”，撑起一件艺术品，“配角”不可缺少：不少观赏奇石藏家几千元收购来的奇石，到陈老师这里配上底座，往往能够在拍卖行里以几万元甚至几十万元的价格被拍下。也因此，陈老师所到之处，常常被奇石藏家包围，几次开文化讲座，听众都排队要求陈老师帮忙设计赏石木座。

说起这份“配角”的心得，陈老师坦承道：“小时候当木匠，我走遍了大江南北，最终定居上海，就是希望经受‘挑剔’的上海藏家的终极考验。在上海，一要能够用赏石木座讲出石头‘肚子里’的故事；二要能够与时俱进，故事题材求新求变，这才是我心目中属于赏石木座的‘海派文化’。”

定睛观察着工作室里那琳琅满目的奇石与底座，我甚至在其中找到了熟悉的宫崎骏电影《龙猫》里的经典形象。看来，陈老师的赏石木座，真的不拘一格，讲出了千变万化的故事。

短短的一次采访，让我懂得了“配角”的选择，让我认识了“配角”的精彩，更让我了解了“配角”的意义。其实，赏石木座是这样，我们的人生，又何尝不是这样呢？

木石为盟，彼此成就

《新闻晨报》小记者　王梓安
上海市建平实验中学　六年级

赏石木座，顾名思义，是给用以观赏的奇石配制的木质底座。在准备去赏石木座配制技艺传承人陈时洪老师工作室的路上，我一路猜想着，自己即将看到的，会是怎样华美、精致的木雕作品呢？

然而，当我站在陈老师的工作室里，眼前所见却与我之前的想法大相径庭：每一件作品的主石都未经雕刻，单独摆在那里，并没生命，但配上一个简简单单的木座，却仿佛活了起来，呈现出独有的故事：雷震子、东海龙王威武异常，林冲夜宿山神庙活灵活现，诺亚方舟大气磅礴……圆形的石头加上底座的线条，变成了活灵活现的老鼠，裂开的石头置身底座构成的景致中，化为鬼斧神工的峡谷……

“赏石木座与传统木雕的区别在于：传统木雕是跟着雕刻者的心意走的，雕刻者想雕什么就雕什么，但赏石木座，却要跟着石头的特点走，石头是什么样的，搭配的木座便得和它的特点相呼应，这样让石头从单纯的石头有了升华，变成了有趣、有故事、有生命力的石头。”陈老师对我们解释，“赏石木座配制完成后，如果让人一眼看到的是石头，那这件作品就很成功，如果一眼看到的还是木座，那就称不上成功。”

为了雕刻出这样一个“不被人看到”的赏石木座，陈老师走过了半生的漂泊：幼年父亲早亡，由母亲带大，16岁跟着舅舅开始做木匠，走过了浙江、广东、海南等地，终于到了上海定居。20年来，专心制作赏石木座，一开始，仅仅能够糊口，却常常被挑剔的客户质疑、骚扰，好几次，都想放弃这门技艺，离开上海，重新给人家做嫁妆家具挣钱。但对奇石的热爱，让他坚持了下来，并逐渐得到了越来越多奇石爱好者的认可。

听着陈老师云淡风轻的讲述，看着陈老师那被刻刀弄得伤痕累累的双手，我看到的是一种专注，是一种吃苦耐劳，更是一种瓶颈中咬紧牙关，终于走到豁然开朗的毅力。而这，正是值得我学习的地方。

为石头增添好寓意，给非遗注入生命力

《新闻晨报》小记者　岳文畅
上海市嘉定区德富路中学　七年级

走进赏石木座配制技艺传承人陈时洪老师的工作室，任何人都会被每一面墙上那满满当当、各有妙趣的奇石吸引，而奇石底下那低调的木座，却很少有人过多的关注。可是，如果你也和我一样驻足细看，你就会发现，这个“第二眼美女”的存在，有着不容忽略的价值。

就以陈老师的新作《鼠米福》为例吧。为了搭配颇像老鼠的奇石，陈老师在木底座上简单地勾勒出了尾巴和四肢，形成一只完整的老鼠形态。又用天然戈壁石打磨出了几只活灵活现的小老鼠，而这件作品，象征了“称心如意”“袋袋数钱”及“上堂府贵”等吉祥的寓意。“石头不是越贵越好，而是要有好的观赏价值和寓意价值，赏石木座的存在，有时，就是为了给奇石补上这吉祥如意的一笔。”

作为赏石木座配制技艺传承人，陈老师自然有一份独到之处——每当要着手开始一块新的石头的底座配制前，都需要细细想清楚：如何把石头的故事讲完整，构思、用材、颜色、比例，每一步都要经过设计，才能完成一件好的作品。

在今天的驾轻就熟之前，陈老师经历了漫长的积累期：“我碰到的最大问题，是我自身的绘画水平问题。小时候，为了维持生计，我早早地就跟着师傅出来打工了，白天负责给人做嫁妆家具，晚上再晚，都会腾出一点时间作画。当时的网络不发达，不是想看什么都能查到，所以只能看身边的各种实物进行写生。”

在陈老师看来，这段自行摸索的积累过程，也是自己能够时时有创意、打破套路局限的根基所在，“我当然愿意把这一身技艺都毫无保留地教给学生，但也更希望看到年轻人与时俱进，结合如今瞬息万变的审美潮流和传播方式，寻找出一条属于他们的传承之路！”

为石头增添好寓意，给非遗注入新的生命力，陈老师一番巧思巧手，让多少其貌不扬的顽石迈入了艺术品的殿堂。

匠人的光芒，也正绽放于此。

筝音悠远

『筝』情绵长

技艺精神代代传

在上海民族乐器一厂内的民族乐器陈列馆里，我们看到了这张照片。

照片中是上海民乐一厂从1958年建厂至今，“元老级”到“新生代”的乐器制作名匠，前排左三位置，就是被誉为“古筝之父”的徐振高老先生，今天我们看到的古筝的式样，就是他老人家在上个世纪创造的。

遗憾的是，徐老去年已仙逝。这一天给我们当面展示古筝制作技艺的徐仲荣师傅，是“筝父”的徒孙，看起来十分年轻，可已是进厂二十多年的“多面手”。徐师傅一边演示一边告诉我们，要做出一架好古筝，从看纹理选面板、粘合面板、刨面板、装岳山等，每一个环节都很有讲究。我们见识了他敲板听音的绝活，便知这既要靠苦学也要靠悟性。他说：“喜欢一件事情，就要去坚持，去努力做好它。”

上海民乐一厂的“敦煌”牌古筝可谓古筝界的头牌，从古筝制作大师徐振高先生，到他的弟子、敦煌古筝质量总监李素芳女士，再到第三代工匠徐仲荣老师，那份孜孜不倦雕琢乐器的技艺与精神代代传承。

守护项目

古筝制作技艺

传承人

徐仲荣

问筝哪得清如许，流水音中有乾坤

《新闻晨报》小记者　陆玮璘
上海市民办立达中学　七年级

“轰轰轰……”的锯割木料声和飞散的木屑，是我步入上海民族乐器一厂制作车间的最初印象。

再行至二楼，这里顿时安静下来。虽是夏日，但因制作乐器需在严格的湿度环境下进行，以保证音色，因此车间里并没有开空调，叔叔阿姨们个个满头大汗。他们仔细雕琢着木头，用各种各样的工具一遍遍地打磨零件。

往里走，是多媒体展示厅，徐仲荣师傅早已等候多时。他有20多年乐器制作经验，现在是上海民族乐器一厂最年轻的古筝制作师。徐师傅先介绍古筝的制作流程：一架古筝的制作有40多道工序，筝的优劣取决于各部分材料质地和制作工艺，最难的就是面板的测试。那如何分辨面板的好坏呢？徐师傅说道，所有的面板都是由泡桐木做的，面板上的纹路一条一条粗细相近的，便是最好的，粗细不一，则次之，如果有两条纹路混在一起，形成小山峰，就再降一级。

用刨子将面板刨出需要的厚度，这是古筝制作最关键的步骤，关系到琴的音质、音色。只见徐师傅用手指在面板的不同部位敲击出声音，同时将另一只手放在面板上感受面板的震动，以判断面板厚薄是否合适。这可是他的绝活。

徐师傅学过五六种乐器制作，包括二胡、笙、京胡、革胡、马林巴，做得最精的是古筝。做古筝虽然苦，但是他说，能把这么古老的乐器做好，他很开心，也觉得有责任把古筝制作的技艺传承下去。在厂里，徐师傅跟过的师父约莫有10个，师父们对传统工艺的热爱深深地感染着他。

徐师傅现在的师父是上海民族乐器一厂的古筝质量总监李素芳，她在古筝调律方面可谓“无冕之王”。他由衷地感叹：李老师的听音、辨音能力也许与生俱来，但更多的是后天努力。艺无止境，在师父的指引下，

他还有更高的追求。

此时，耳边传来了古筝代表作《高山流水》清丽的旋律，在这远古的音乐声里，我恍惚看到日夜奔腾的长河和岸边巍然耸立的群山。愿中华民族瑰丽的艺术，如青山不老，如大河不息。

蓝色工衣定格在这个夏季

《新闻晨报》小记者　刘宇欣
上海市世界外国语中学　七年级

蝉声鸣，夏正浓，上海民族乐器一厂的厂房里弥漫着木材的香气。在这香气的氤氲中，我和晨报学记团的小记者们采访了古筝制作工匠徐仲荣老师。

走上二楼，眼前便是制作琵琶、二胡的师傅们，每个桌子前都坐着一位，他们在制作乐器的不同部件。桌子上摆放着各式各样的工具。看到我们来了，工人师傅们抬头微笑，又继续手头的工作。头顶的灯明晃晃地亮着，窗台上立着几瓶盐汽水。虽然有身旁的电扇在吹，他们的后背都已经湿透。

穿过厂房，来到陈列馆，我们见到了采访对象徐仲荣老师。他穿着一件蓝色工衣，外套上印着“敦煌”二字。桌上放着一块制作古筝的木材，旁边的小桌上放着鸟刨等制作工具。

当被问到古筝的制作中哪道工序决定古筝的音色时，他说：“刨面板是最关键的一步。刨厚了，倒还不要紧，可以继续刨，但要是刨薄了，一块木材就废了，出来的声音肯定不会好。”除了面板，他还提到，“S形”岳山和平头岳山的高度也非常重要，要是高度不太适合，古筝演奏时的音色也会不佳。

徐老师来到一块光板前，拿出工具给我们比划刨面板的诀窍，他说：“刨的时候要尽量刨得远一点，不能来回刨，要用力，而且不能在同一个地方一直刨，要一边刨一边判断，左边刨几下，右边也要刨几下，这样面板的厚度才能一致。”刨面板的沙沙声，徐老师的话语声，和着一朵朵盛开的刨花交织在一起……

听完那么多专业知识，我们又对现代古筝的优点萌生兴趣。徐仲荣老师觉得，S形岳山21弦筝相比平头13弦、16弦筝来说，表现力更强，可以弹更多风格的曲子，外观也更好看。

木香幽幽，琴声悠扬，炎热的空气和头顶的灯，以及那群身着蓝色工衣的匠人，我对上海民族乐器一厂和徐仲荣老师的记忆，就定格在这个夏季。

古筝工匠铸就上海之音

《新闻晨报》小记者　陈可馨
上海市闵行区七宝镇明强小学　五年级

2020年8月14日，我们《新闻晨报》学记团的小记者们来到上海民族乐器一厂，走近新一代的古筝“守”艺人——“金山工匠”徐仲荣。

徐老师进厂二十多年，做过二胡、革胡、阮、京胡、笙等许多种乐器，带过他的师父就有十几位，他认真学习每位师父的手艺，成为了一个“多面手”，而他最爱的还是古筝。

古筝制作工序繁多，从挑面板、做框架开始，经过刨面板、胶面底板、制作岳山、胶花板、全面整理等四十多道工序，需要数月的时间才能做出一架精美的古筝。徐老师从最基本技艺开始学起，单单练习刨面板，就练了数月。为了给古筝刨好面板，他还专门准备了8把刀口不一的刨刀。一个人能成为出色的工匠，天赋固然重要，更重要的是能沉得下心。正如徐老师所说，古筝是中国的东西，中国的文化，永远要保护和传承。

青，取之于蓝而青于蓝；冰，水为之而寒于水。作为行业内赫赫有名的“调律师”李素芳老师的弟子，徐老师一步步接近大师的造诣。如今，他自己也带起了徒弟。正是一代代古筝工匠们用他们的坚持与创新，守护着上海的非物质文化遗产，铸就了不凡的上海之音，也铸就了不断追求卓越的城市精神。

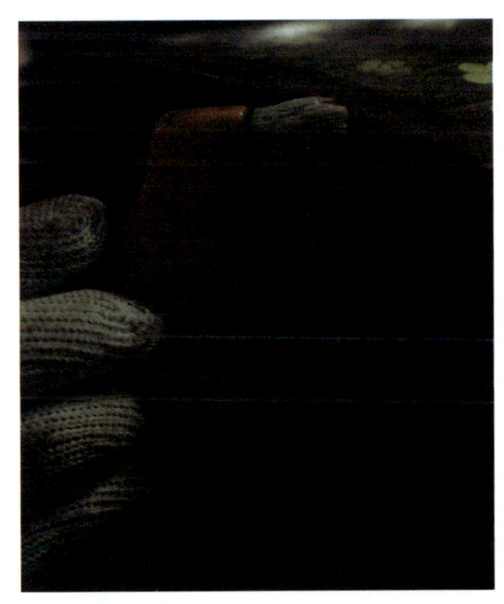

艺术

老茧中的执着

《新闻晨报》小记者　沈梓曈
上海市浦东新区锦绣小学　四年级

有一种声音时而春潮带雨，时而婉转低沉，大家能猜出这是什么乐器发出来的吗？没错，这就是我们中国传统乐器——古筝。但你知道古筝是怎么做出来的吗？在一个炎热的夏日，我和晨报学记团的小伙伴们一同来到上海民族乐器一厂，参观了古筝的制作过程。

从原木的堆放，到材料的打磨、古筝的制作，再到最后的装饰，乐器厂的老师们向我们做了仔细的讲解。古筝制作工匠徐仲荣老师说，一架古筝需要经过几十道工序，其中最为重要的部分是刨面板。

“之所以刨面板最难，是因为刨厚了还能继续刨，但是，刨薄了影响音质和音色，不能继续使用，就白白浪费了一块木材。”徐老师向我们解释了这个小细节。别看细节虽小，却有可能影响到整个工程的制作以及琴声的好坏。为了确定面板的厚薄程度，他在琴身周边不停地敲击、聆听和辨识，从中寻找最佳的频率。

徐老师手上长满了老茧，这些老茧中一定蕴藏着他丰富的智慧和历练，也蕴藏着好多有趣的故事，让我印象最深的是“棺材的笑话”。

“我的师傅以前把古筝叫做‘棺材’，为什么呢？因为以前的古筝方方正正，没有什么装饰，让人感觉和棺材一样。”徐老师说“经过老师的改良，加上S 型岳山，才有了现在造型优美的古筝。”

我问徐老师：“什么样的木材最适合做古筝？”徐老师笑着回答：“古筝的面板、底板可以用泡桐木来制作，而四周的装饰板材，可以用红木、非檀木来装饰。”

徐老师耐心地回答了我们很多问题，从他的分享中，我也明白了，梅花香自苦寒来，手艺人的辛苦不是一朝一夕的，而是需要反复的练习和打磨。古筝工匠们之所以能做出优质的乐器，都源于那份执着。

民乐工艺路上的追光者

《新闻晨报》小记者　潘晓芃
上海市普陀区新普陀小学东校　五年级

每每弹起我心爱的古筝，我总是好奇它是怎样被制作出来的。这个暑假，我有幸来到上海民族乐器一厂，听古筝制作工匠徐仲荣师傅讲他和古筝的故事。

走进一楼厂房，轰鸣的机器，飞扬的木屑，让人感到有些闷热；二楼的工作间里，埋头苦干的工人们，汗水浸湿衣裳，却不改他们眼里的那份认真，让我对手艺人多了一份尊重。

通过长长的民乐展览厅，我终于见到了古筝制作工匠徐仲荣师傅。我们安静地聆听他讲解古筝的制作过程，从选材到刨面板，徐师傅细致地告诉我们做工的要求，边说边熟练地拿起旁边操作台上令人眼花缭乱的工具。刨了一会儿面板，又听他“咚咚咚”地敲着四周，敲板听音。徐师傅告诉我们，这是检验面板刨得好不好的标准。不是日积月累，可练不出这等本事。

说起学做古筝的渊源，徐师傅说他从小就喜欢做手工。我问他学艺过程中碰到过哪些困难，他云淡风轻地说：“困难么肯定是有的，刚开始刨面板不能控制厚度，初学的时候都要去问老师傅，老师傅没讲到的，就要靠自己去观察。主要取决于自己的兴趣，有了兴趣就会用心去学、去钻研。”我想，正是这份对手工艺的热爱，让他在高要求、高质量的民乐一厂里坚守初心，在寂寞枯燥的行当里不断开拓创新，踏踏实实做好每一架琴，本本分分传承手艺。

展望未来，徐师傅骄傲地说：“民族乐器代表中国的文化，能做好中国乐器，我觉得很开心。”他说这话的时候眼里分明泛着光。从这光里，我似乎看到他追随前人的脚步、出类拔萃的光荣，也看到他传承开拓的决心。

正是一代代的手艺人们耐得住寂寞，一生只做一件事，才让这些非遗之花历经岁月依然多彩多姿。

方寸之间有天地
庞家父子用盆景
打造一片世外桃源

穿过弯弯曲曲的弄堂，推开古色古香的大门，一片世外桃源在我们眼前徐徐展开。

这里是位于上海浦东三林镇的筠园，它的主人名叫庞燮庭。庞家九代行医，业余爱好盆景。庞爷爷没有行医，却把做盆景的功夫传了下来。如今，他与儿子庞盛栋同为上海市非物质文化遗产项目——海派盆景制作技艺的传承人。

2020年7月25日上午，《新闻晨报》学记团小记者走进筠园。溽暑七月，阳光正好。千余株盆景在庞氏父子的悉心照料下，舒展着旺盛向上的生命力。他们说，盆景是咱们中国人的东西，最以欣欣向荣为美。

浓浓匠人情，拳拳爱国意，于平实的言语间展露无疑。

守护项目

海派盆景制作技艺

传承人

庞燮庭、庞盛栋

郁郁葱葱筠园美，海派盆景中国魂

《新闻晨报》小记者　吴柯吉玲
上海市上南中学东校　八年级

缓缓步入庞爷爷家，那颇有神韵的大门匾额上，“筠园”二字苍劲有力，笔画间闪烁着一种传统中国之美，极似他的为人。

踏入庭园，一棵生机勃勃、万蕊吐新的紫薇树跃入我的眼帘。顿时，我沉醉于这美妙的意境中。两楼的露天台上，盆景琳琅满目，有小巧玲珑的珍珠柏，有耸立挺拔的真柏，还有千姿百态的铁树。它们舒展开自己绝美无伦的腰肢，展现着毫无瑕疵的美貌。

瞧，这棵珍珠柏多么袖珍！在一个较高的黑色瓷花盆中，四周的小绿草围着中央的一个突起若许的土丘，其上方就是一株倒悬式的珍珠柏。它牢牢地扎根于土丘内，缓缓地将自己纤细的枝丫向下方延伸开来，先至土丘底部，再至花盆底部，甚至伸到了花盆所在的石阶上，看上去极像是“飞流直下三千尺，疑是银河落九天”的磅礴瀑布，只不过水是绿色的，且更有生机。小小的身躯中却有着雄伟的气象，如此富有深意的景致令我无比惊叹！

为了那天衣无缝的杰作，庞爷爷可真费煞了心思。年轻时的他，工作之余还不辞辛劳给盆景们浇水。上千个可爱的小生命得以滋润，但庞爷爷有时却因此熬到深夜。就这样，他夜以继日地坚持着，一直到退休。每当狂风暴雨来临之际，他总会仔仔细细地检查每一座摆放盆景的台基是否牢固，用质量过硬的粗铁丝一圈圈地把它们系在台基上。几十年风霜雨露、严寒酷暑，他的精心料理从不间断。我问庞爷爷最大的困难是什么，谁知他竟摆摆手：“没有困难！”我又一次惊叹！是的，正是这种热爱的力量，促使庞爷爷兢兢业业坚守到如今。

几个月前，庞爷爷的一盆真柏盆景被送到南方去展览。才一个星期，它就因水土不服而“病”了。接回筠园后，在庞爷爷的悉心照料下才渐渐有了起色，但距离彻底恢复还需要两三年。曾有外国人邀请庞爷爷和他

的海派盆景一起出国美化他们的家园，也被庞爷爷回绝了。“海派盆景是属于这片土地的。”听了庞爷爷这番话，我更惊叹了！

离别之际，我依依不舍，坚定地对庞爷爷说：“我要好好学习，长大后为祖国多做贡献！”他爽朗地笑了，随之而来的是洪亮粗犷而又鼓舞人心的声音：“是的，你说得很对！”

忽地，我的眼前浮现出那连绵不绝、郁郁葱葱的海派盆景，以及庞爷爷那和蔼可亲的面容。再望大门匾额上“[illegible]园”二字，此刻似乎更加苍劲有力了。

传承已久，热爱依旧

《新闻晨报》小记者 彭雅图
上海民办新竹园中学 七年级

临近中午，上海三林镇临江村。斑驳古旧的墙面上，挂着一块四四方方的牌匾，两个规矩的大字——[illegible]园，在张狂的阳光里熠熠生辉。

走进敞开的大门内，便是一番新天地。燥热像是被冲散开去，消失得干干净净。树木密匝环绕，从一楼园中直伸到二楼天台。浓郁的紫薇花香炸开在空气里，蜜蜂隐匿其中。步入内院，小院布置得古香古色。笔墨纸砚，书法字画……几代的薪火相传，宝贵的文化财富，全都汇集如于。“住在这儿的人一定别有一番情趣！”我想着。

走上二楼阳台，一位老人正在浇水。他上身蓝衬衫，下身卡其色休闲裤，看上去年纪不小，却是一副充满干劲的样子。他头上的遮阳帽好像挡不住太阳似的，汗水从晒得黝黑的皮肤上滑落，冲我们笑得和蔼。这位看似极为普通的邻家爷爷，就是我们今天的采访对象——庞燮庭爷爷。他身旁一个同样神采奕奕的中年人，便是老人的儿子——庞盛栋。父子俩同为海派盆景制作技艺的代表性传承人。庞家祖上九代行医，业余爱好盆景。到了庞爷爷这一代，虽医术未得保留，但制作盆景的技艺却传承下来。放眼一个楼层，一盆盆干净整齐的盆景堆满地面，正贪婪地吸收着水分。为了防止台风，放在阳台上的几盆被铁丝拴在阳台上。庞老爷子看着它们，满眼的欣喜与骄傲：“我每天都要浇水，要浇上两三个小时，早晚各一次。”

老人望向那些精心打理的“艺术品”，满眼都是爱怜，像看一个个孩子：“有些作品花几个小时才能修剪好，有些作品光修剪整合就要花一星期，能够拿出去展出欣赏起码要十年！”

“您不累吗？”我听得惊讶。

“不累啊，因为我爱它。如果爱好，你就不会累。”

我继续听老人的讲述：早上五点半起，

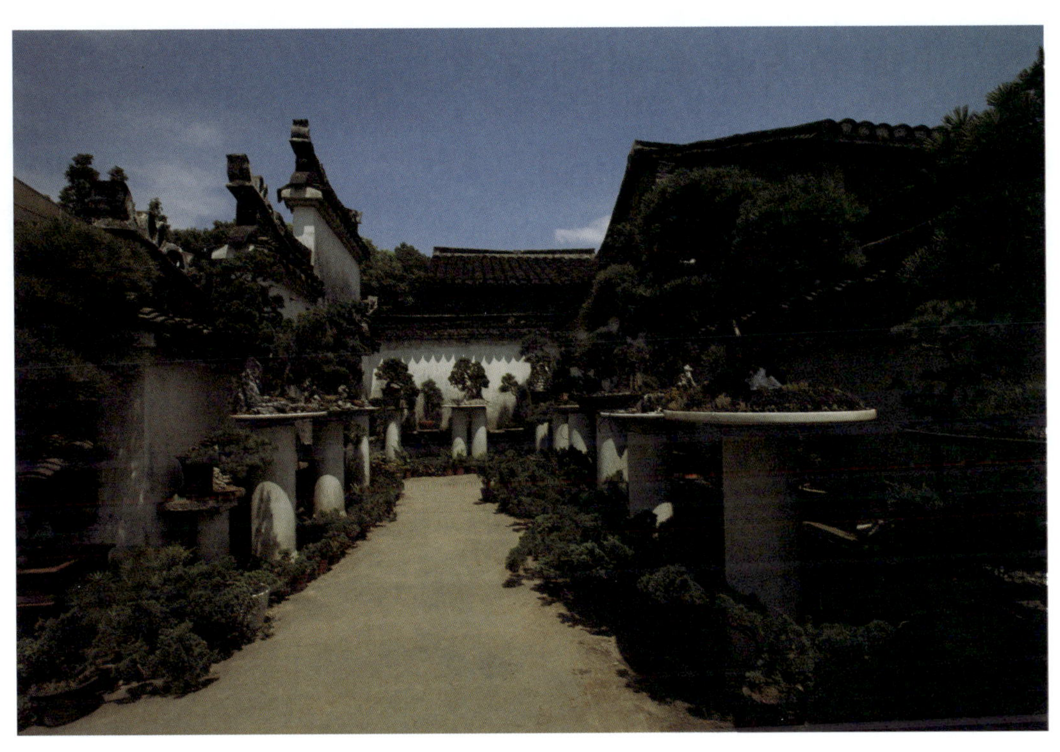

每天要劳作四五个小时，关照植物的点点滴滴，坚持创作……几十年里从不间断、从未放弃。

这世间的美好如此之多，他把它们用草木留在盆景中。

这一栋庞宅，住了庞家几代人，经历了几代人的岁月。这种盆景技艺，包含了几代人的热爱，传承了几代人的心血。正是这份热爱，支撑着这种文化屹立不倒，在古老的文化底蕴里开出明媚的花。

“这是我们中国人的文化，要靠我们传承下去、宣传出去。”离开这个古香古色的院子时，我还想着这句话。庞爷爷今年又采购了60棵树苗，开始了新的创作之旅……

只有热爱，才可抵岁月漫长。

方寸间的美需要时间沉淀

《新闻晨报》小记者　朱辰瀚
上海市晋元高级中学附属学校　八年级

“酒香不怕巷子深”，这句话用来形容庞燮庭爷爷的盆景天地，应该是非常契合的。

一大早，我就被爸爸从床上拖了起来。经过一个多小时的漫长车程，并且两次找错集合地点后，终于，我们在乡间曲径的深处找到了这处“豪宅”。

说是“豪宅”，一点都不为过。斑驳的墙体虽然看上去已经有些陈旧，但硕大的两个字“筠园”却透出主人的文雅之气。“筠”是竹子的意思，难道里面是一片竹林吗？很快，这丝疑惑就被打消了。推开木门后，江南园林建筑的古典气息扑面而来。满院子的盆景，让人仿佛进入了另一个平行时空，也让原本因为找不到地方而烦躁不已的我，心情顿时平静了下来。

本以为庞爷爷会身着中山装，是个仙骨飘飘的老人家。没想到，POLO衫加上休闲裤，看上去就是一位典型的“上海老克勒”。其实，我向来喜欢和妈妈逛花鸟市场，摆弄各种花花草草。虽然买回家的以多肉植物居多，但是我也很喜欢看盆景，只不过总觉得这种植物很是高深，里面的“道道”总是让人摸不着头脑。在庞爷爷的一番介绍后，我终于明白了盆景的奥秘所在：从一个人的作品中可以洞见一个人的心境，每一盆盆景的背后都是制作者对生活的体察、对人生的感悟，真可谓“天地在盆中”。

庞爷爷告诉我们，盆景的制作周期是很漫长的，从得到一棵植物到最终成为盆景，要花上数年甚至数十年时间。磨的是时间，更是自己的性子。如今是互联网时代，人们恨不得把一分钟掰成几段来用，什么东西不懂了上网查，需要什么上网买，似乎用时越短越好，东西来得越快越棒。这样的快节奏，真的是我们想要的生活吗？其实，很多东西需要时光的洗练，才能展现它最美的一面。人们也只有沉淀心境，蓄养一股淡然从容之气，方能发现这种美。

十年树木，百年树人

《新闻晨报》小记者　陆羽菲
上海民办洋泾外国语学校　六年级

伴随着导航声，我们穿梭在乡村间，步入一条小巷深处。抬眼望去，映入眼帘的是一块棕灰色的牌匾，上面写着两个大字，[illegible]园。这里是我们此行的目的地：海派盆景制作技艺代表性传承人——庞燮庭爷爷的祖宅。

走进[illegible]园，犹如置身一座古风园林。首先映入眼帘的是一盆“V”字形的松树盆景，树干挺脱秀丽，树叶苍翠欲滴，正应了那一句“庭中有奇树，绿叶发华滋”。

拾阶而上，我们来到二楼的平台。这里简直是一个盆景世界，里三层、外三层，到处摆满了各式各样的盆景。盆景间，站立着一位头戴遮阳帽的老人，他身穿天蓝色上衣、卡其色长裤，朴实无华得就像田间地头的农民伯伯一样。难以想象，这竟然是一位有着绝活儿的非遗艺术大师！

只见庞爷爷手拿一根粗水管，专心致志地给他的盆景浇水。虽然头上带着遮阳帽，但他依旧大汗淋漓，后背的汗水早已浸湿了衣服。他用慈爱的目光看着那一棵棵茁壮成长的树，仿佛一位父亲看着他的孩子。浇水这件事，他每天都要做，从炎夏到寒冬，从暖春到丰秋，日复一日，年复一年，从未停止。

庞爷爷浇完水，带我们来到一楼的“采云轩”接受采访。当我们问到海派盆景制作技艺如何传承下去时，笑呵呵的他突然严肃起来，叹了一口气说：“对于盆景制作，感兴趣的人很多，但能坚持下来的人很少。所以，我只有三个徒弟。”原来，培养盆景先要培养树，时间单位是以“年”来计的。园子里的那些盆景，有些已经养了三四十年，“比你们爸爸妈妈年纪还大呢！”

听了庞爷爷的话，我不由想起“十年树木，百年树人”这句话。是啊，培养一盆盆景就像培养一个孩子，要倾注足够的精力，更要有“千磨万击还坚劲，任尔东西南北风”的耐心。没有几十年如一日的坚持，是定然无法成功的。

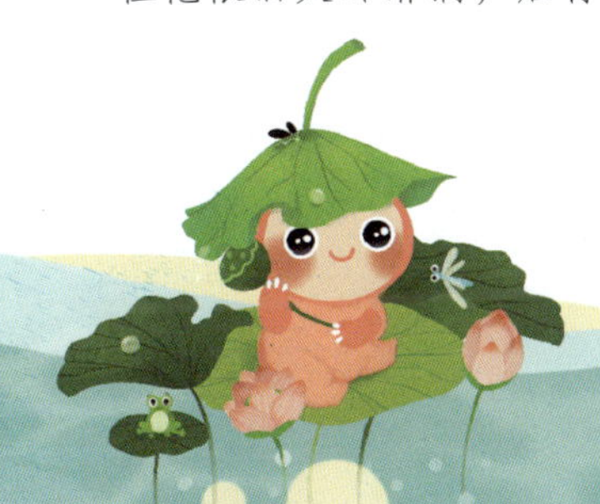

博大精深的海派盆景

《新闻晨报》小记者　黄怡安
上海市清流中学　八年级

在三林镇西，有一庞家宅；庞家宅中，有一座筠园。筠园的主人名叫庞燮庭，与儿子庞盛栋同为上海市非物质文化遗产——海派盆景制作技艺的传承人。

刚来到筠园门前，一阵清风扑面而来，携着一股沁人心脾的花香。庞老笑着把我们迎进园中。

放眼园中，盆景似乎并不很多，没想到登上二楼天台，却完全是另一番景象，令我大开眼界：我第一次亲眼看到如此多的盆景摆在一处，一眼望去，宛如绿色的海洋！它们被整齐地摆放在木架子上，井然有序，丝毫不因数量众多而杂乱无章。

突然，我被眼前一盆玲珑小巧的盆景吸引住了。那一根根又细又短的针叶，整整齐齐、密密麻麻地长在树枝上，在微风中轻轻摇曳，发出沙沙的响声。我好奇地问："这是什么树呀？"

"这是珍珠柏。"庞盛栋叔叔耐心地解答，"它之所以叫这个名字，请看……"

顺着庞叔叔指的方向望去，庞爷爷的一位学生正在给盆景们浇水，轻盈的水珠从空中落下，洒在了珍珠柏的叶子上。那些洒下的水珠并没有如我想象中的滑落，而是一滴一滴悬在那针尖般的叶子上，晶莹剔透，在阳光的照射下闪闪发光，像极了一颗颗璀璨耀眼的珍珠。

参观完天台上丰富多彩的盆景，我们来到一楼的"採云轩"采访庞燮庭爷爷。庞家祖上是有名的中医，业余时间爱好盆景，到现在已经九代了，"採云轩"这块匾是祖上治好了松江知府的病而受到的馈赠。

"您认为照料那么多的盆景，最需要什么品质呢？"我问道。

"最重要的就是坚持。"庞爷爷坚定地回答，"培养盆景，不能半途而废，必须要悉心照料。时间长了，我与它们都有了深厚的感情。"

"您对盆景真是执着啊！"我由衷地夸赞，"那么，制作海派盆景最关键的是什么呢？"

"最关键的就是要选好这棵树。"庞爷

爷告诉我，“其他的，例如布局摆件，都得根据树的走势来摆放。这可不简单呐！”

是啊，海派盆景制作技艺博大精深，每一个步骤，都得精雕细刻，坚持不懈的品质必不可少；每一个细节，都有它的讲究，满含庞家父子的无比热爱。如今，庞爷爷已经有了几位学生，他们一样热爱着海派盆景制作技艺，坚持不懈地传承着。我相信，下次若有机会造访筠园，这片绿色的海洋一定会更加迷人！

“每天都不能忘记它”

《新闻晨报》小记者　牟童
上海市开元学校　七年级

“一景、二盆、三几架”，一部中国盆景史已经书写了上千年。海派盆景广泛吸收各大盆景流派之所长，以其锐意求新、施法自然的风格独树一帜。这个暑假，我有幸以报小记者的身份采访了海派盆景制作技艺的代表性传承人——庞燮庭爷爷。

庞爷爷的院子坐落于上海浦东三林镇的一个小村子里，村子不大，却很古朴。在村里人热心的指引下，我们来到了庞家的祖宅筠园。轻轻推开院门，只见一位饱经风霜又不失慈祥的老爷爷正手持水管，精心地给院里的植物浇着水。庭院中央一棵有150年历史的造型黑松煞是醒目，苍劲有力的枝干仿佛凝结了时间的精华，给人一种穿越时空的感觉。

庞爷爷边浇着水边对我们说：“每天都不能忘记它。”是的，庞爷爷没有一天忘记他的盆景：夏天，他头顶炎炎烈日，戴着草帽给盆景浇水；冬天，他冒着刺骨寒风，将尚在培育的盆景幼苗搬入屋内；台风即将来临时，他用粗铁丝将盆景牢牢绑在几架上；当他不得不出远门时，还会专门请人来每天浇水，找人也不是能随随便便的，要找懂盆景、爱盆景的人才行。除了浇水，他还要定

期给盆景除虫、换土……如今，庞爷爷虽已至古稀之年，仍然每天都爬上天台浇水。他说，他对盆景有感情，要坚持做下去。

是什么让庞爷爷能够有如此的坚持和信念呢？跟随着庞爷爷的脚步，我们登上了天台，只见各种各样的盆景尽收眼底，有的飘逸潇洒，有的昂然正气，还有的清新自然。我最喜欢的是一盆叫“云水谣”的作品：一株高大的松柏耸立在盆景的山间，近处一艘小船正缓缓驶向石洞，岸边两个老人惬意地聊天，远处一座高塔矗立在崖壁上。近景、中景和远景相得益彰，共同形成一幅立体的中国山水画。

庞爷爷对我们说道，他的海派盆景结合了《芥子园》画谱中的中国山水画意境、中国的赏石文化和庞家树桩盆景栽培法，这样的盆景才是绝妙的。他从小爱好中国传统文化，汲取其精华融入盆景里，他源源不断的创作灵感，正是源于博大精深的传统文化！

原来，庞爷爷每天不能忘记的，不仅是他的上千株盆景，更是印刻在他心底的中国传统文化。

巧手慧心的她
用薄如蝉翼的竹丝作画

中国盛产竹子，中国人爱竹，也善于用竹。相信你见过不少用竹子编织的物品，比如我们常用的竹席、竹筷，还有竹凳、竹篓等，但你也许没听过竹子还能作画。

将100斤的竹子制作成仅有1两左右薄如蝉翼、细如发丝的竹丝，再用挑、破、压、拼等多种编织手法，编织出栩栩如生，惟妙惟肖的竹丝画。这正是上海非遗竹丝编技艺传承人程丽老师的绝技。

在我国，用竹子进行编织历史悠久，最早能追溯到新石器时代，在钱山漾文化遗址出土的200多件竹编器具上，已经有人字纹、梅花眼等竹编纹样，证明在当时竹编技艺就已经发展得较为成熟了。

程丽老师自幼跟着长辈学习竹编手艺，但她并未止步于此，而是在传统竹编的基础上开拓创新，创作了更高难度的竹丝扣瓷和竹丝画，大大提升了竹编工艺品的艺术价值。

2020年7月11日，《新闻晨报》学记团小记者走进程丽老师的工作室，体会非遗竹丝编工艺的精妙与美。

守护项目

竹丝编技艺

传承人

程丽

创新，让非遗重新闪耀

《新闻晨报》小记者　沈梓璇
上海外国语大学附属民办浦东外国语小学　四年级

2018年，我有幸参加了非遗纪录片《璀璨薪火》电影的点映，观影后，导演曲全立感慨道：“非遗，就是一门快消失的手艺。如果这门手艺消失了，那基本就没人来关注它了。”好在，还有很多人在努力着让这些手艺活下去，非遗传承人就是他们的代表。暑假的一天，我们有机会采访了上海非遗竹丝编技艺传承人程丽老师。

程丽老师的工作室，名叫“佛肚轩”，取自四川的佛肚竹——它的竹节像佛祖的肚子。“我希望大家能有像佛肚一样的肚量，大方包容。”程老师正是一个土生土长的四川人，小时候因为家里条件差，便跟着长辈学竹丝编，制作一些农具来谋生。刚开始学的时候，因为竹子边缘锋利，很容易割伤手指，她就用口袋里的线头或者柴灰敷一敷继续干活。

来到上海后，她把粗糙的竹编农具改良成了精致的竹编工艺品。比如原本用来筛面粉的筛子，变成了放水果的果盘；原本用来盛放稻谷的箩筐，变成了小巧玲珑的笔筒；原本用来睡觉的竹席，变成了精致的杯垫。这些小物件摆在工作室进门的案台上，琳琅满目。

再往里走，我们看到了编织难度更高的竹丝扣瓷和竹丝画。众多作品中，最让我印象深刻的是三只小鹿：其中一只小鹿前腿离地，头向后看，好像正在呼唤自己的朋友，身体是由粉色和白色的竹丝编成；第二只小鹿正在低头悠闲地吃草；第三只则头伸向天空，仿佛是森林之王，浑身散发着金色的光芒。我仔细端详，发现这些竹丝作品纹路整齐，做工精细，就连一个小接口都没有。

程丽老师介绍，这些都是用四川的慈竹制作而成，选料很讲究，100斤的慈竹经过数十道工序，也只能劈成八两左右的竹丝，用于编织竹丝画的竹丝更是根根细如发丝。编织的过程中也很重要，如果出错，那整个作品就要重来。

从深山到大上海，几十年如一日，程老师致力于竹丝编事业。因为技艺高超，所以她的作品让人赞不绝口；因为坚持热爱，所以不断推陈出新；因为充满爱心，所以把技艺传授给残疾人士让他们能够自食其力。程丽老师对竹丝编的爱深深地打动了我。正因为有许许多多个像她一样的非遗传承人在努力着，我们才能看到古老的技艺，在车水马龙的现代社会熠熠生辉！

竹子在她手中变身艺术品

《新闻晨报》小记者　张乐菲
上海市第一师范学校附属小学　四年级

你能想象，一根粗粗壮壮的竹子经过工匠灵巧的双手，怎样变成一件件精美的艺术品吗？今天，就随着我一起到上海非遗竹丝编技艺传承人程丽老师的工作室——“佛肚轩”去一探究竟吧！

走进“佛肚轩”，右手边有个展示台，上面放着一些笼子、小杯垫、小香囊和小簸箕，它们是生活用竹编农具的迷你版，只是有了更美丽的图案和颜色。程老师介绍说，竹编最早是用于日常生活的工具，比如筛选稻谷的簸箕，用来背孩子的竹篓。现在她把农具改造成艺术品，赋予它新的功能和艺术价值。抬头望去，上面还挂着一件件用竹子做成的小包。程老师说：“这个先用一种颜色的竹丝做成一层外皮，再用1—2种染过色的竹丝做出各种图案。” 这些小包看起来时髦而轻便。

走进大厅，墙上挂着几幅佛像画，有的是黑白竹丝画，有的是隐形竹丝画，还有犹如笔墨写出的竹丝经书。灯光下，我转动着隐形竹丝画的架子，佛像隐隐约约，佛祖惟妙惟肖。我问程老师：“您做一幅竹丝画要多久？要不要画草稿？”老师说：“像做这样的作品，需要先设计图纸，选择四川特有的竹子，100斤竹子只能加工成1两可以使用的竹丝，再进行编织。竹丝画一般要做2—3个月，经书的话需要1—2年。”

那一幅幅竹丝画做得太精美了，一根根竹丝平整细密，没有任何瑕疵。我好奇地问道：“程老师，您有编错过吗？如果编错是全部重做还是怎么处理？”程老师说：“像那几幅隐形的，做错了就不能接上，只能重做，如果是黑白花纹的，可以接上或者把弄错的那一步拆了再接上。”

采访过程中，我注意到有几位叔叔在工作室的另一头编竹编，他们有的用手在比划着，有的腿脚不大方便，程老师时不时会走过去指导一二。程老师的徒弟告诉我们，这里也是残疾人士的学习基地，程老师教大家竹编技艺，帮助大家自食其力。她本人也是其中之一，作品还获奖了呢！

慈竹变形记

《新闻晨报》小记者　孙雅婷
上海市静安区闸北第三中心小学　四年级

我是一根毫不起眼的慈竹，生活在四川眉山的山里。山里的人们很喜欢我们，把我的兄弟姐妹变成各式各样的生活用品。

有一天，山外来了一群人，他们挑来挑去，似乎很满意我，于是把我砍了下来。我预感到，我会有和兄弟姐妹们不一样的命运。果然，一双手开始刮去我青色的外皮，用刀劈开我的身体，接着又用火烤我，再把我劈得更细……我忍痛承受着，直到最后变成了一把细竹丝，被这双手的主人带到了一个叫做“上海”的地方。

在一间宽敞明亮的房间里，我被摆上桌台。我打量四周，看到“佛肚轩”竹编工作室几个大字。这时有一群小学生走了进来，他们兴奋地叫道：“好漂亮，好精致呀！”我顺着手指的方向望过去：原来是我的同伴们！不过它们已经变成了惟妙惟肖的竹蜻蜓和竹蝴蝶、小巧可爱的发簪和戒指、创意无限的竹编二维码，还有一件件缩小版的竹编农具……

一个小女孩甜美的声音响起：“这些竹丝也可以用来编织吗？”她指的是我，我的心跳加速，对着同伴说道：“我马上也要华丽变身啦！”不一会儿，我听见一个熟悉的声音回答：“看，坐在桌子旁认真编织的几位大哥哥，他们都是残疾人，这些竹丝就是给他们学习编小香囊的”。

果然，我被他们中的一位选中，放在了一个小木桩上。在这双手的帮助下，我与小伙伴们手拉着手，肩并着肩，缠绕在一起。不过，也有调皮的小伙伴故意逗他，不听他使唤，但最后还是被“制服”。我们怀抱薰衣草，收口、打结，变身为一只精巧细致的竹香囊啦！

“妈妈妈妈，你看这只竹香囊，特别朴素典雅、气味芳香，挂在包包上很漂亮。”小女孩闪烁着喜悦的眼神说道。她把我带回了家。

夜晚，在小女孩的灯下，我读到了她写下的故事：今天，我去采访了上海非遗竹丝编传承人程丽老师，她用普普通通的慈竹，编出了竹丝扣瓷、竹丝画等艺术品，获得了

各类大奖。但最让我感动的是，她发起的一个工艺项目——“艺助行”，用竹编手艺去帮助那些需要帮助的人，让残疾人学习竹编手艺，在家就业，自食其力……

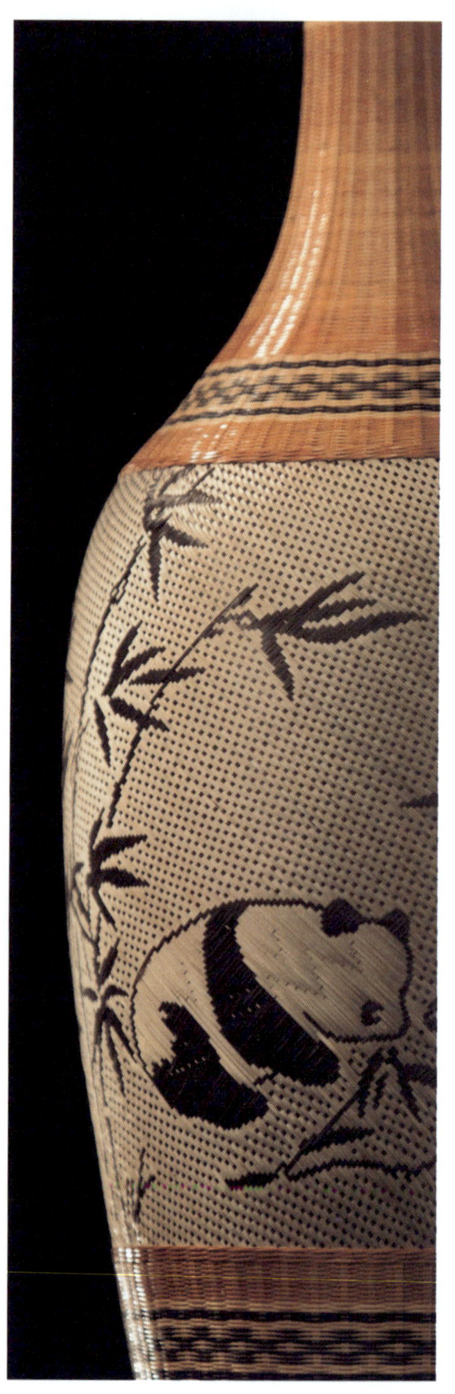

探秘竹丝编

《新闻晨报》小记者　钱奕涵
上海师范大学附属卢湾实验小学　三年级

你一定见过竹子，它在我们国家的很多地区都有分布。所以当我第一次听说“竹丝编”和“竹丝画”时，满肚狐疑：竹子那么硬，怎么编织呢？竹丝还能作画，怎么画的呢？7月11日，我带着心中的疑问，和小伙伴们来到上海非遗竹丝编技艺传承人程丽老师的工作室——“佛肚轩”。

一走进工作室，我们瞬间被眼前的一切所吸引，直呼：“太美了！”“太漂亮了！”各种工艺品有的摆在桌上，有的挂在墙上，还有的放在玻璃橱柜内，大大小小，各式各样。“这是什么？”“是小鱼。”“快来看，是二维码，能扫一扫吗？”小伙伴们激动极了，你一言我一语地猜测着。再仔细一瞧，这些工艺品都是用竹子编织而成。

不一会儿，程老师来了，她身穿黑色连衣裙，优雅极了。程老师介绍说，全世界有1200多种竹子，而竹丝编所需要的竹子是慈竹，来自她的家乡——四川。虽然竹子成本并不高，但要挑选最上乘的竹子。“我每年回一次老家眉山，选那些生长了两年左右、高五到十米、竹节大于80厘米的慈竹，在那边处理加工后再带回上海。”程老师说，一块竹片必须分成十层1厘米宽的竹皮，再分成28根竹丝，这样精细的竹丝才能制作出精致的竹编工艺品来。

如今，摆在我们面前的簸箕、竹篓、扇子、鸟笼、筛子……都是被程老师缩小的竹编农具。它们小巧而精致，作为城市人的家居装饰品正合适。再看那编织难度更高的竹丝扣瓷，好像是用纤细柔软的竹丝，给纯白的瓷器编织出一件紧致的外衣，为它平添几分古朴的艺术气息。最令人叹为观止的是竹丝画，那是把竹子加工成薄如蝉翼的细丝编织而成的，你看那佛的嘴鼻口眼，多么细腻逼真！

最后是体验环节。几根细长的竹丝在程老师手中，不知怎么一绕，就变成了一枚漂亮的戒指，就像变魔术一样。尽管程老师放慢速度，手把手教我们，但我们还是一头雾水，直呼“好难！”看似简单的竹丝编，也是需要技巧与不断重复刻苦的练习。

一门手艺的学习需要时间，发展需要时间，传承也需要时间。程老师的指尖艺术美极了，希望这门古老的技艺能走向世界，永远流传。

一根竹丝“编”出一片新天地

《新闻晨报》小记者　宋奕凝
上海市浦东新区林苑小学　五年级

四川眉山盛产慈竹，竹丝编技艺传承人程丽老师就出生在这里。她从小跟着长辈用竹丝编织农具和生活用品谋生。我们问她，那时如果不想编竹子了，怎么办？程丽老师笑着说：“如果不想编了，那爸爸就要请我吃‘竹笋肉’（挨打）啰……那时候，我看到最远的地方，就是头顶的天空。”

因为不想一辈子待在大山里，程丽20岁出头的时候来上海打工。可由于没有上过大学，一时找不到合适的工作。为了谋生，程丽又重新拾起了竹丝编这门祖传的手艺。她把竹编农具和生活用品缩小了好几倍，制成更精美的工艺品。

踏进位于谈家渡路28号的程丽老师的工作室，我仿佛进入了一个缩小版的竹编世界里：套牛嘴竹环“变身”戒指、背小孩的竹篓成了花瓶、猪笼变装麻雀竹笼……各式美观又实用的竹编制品琳琅满目，我的眼睛都来不及看啦！

程丽老师的“能耐”当然不止这些，她用心将老手艺和新想法结合起来，创作了更有艺术价值的竹丝扣瓷和竹丝画作品。最让我佩服的是她那副竹丝画——《五牛图》，几乎和画出来的一模一样。原来，又粗又硬的慈竹，经过刮皮、开节、切片、烘烤、制篾等数十道工序，才能够制成细如发丝的竹丝，再用竹丝编织成画。竹丝越细，编出的作品越精致，编织的难度也越高。程丽老师说：“编竹丝画时不能出错，一根编错，就得拆掉重编。”所以，一幅竹丝画，要花上她数月甚至数年时间。

如今的程丽老师，已经是国家非遗传承人，她的数十件作品在国家、国际博览会上荣获金奖。她走进了清华大学创新工作坊，和来自全国各地的手艺人一起切磋学习；她也走出了国门，受邀为外国大学的艺术学院学生授课，传播中国的传统文化和技艺。

听着程丽老师的叙述，我仿佛穿越了时空，看到那个在山里埋首编织农具的女孩。我要告诉她，多年后，经过坚持与努力，她“编”出了一片新天地，看到了更宽广的天空。

将手艺进行到底

《新闻晨报》小记者　陶嘉泽
上海市徐汇区建襄小学　四年级

在四川的眉山，人们的房前屋后生长着大片的慈竹。慈竹竹节长、竹壁薄、质地柔软，当地人用它来编织各种农具。上海非遗竹丝编传承人程丽就出生在这里。

程丽阿姨回忆说，她从小耳濡目染，跟着长辈们编竹编，补贴家用。“如果不想做啊，大人就要给我们吃‘竹笋烤肉’喽！”我问她：“那万一被薄如刀片的竹片刮破要怎么处理呢？”她不以为然地笑道：“那可是家常便饭啊，只要用墙角的火柴灰撒在上面，如果衣角有毛线，再绕上去就行啦！”

二十几岁时，程丽阿姨来到上海寻求生计，可她发现，在农村用的竹篓、竹筐在城市里用不着，于是聪明的程丽阿姨把它们缩小：担子变茶漏，大筐变果盆……小巧的竹编工艺品受到城市人的喜爱。之后她又编织了更加精致的竹丝扣瓷和竹丝画，把竹编制品一步步引向高端艺术品发展。我好奇地问她：“您刚才一直提到创新，那每一次创新都成功了吗？”程丽阿姨自信地点了点头，“是的。每一次创新前，先做调查准备，然后认真思考很多次，绝对不能打没有准备的仗。”

正是因为这样的精益求精、坚持不懈，程丽阿姨带着竹丝编走出了国门。她的作品如《清明上河图》《五牛图》《隐形观音》等，荣获国内外博览会金奖，瓷胎竹编花瓶《熊猫》更是被选中作为国礼。我好奇地问道：“如果您对作品不满意怎么办？”“不满意就重新做！”她回答得毫不含糊。

最后，热情的程丽阿姨教我们编了一条小鱼，她说，这是最简单的竹编花色之一，可我努力尝试了很多次都没有成功。我的手指都僵硬了，像一个调皮的孩子不听我的指挥。原来，“简单”二字是千万次的练习得来的！

临走前，我用自己的零花钱买了一个精致的小香囊。看着它层层叠叠的纹理，摸着它光滑的竹丝表面，我仿佛看见了一根根竹丝小精灵相互跳跃穿梭，正玩着高难度叠罗汉游戏……

曾经的贡品 如今的工艺品 徐行草编重新『潮』起来

徐行是江南著名的草编之乡，早在千年前的唐代，黄草编织品就已成为朝廷贡品之一，还有名为“草编仙子”的民间故事流传下来。

徐行民间素有“编筐打篓，养活九口”的俗语。一直以来，黄草编织都是徐行农民的主要副业，发展出了拖鞋、拎包、果盆、杯套、盆垫等二十大类、上千个品种。作为徐行草编技艺传承人，王勤从小就从母亲那里学习草编技艺，之后又师从市级传承人计学成，学习草编创意设计，为实用的黄草编织品增添艺术的价值。

2020年7月31日，《新闻晨报》学记团小记者来到徐行镇社区文化活动中心，在这位当代“草编仙子”的带领下，于黄草交织间亲身感触指尖上的手工编织乐趣。

守护项目

徐行草编

传承人

王勤

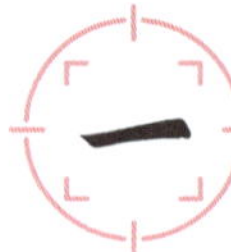

一双巧手赛仙子，她让枯木又逢春

《新闻晨报》小记者 项奕萱
上海市七宝外国语小学 五年级

在嘉定徐行，流传着一个“草编仙子”的传说：一位美丽善良的姑娘十分贫穷，出嫁前连双鞋都没有。放牛时她灵机一动，用河边的黄草编了双草鞋，穿着草鞋出嫁了。后来，村里的姑娘纷纷效仿编织。

如今的徐行，生活着一位草编巧匠，她的手比传说中的仙子还巧。她叫王勤，是上海非遗徐行草编工艺传承人。7月31日，我们《新闻晨报》学记团小记者来到嘉定区徐行镇社区文化活动中心，见到了王老师和她的草编作品。

王老师个子不高，说话声音低低的，语速有些快，感觉很干练。她先带我们参观展示大厅的草编作品。橱窗里，陈列着各式的草编拖鞋和草编包，花色各异，精致美观。原来，徐行草编始于唐朝，当时的黄草拖鞋曾是苏州郡的土贡之一。清末时，徐行草编拖鞋畅销全国，之后甚至远销海外。上世纪70年代，徐行草编依然很兴盛。王老师就是“70后”，她回忆说：“在我小时候，家家户户把草编作为副业。我家主要编包包，外婆和妈妈都会编，我在旁边自然而然就学会了。编好的包包有草编社专门收购，我记得初中时用自己草编换来的钱买了条裙子。”

后来，随着大量工业品进入市场，草编制品渐渐没落。周围坚持从事草编的人越来越少，王老师也进入了一家鞋厂工作，草编成了她业余的小爱好。

到了2008年，国家逐渐开始重视非物质文化艺术的传承，“徐行草编工艺”于2008年1月24日被正式列入第二批国家级非物质文化遗产名录。从小喜欢编织的王老师重新拜师学艺，正式走上草编传承之路。“我的老师计学成，是徐行草编工艺市级传承人。我主要跟他学习草编设计。”

系统的学习后，王老师不再停留在传统草编技艺上，而是寻求创新，赋予草编织品更大的艺术价值。比如展示的一双龙凤呈祥草编拖鞋，编制工艺细腻柔和，两个大红喜字喜气洋洋。还有一个创意果盘，结合了草编和竹编两种工艺，美观大方，富有中国韵味。最令我印象深刻的是立体梅花四件套，原本平面的草编图案被王老师巧妙地“立”了起来，朵朵梅花绽放枝头。创意，给徐行草编注入了新的生命力。

听王老师说，他们开办了草编培训班，教授草编技艺。前不久，徐行草编还成立了公司，有年轻人参与运营，他们引入了抖音直播、淘宝开店等新的运营模式，吸引更多人关注徐行草编。我想，现代草编仙子们一定能够让古老的草编文化焕发出新的生机与活力！

让徐行草编走进我们的生活

《新闻晨报》小记者　郭锦彤
上海市浦东新区海桐小学　四年级

暑假的一天，我和爸爸妈妈刚进家门，就迫不及待地换上了刚买的草编拖鞋。妈妈欣赏着草鞋精致而简约的编织花纹，越看越喜欢，忍不住拍照分享朋友圈，引来了一片赞叹；爸爸则穿着它们在屋里走来走去，不住地感叹："这双拖鞋真的好舒服啊！"

这么好的草鞋是哪里来的？原来那天，妈妈陪同我参加晨报学记团"非遗守'沪'人"活动，采访了徐行草编工艺传承人王勤老师。草鞋就是从她的工作室购得的。

嘉定徐行草编最为经典的产品就是黄草拖鞋了。早在一千多年前的唐代，徐行的草编拖鞋就已是宫廷贡品。到了清代，草编拖鞋更是远销欧亚各国，成为热门的外销货。我每次运动完脚都是臭臭的，无论穿什么拖鞋都惹得家人避让，但穿上黄草拖鞋，臭气好像就给草鞋过滤了一样！而且洗好澡后，湿漉漉的脚踩在草鞋上，脚一会就干爽了。这么好的草编拖鞋，你是不是也想拥有一双呢？

在徐行草编的展示大厅里，我们还看到了各式的草编包。有大有小，有斜挎包、手拎包、单肩包，编织花样各不相同，颜色也丰富多彩。我想，现在满大街都是皮革包，如果夏天换上这样的草编包，一定凉快又透气，还很环保呢！这会不会成为一种新时尚呢？

走进王勤老师的工作室，这里的草编制品就更多了：有插满了笔的草编笔筒，五彩斑斓的草编针线盘，插花的草编小花瓶，还有草编的小椅子，真是到了一个丰富多彩的草编世界！我选了一个草编斜挎包作为送给自己的礼物。

王勤老师告诉我们，徐行的草编制品曾经很风行，但由于做工时间长、价格低等原因，现在做得人越来越少了。不过，王勤老师和她的团队没有放弃，在政府的支持下，他们一直在努力，想让徐行草编重新焕发新的生命力。他们成立了公司，积极探索草编的创新，还尝试在抖音开直播，在淘宝上开店，希望能够让徐行草编重新走进人们的生活！

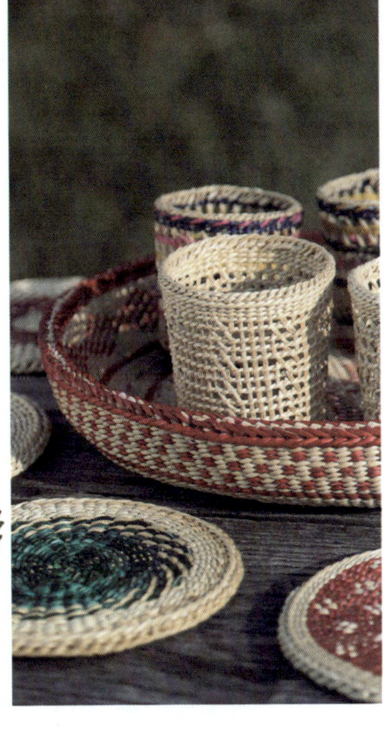

枯草也能变为宝

《新闻晨报》小记者　张煜然
上海市七宝外国语小学　五年级

在嘉定徐行的河边，生长着一种野草，因为颜色呈黄色，被人们称为黄草。当地人将它们采摘下来，经过一系列处理，编织成各种各样的包包、吊坠、帽子等物品。这就是在徐行地区传承了千年的手艺——徐行草编。

走进徐行草编工艺传承人王勤老师的工作室，空气中有股淡淡的黄草香气，满室都是各种已经完工或者还未完工的草编制品。王勤老师告诉我们，黄草一般能长两米高，粗约一厘米。每年的7月底8月初，当地人把它们拔下来，剪去花苋，黄草是三棱形的，根据它的形状劈成三份，然后染色、搓绞，就可以拿来编织了。门边的架子上，就挂着一些已经处理还未编织的黄草。我摸了摸，黄草的外壳硬硬的，里面则有点像海绵般柔软。

据介绍，徐行草编制品有拖鞋、拎包、果盆、杯套、盆垫等二十大类上千个品种。王勤老师说，她小的时候，也就是上个世纪

70年代，徐行的黄草编织特别兴盛，“那时候家家户户都会编草编，女的负责编织，男的打下手，编出来的包包、拖鞋有专门的地方收购，这份收入可以补贴家用。”她也是在那时候，和其他小朋友一样，跟着大人学草编。“我们自己编的包包，卖出去赚的钱可以买喜欢的零食、玩具。我记得我用草编换来的钱给自己买了条裙子。”遗憾的是，因为全手工编织费时又费力，徐行草编后来渐渐没落了。

终于到了我最喜欢的体验环节，王勤老师选择了最简单的杯垫让我们尝试。只见王;老师的两只手互相配合，黄草上下翻飞，不一会就编完了一圈。我在一旁心想：哈哈，看起来没那么难嘛。可是，杯垫到了我手里，就彷佛换了性子，不听话起来，我的两只手也笨拙得很，让我编到“怀疑人生”！我这才明白，王勤老师的“简单”二字，是她长期练习得来的。

回家时，我买了个精致的包包。包包的容量很大，而且很好看，谁能想到它的“前世”是河边的野草呢？老师们的手艺实在是太赞了，希望徐行草编能够再次迎来它的春天！

始于民生，成于艺术

《新闻晨报》小记者　於子涵
上海市静安区中山北路小学　四年级

在上海这座现代化都市的西北角，有一座“中国民间艺术之乡”——嘉定徐行镇。为它赢得此称号的民间艺术，是用当地一种特有的黄草编织的草编制品——徐行草编。

暑假的一天，我们来到徐行镇社区文化活动中心，采访徐行草编技艺传承人王勤老师。

王勤老师是一名“70后”，个子不高，皮肤微黑，说话声音不大，就像一位邻居家阿姨。她先带领我们参观了一楼的草编展示厅。原来，徐行草编有着一千多年的悠久历史，在唐代已经是朝廷贡品之一，上世纪还曾经远销海外。王勤老师告诉我们，黄草是河滩上的一种野生草本植物，因为色泽淡黄所以被命名为黄草。当时的人们就地取材，利用黄草的茎秆编织出各种生活用品，如拖鞋、拎包、果盘、杯套等，既实用又美观。

我在展厅里看到了各种各样的草编拎包和拖鞋，花色样式各不相同：有的以黄草本色打底，配以染色后的黄草，编织出花卉、动物、几何图形等图案；有的就是黄草的本色，通过镂空和纹理呈现不同的美感。王老师说，小时候徐行家家户户都编黄草，贴补家用，她也是四五岁时就开始帮妈妈的忙，慢慢学会了草编手艺。

不过，随着工业制品的涌入，徐行人渐渐不再靠草编来维持生计、贴补家用了，会草编的手艺人也在慢慢减少。在几代草编传人的努力下，草编制品在原来实用性的基础上，增加了艺术性，成为上得厅堂的工艺品。比如王勤老师的师傅计学成老师创作的草编新品《孔夫子周游列国》，就获得上海市工艺美术展览会创新奖。在展厅的草编工艺品展示区，陈列着各式的草编挂饰、草编玄关装饰、草编灯具等，还有王勤老师创作的立体梅花四件套。我想如果在家里摆上它们，不仅能多一份自然美，还能平添一股淡淡黄草香。

徐行草编始于徐行镇先民的生活智慧，凝结了草编手艺人的艺术创新。我希望这门技艺能够一直传承下去，不负“中国民间艺术之乡”的美誉。

衣带渐宽终不悔
为艺消得人憔悴

说起榫卯，你也许并不陌生，它在古代中国建筑及家具中十分常见。

花格榫卯制作技艺传承人陈标爷爷则是在传承中创新。他从花格、窗花中提取灵感，把平面的榫卯连接提升为曲面、球形连接，制作出立体的工艺品。

在他的工作室中，我们看到了百福瓶、百寿瓶等巧夺天工的作品。要想拼接这种规格的工艺品，一件作品所需的小木片就要成千上万。

每完成一件作品，陈爷爷都要花上一年以上的时间，投入大量的心血。手上的茧磨破了、结痂，再被磨破，经年累月，木头的颜色渗入皮肤，就成了洗不去的印记。

守护项目

花格榫卯制作技艺

传承人

陈标

花格之间创新意，榫卯之合聚匠心

《新闻晨报》小记者　杨雨欣
上海市致远中学　七年级

你听说过“花格榫卯” 吗？我猜许多人会一脸懵圈吧！

作为一个标准的木匠爱好者家属，我从小受舅外公的熏陶。耳濡目染之下，对这种传统的木匠技艺可是颇有了解哦——花格，顾名思义，就是用木头拼接成不同的格子花样；榫卯，则是我国古代流传下来的一种技艺，不用胶水不用钉子，只用两块木头的凹凸部位相结合的一种连接方式。我舅外公，在退休之后，就喜欢制作花格榫卯的桌椅、架子。我家里就放着他全手工制作的板凳和花架，别提有多美观牢固了。

但即便如此，当我看到上海市工艺美术大师、花格榫卯制作技艺传承人陈标老师的作品时，依然惊叹不已。

陈标老师的得意之作，有获得过多项奖的福禄寿瓶、百福瓶、百寿瓶等，但我最喜欢的还属那件小叶紫檀木的“梅瓶”。它是球形的，高58厘米，球面直径36厘米。如果说“百福瓶”“百寿瓶”是将本来只能展现在平面上的工艺进行了360度的展示，那么“梅瓶”的制作就是将花格榫卯结构的发展推向了空间化的层次。

陈标老师在设计中先画出图纸，再做塑料模型，然后在上千片两毫米厚的小木片上开槽，凿榫头镶嵌再拼接球形的成品。瓶身由形状各不相同的小木片组成人字格，瓶身与瓶颈处采用自由格形式收口，环环相扣。整件作品造型优美，结构严谨，做工极为细腻，体现出了他高超的榫卯技艺。陈标老师说，制作“梅瓶”共用了5000多片紫檀片，每片长2厘米，厚2毫米，都是他从紫檀原木上一片片凿锯出来的，从设计到完工，足足用了两年的时间。

创新，是陈标老师身上最重要的标签。把传统的平面花格榫卯日用品创新升级成立体花格榫卯艺术品，意味着把过往的平面结构经验全部推翻重来。作品在空间结构上的设计也是截然不同。听说，自小学习木工，技艺本来就很娴熟的陈标老师，用了整整十四年的时间酝酿、打磨，直到不惑之年，才孕育出自己的第一件立体花格榫卯作品。

匠心，是陈标老师身上的另一个重要标签。这份匠心，渗透在时时处处——首先是他的工作室门口，挂着的那“榫卯斋”三个大字，一般艺术家取工作室名，总是各种雅号，但陈标老师偏偏选择了直抒胸臆，可见他对这项技艺的用情至深！另外，陈标老师的工作室没安装空调，采访当天，暑气逼人，我们几个小记者都已经是满头大汗，可陈标老师却似乎浑不在意，“我创作时，不会受到外部环境的影响，只要抓起刻刀，静下心来，就完全感受不到天冷天热。”

看着眼前一件件足以传世的艺术精品，和眼前这一位把整个生命献给花格榫卯的陈标老师，我深深地被折服了。花格榫卯，不仅仅是两块木头相会时绽放的微光，更早已成为毕生专注此道的陈标老师那融刻进血脉灵魂的烙印。

那些年，那双手

《新闻晨报》小记者　童馨
上海市浦明师范学校附属小学　四年级

一个酷热的夏日，一间没有空调的郊区平房，一双伤痕累累的工匠之手，以及，一门古老而又陌生的传统艺术——走进花格榫卯制作技艺传承人陈标老师的工作室，对我来说，是一次特殊的采访经历。它带来了满头大汗，也带来了满目惊喜……

眼前的这一个个巧夺天工的花瓶，呈现出精细繁复的镂空形态。凑近观察，每个花瓶都是由成千上万块小木块拼接而成，通过凹凸结合的连接方式，不用一胶一钉，便将各个部件牢牢结合在一起。最薄的小木块，仅仅只有几毫米的厚度，但因为结构设计的巧思，能够历经百年甚至千年，不塌不散。想要完成这样的艺术精品，可不是件简单的事情。以陈标老师被选为国礼的《梅瓶》为例，从构思，到腹稿，再到制作打磨，用了足足26个月的时间。

在令人叹为观止的作品背后，是陈标老师无怨无悔的付出：

17岁，开始学习木工，初次接触到明清家具，迷上了榫卯技艺。

33岁，放下已有小成的木工手艺，专心研究榫卯技艺，为此，不惜谢绝多家公司的高薪聘请。

47岁，成功制作出第一件高难度立体花格作品，打破了原有的平面花格局限，为这门传统技艺注入了全新的生命。

今年，陈标老师已经58岁了。几十年如一日，他承受着常人难以想象的清贫，日常生活基本靠亲友资助，却始终坚持慢工出细活，制作了十几件“非卖品”，在国内外各大工艺展览上大放光彩。

而诞育了数不胜数的艺术品的那双手，究竟是怎样的一双手啊——厚厚的老茧上，是斑斑驳驳的深红色印记。原以为只是工作之后没有清洗干净的污渍，经过陈老师的解释，才知道，那是由于陈标老师长年接触木料，木头上的颜色慢慢渗入双手，又被新的老茧覆盖所形成的。

一双饱经沧桑的大手，数十载漫长孤独的年月，让我们看到了一个匠人的艰难与执着。如他的名字“陈古问道，标新立异”！

“中式乐高”，用时间成就艺术品

《新闻晨报》小记者　魏淳涵
上海市园南中学　六年级

乐高，一直是我最爱的玩具，从简单的桌子、椅子到复杂的商场、游轮，我都能成功完成。可“中式乐高”是怎样的新鲜玩意呢？

一个闷热的夏日里，我抱着看热闹的心态，来到了位于市郊的一片创意园区内。当我步入一间平平无奇的平房时，却被眼前的一切吸引住了。

扁瓶、梅瓶、福瓶……一件件器皿作品形态各异，却并非常见瓷器，而是由珍贵的紫檀木制成。花瓶表面，遍布着细小的镂空花纹，制作者的用心巧思，尽数融汇在这为数不多的十余件作品中。

其中，最让我感兴趣的是百福瓶和百寿瓶——圆柱形的“双胞胎”瓶子，平均高度1.18m，圆柱直径33.8cm，瓶身都是用小叶紫檀片通过榫卯结构相连接，组成人字格。纹饰中间从上到下排列方块，每行有10个方块，整个瓶共10行，共计100个方块，每块上都有雕字。百福瓶雕有100个篆体“福”字，瓶盖上雕有蝙蝠、仙桃等图案，寓意吉祥。而百寿瓶上雕有100个篆体“寿”字，瓶盖上雕有牡丹花纹，寓意长寿。吉祥和长寿，正是每一个人长久的愿望。

是的，不用一胶一钉，却牢牢地组合起了万余木质部件，构成一件件精美艺术品。这门非凡的技艺，就是今天我想要介绍的主角——有着“中式乐高”之称的花格榫卯！而花格榫卯制作技艺传承人，正是眼前这位寒暄时寡言少语，说起作品却滔滔不绝的朴实老人——陈标老师。

作为非遗传承人，陈标老师有着对自己技艺的满满自信：

当被问到“您是怎么制作出这样巧夺天工的作品”时，他透露：“要做成一件花格榫卯作品，涉及到雕刻、设计、绘画、木工等多门工艺，也许机械能够代替其中的几个环节，但是关键部分，只能通过人的灵感、人的经验、人的双手，精心制作而成。”

但说起技艺传承，他不由叹息：“这里的每件作品都是我的心血，我不舍得卖掉，平时生活只能靠家人来维持。其实我儿子也

很喜欢花格榫卯，但是我们想来想去，一个家还是得有人挣钱养家糊口。”说罢，他有些激动地表态：“如果有人愿意学习榫卯技艺，我愿倾囊相授，只为让这项技艺不至失传。”细细品味着陈标老师的这番话，个中的艰辛、无奈与无限的期盼，让我既敬佩，又隐隐有些心酸。

聊天中，我注意到了陈标老师的双手，那是一双坑坑洼洼、伤痕累累的手，遍布着厚厚的老茧，夹杂着几块暗红色斑。那是日积月累，被木料颜色永久渗透之下的痕迹。我家外公也是一名木匠，我太熟悉这样的双手了。这双手上，仿佛铭刻了陈标老师这些年来的故事，是一次又一次的摸索、一天又一天的坚持、一年又一年的伤痛。而这些，才造就了我所看到的，与工业流水线产品截然不同的“中式乐高”。

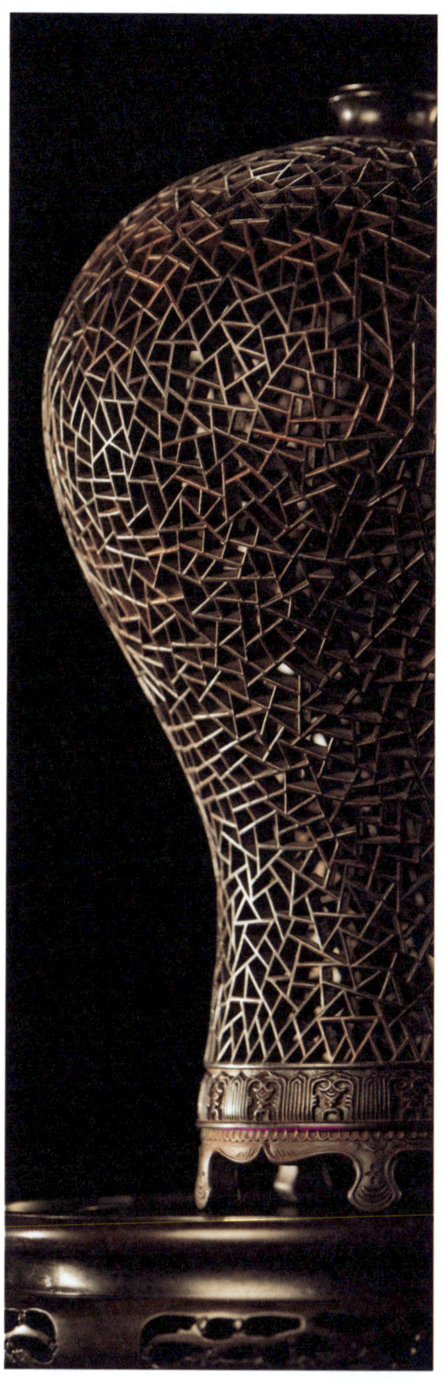

文化传承之路，愿我们同行

《新闻晨报》小记者　李怡乐
上海培佳双语学校　四年级

宝山区沪太路尊木汇手工文化街上，花格榫卯制作技艺传承人陈标大师的工作室，是一间简单而又雅致的平房，并不起眼。迎面向我们走来的陈爷爷，头发花白，穿着朴实。“你们随意看看吧。”他和蔼地笑着，没有丝毫的高傲之态。

在这约莫数十平方米的工作室里，错落有致地摆放着各式各样的榫卯艺术品。有匾额样式的平面榫卯作品，有花瓶样式的立体榫卯作品；有的以普通木材为原料，也有的以紫檀木、黄花梨等珍贵木材为原料。

正当我好奇地拿起桌上摆放着的小方桌模型研究起来时，陈爷爷走近前，巧手翻弄三两下，就把桌子“大卸八块”了，惊得我目瞪！“榫卯，就是在两个构件上，采用凹凸部位相结合的一种连接方式。凸出部分叫榫，凹进部分叫卯。它的特点，就是不使用钉子也能拼接木材，并且十分牢固。”说完，又见他三下五除二地把方桌模型又恢复成了原样。

陈标大师的创举，是把传统的平面花格榫卯，做成球形拼接、格纹衔接等自由造型的立体花格榫卯作品。他的作品集雕工、木工、美工于一体，在国内外屡获大奖。比如那座“梅瓶”，由5000多片0.15cm厚度的小叶紫檀木以榫卯结构拼接而成，体现了高超的榫卯技艺、结构把控和设计能力，在2019年被国家外交部选作了“国礼”。

让人难以置信的是，这些繁复精致的立体花格榫卯作品，从设计到木材打磨再到最后制作，都出自陈爷爷一人之手。没有团队合作，他就一个人慢慢地做，有的作品一做就是两年；没有资金购买木材，他就收购废弃家具当原材料。生活上的拮据，对陈爷爷来说还能忍耐，真正让他难过的，是花格榫卯这门传统技艺后继无人。

从起初介绍得意之作时的神采飞扬，到感叹独门技艺面临失传时的隐忧重重，眼前这位花甲老人的叙述，让我们这些小记者内心起起落落。再仔细看，陈爷爷的双手，因为长期雕刻、手握木材而染色、变形；陈爷爷的腰背，因为多年的伏案、专注设计而佝

偻、疼痛。但他默默承受了这一切，初心不变，“再苦再难，我也会坚持下去，我要让榫卯艺术不断发扬光大！”

妈妈说，陈爷爷是位孤独的前行者，我却说，陈爷爷并不孤独，因为他还有我们，被他的执着与匠心深深打动的我们。我们希望能够尽自己一份绵薄之力，把花格榫卯制作技艺传播出去——这条与陈爷爷同行的文化传承之路，就从这篇采访稿开始吧！

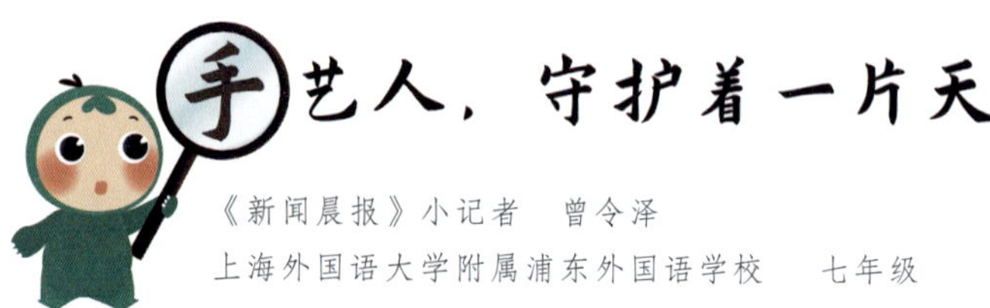

手艺人，守护着一片天

《新闻晨报》小记者　曾令泽
上海外国语大学附属浦东外国语学校　七年级

生活的节奏，快了；匆匆的人们，多了。那些由千万片木片组成的亭台楼阁，早已被钢筋混凝土的摩天大厦所取代。在科技高速发展的二十一世纪，“不用一根钉子，不沾一滴胶水”的榫卯绝技，几近销声匿迹。

然而，仍然有着这样一位匠人，毕其一生，守护着这门绵延千百年的传统艺术。

他，叫陈标。

暑假的一个周末，我走进位于市郊创意园区的“陈标大师展览厅”。一位身穿清爽白衬衫、配简单黑色长裤的清瘦老人，笑着迎上前来：“我就是陈标，欢迎远道而来，我带你们参观下这里吧。”

满屋子的花格榫卯珍品，静静伫立于玻璃罩中。乍一看，这些红木质感的花瓶器皿有着和谐统一的端庄典雅。再仔细观察，每一个瓶身，都各有千秋：回纹、福字纹、祥云纹……细致精巧的花格，均由一小片一小片木片拼搭而成。其中，陈老师着重介绍了一个小叶紫檀木的“扁瓶”。

瓶身两边各有一个六角形。六角形中间用榫卯拼出了十二个中国结，代表了十二个月；正反两面共二十四个，象征中华二十四节气；六角形周围还有九个中国结。瓶高99厘米，寓意长长久久。“简简单单一个瓶，要融入多种多样的中国元素和中华文化，从构思、设计到真正着手制作，用了我整整两年时间。那是我生平得意之作！”仿佛印证着他的话语，边上那张被压得透不过气的木桌上，摆满了包括“扁瓶”在内的花格榫卯珍品所获得国内外各大奖项和证书，如同无声的喝彩与鼓掌。

把榫卯技艺从平面带向立体，是陈标老师的重大艺术成就，而这份成就，需要时间的沉淀，“做这样一件作品，你要会画画，会雕刻，会木工。你更要有耐心，少则十个月，多则二三年，才能完成一件作品，一辈子也只能做那么几十件作品而已。”三言两语间，陈老师说尽了自己从十几岁学艺到如今已花甲之年的艺术人生——曾经放弃了高薪的木工行业，曾经拒绝了大公司对他伸出的橄榄枝，最终，潜心于小小木片，做出了大千世界。

陈标老师的作品，是与众不同的，而能够雕琢出这些作品的那双手，也是与众不同的：那双手有着红斑，正如他作品用的木头的红，“手艺人，手上自然有些老茧，时日多了，不免生疼，为了不影响我做作品，我把那些老茧都切掉了。切掉后，肉不免痛，然后长期与木为伍，木粉便渗进来了。”他摊开手掌，轻描淡写地解释。

采访结束，已近中午，走出展厅，我不自觉地仰起头。头顶的蓝天，如此高远，而身后的这位匠人，恰恰是在用自己单薄的身躯，守护着中华传统文化的蓝天。

她让麦秆和刺绣相遇
惊艳了我们

这是上海非遗麦秆画传承人姚懿佳和她的经典之作《丰收大吉》，你猜猜，它们是用什么材料制作而成的呢？

那金灿灿的麦穗是用丝线刺绣而成，昂头的公鸡和啄食的母鸡是由麦秆贴制而成。你是不是又要问，麦秆怎么有如此丰富的色彩、做到如此精致呢？

姚懿佳老师介绍，各色的麦秆来自全国各地，甚至海外，为此她收集了六七年。收集来的麦秆，要经过细致的处理，成为薄如蝉翼、细如发丝的丝线，再一根根贴上去，才能达到如此逼真的效果，制作过程长达七八个月。

姚懿佳老师说，她从高中第一次看到麦秆画作品就喜欢上了它，因为喜欢所以坚持，最终做成自己的事业，这是非常幸福的。

勾画时光，剪贴经典

《新闻晨报》小记者　曹书瑜
上海市曹杨中学　七年级

她身材不高，面容温柔，穿着一身改良式旗袍，站在工作室门口迎接我们。她，就是上海非物质文化遗产麦秆画的传承人姚懿佳老师。

一踏进工作室，映入眼帘的全是老师的作品。麦秆画取材于大麦、小麦、荞麦、燕麦等，麦秆经过十几道工序的处理，才可以用来制作一幅独树一帜的麦秆画。更可贵的是，姚老师创新地结合刺绣工艺，丰富了麦秆画的色彩。为此，多年前，她特地去苏州潜心学习了两年的刺绣。

这么多作品中，最吸引我的是挂在墙上的一幅《丰收大吉》。这幅作品是姚老师根据在农村采风时拍的一张照片制作完成的。因为作品尺寸较大，内容丰富，仅手工完成这幅作品就花了八个多月，而集齐作品中各种色系的麦秆，姚老师用了六七年。

两只精神抖擞的大公鸡站在金黄的麦秆前面，好像在庆祝丰收的愉悦。刺绣绣制而成的麦秆熠熠生辉，针法极其细腻，可以清晰地看到麦秆上的麦穗颗粒饱满，仿佛里面的米粒即将蹦出。这幅画的主角——一只公鸡挺拔地站立在一捆麦穗上，扭着头，张着嘴，显得精神气十足，似乎在向同伴传递着丰收的喜讯。

鸡冠是用难得一见的红色麦秆做成的。姚老师说，麦秆运到后，放置久了，颜色会发生变化，所以，有时候为了等待某一种颜色的麦秆，一等就是好几年。公鸡的颈部毛色由棕色渐变到黄色，凑近看，根根分明，原来这是姚老师将麦秆刮薄，再切成一根根如发细丝贴上去的。尾巴则是更为稀少的黑色麦秆，既有光泽又很有质感，听说是姚老师的一位朋友从非洲带回来的。妈妈开玩笑说：“这真是一只‘国际鸡’啊！”光收齐这一副画的材料，姚老师就用了六七年。

别看这层层叠加的羽毛让公鸡的身体显得饱满、厚重，但在拼贴过程中，姚老师连

呼吸都要控制好，因为一口稍重的呼气，就会让面前的材料都毁于一旦。

采访快结束时，我邀请姚老师合影。她的手拉着我的手臂，我感觉到了她的手上有层硬硬的茧，手指的关节也比常人突出。稍一抬头，我看见她较深的颈纹，这应该是长期埋头手工创作在她身上留下的痕迹吧。

她对我们说，想要完成一幅让自己满意的作品，就不能把它当作是一项任务，而是酝酿一个“生命”。要用心去做，不急不躁，用上自己全部的精力，才有可能成功。她还教导我们，喜欢一件事就不要轻言放弃，坚持到底，总会有收获。

扫照片看AR

因为喜欢所以坚持
——访麦秆画非遗传承人姚懿佳

《新闻晨报》小记者　桑瑜亮
上海培佳双语学校　三年级

第一次听到“麦秆画”这个名字，我心里就冒出一个大大的问号：麦秆画是怎么画的呢？带着这个大问号，我来到了麦秆画非遗传承人姚懿佳的工作室进行采访。

工作室里，挂满了一幅幅作品，我被左边的一只大公鸡吸引。它有大红的鸡冠、金棕的羽毛，黑色的尾巴高高翘起，精神抖擞地站在麦穗旁。我问了姚老师才知道，这只大公鸡全身都是麦秆做的，麦穗则是刺绣。我想知道它的制作过程，姚老师说：“等会儿我来告诉你们。”

姚老师先给我们每人发了一根丝线，让我们用手捻一下，放到灯光下看。我能看到一根丝线里面有好多丝，姚老师说，一根丝线可以拉出74丝。然后，她教我们如何刮麦秆：左手按住麦秆，右手拿着刀片用力慢慢刮，要把麦秆的纤维全部刮干净，变成一片透明的薄片才行。我才试了几分钟，手就酸了。姚老师说她一天也只能刮10根左右。这还仅仅只是准备材料，真正开始“作画”，那要持续七八个月的时间。

我简直无法想象，这么繁琐的流程、这么长时间地完成一幅作品，姚老师是怎么坚持下来的？

“就是真的喜欢啊！”姚老师扬着头，笑着回忆说，她读高中的时候，有一次去妈妈的一个朋友家，看到他家的麦秆画，第一眼就喜欢上了。她说“我要学”，但老师不相信，给了她一小撮麦秆，让他拿回家玩，说“玩过就当学过了”。没想到姚老师拿回家自己研究，做了一只小鸟，带给老师看。老师说“做得蛮不错嘛”，于是收她做了关门弟子。就这样，姚老师开启了她麦秆画的创作生涯。

跟着老师学习了三年，作品渐渐成熟，是时候自立门户了。但是创业的第一年，没有订单，父母给的20万嫁妆钱很快就要用完了。“其实心里很纠结，压力很大，父母的

积蓄都没了，都给我玩完了。但我父母说，只要你喜欢，我们就支持你。支持你走你喜欢的路。”终于，姚老师等来了她的伯乐，给了她人生的第一份订单。从此以后，她渐渐打开局面，把自己的喜欢做成了自己的事业。

现在，姚老师已经不用再为了生存而变卖她的作品了，她也不舍得卖，因为这些都是她的心血啊！她现在最大的心愿是能够找到和她一样喜欢麦秆画的传承人。

采访结束时，姚老师故意逗我：“你愿不愿意来跟我学麦秆画？”我支支吾吾没有回答，因为麦秆画虽然好看，但不是我的那份“喜欢”。我喜欢琴棋书画。我从小学习钢琴、围棋还有书法，有时候我下棋输了或者弹琴弹不好也会哭，但我从来没有想过放弃，因为我是真的喜欢啊。

麦秆历险记

《新闻晨报》小记者　庞昊昕
上海市浦东新区周浦小学　四年级

我是一粒小麦种子，在经历播种浇灌后结出了丰硕的麦子，变身为麦秆，原本以为会和前辈一样化成泥土继续滋养大地，没想到却被一双纤细的手轻轻地拾起来，带到了一间素雅的小屋里。

来到这个陌生的环境，我不免感到有些紧张。我想：我还有什么用途？难道我不仅仅是可以结出麦子吗？正当我思考这些问题时，那双手把我放到桌子上，用刀刮呀刮，那感觉可真难受。我着急地大叫："你要干吗？轻点儿行不行！"但是她好像听不到，继续专心致志地刮着……不知道过了多久，那双手终于停下了。我惊奇地发现，我变得如蝉翼一样薄，似乎一丝风就能把我吹到天涯海角。我以为这样就该结束了，但事实并非如此。那双手又拿起一把剪刀，将我分成50条丝，我感觉都可以和蚕丝比谁更细了。你还真别说，这双手真巧！

那双手把我和其他兄弟用胶水粘在了纸上，于是，我成了一幅美丽山水画的其中一员：溪流从两座大山中流过，白鹤在天空中展翅飞翔。纸张告诉我：这种工艺叫做麦秆画，是一种非物质文化遗产，至今已有1400多年的历史呢，是中国独有的民间艺术！当我仔细观察时，发现这还有刺绣兄。有他们在，麦秆画变得更漂亮了。

我们组成的这幅画被挂在墙上，很多人都来欣赏。我听到他们"啧啧"称赞那双巧手的主人。原来她叫姚懿佳，是麦秆画传承人。她不仅传承了麦秆画的传统技艺，还创新地将刺绣与麦秆相结合，这才有了我和刺绣兄的相遇。

而且这种奇遇并没有结束。曾经有一位小伙子来面试，他叫树皮，也想加入我们这个大家庭，可惜最终失败了。原来是因为他的质地太粗，颜色也有些呆板，不能与精致的麦秆和刺绣结合。

咦，哪里传来了阵阵"叽叽喳喳"的声音？原来是一群小朋友来这里学习麦秆画。希望将来有更多的麦秆兄弟和其他新伙伴加入，在他们的手中，成为麦秆画的一员。让我们可以一起继续出发，探索奇妙的旅途！

这位"80后"不走寻常路

《新闻晨报》小记者　周添琪
上海市民办立达中学　八年级

1982年生、东华大学服装设计专业毕业、上海姑娘，看到这些标签，你是不是和我一样，难以想象这是一位非遗传承人的资料介绍呢？

她叫姚懿佳，上海非遗麦秆画代表性传承人，《海派百工》非遗纪录片拍摄的60位上海非遗传承人中最年轻的一位。初见姚懿佳老师，她个子不高，热情开朗，透着一种亲近感。当她一一介绍自己的得意之作时，眼里闪着光，她对麦秆画的热爱表露无遗，我们也被深深感染。

姚老师回忆说，在她高中时，她母亲的一位朋友知道她喜欢画画，于是邀请她去家中看看他的麦秆画。"我当时一听，觉得吸管也能作画啊？没想到去了，第一眼看到作品的时候就惊呆了。"于是她拜在了师父刘训波的门下，成了他的关门弟子。"高中的时候，真的是疯狂，回来赶快做完作业，然后就去做麦秆画。"姚老师说，父母因为看她是真的喜欢，也很支持她。为了收集麦秆，学生时代的假期里，爸爸带着她跑了云南、安徽等30多个地方，"当地的麦秆都是焚烧掉的，我们和农民谈好，请他们帮我们手工收割一把，寄过来。"姚爸爸还因此被朋友开玩笑："怎么你买了一包草回来。"他回道："对他们来说是草，对我来说是宝。"

跟师父学了三年多之后，姚老师终于出师了，她也站在了大学毕业的十字路口。大学同学都在求职，老师为她推荐了一份制衣打版的工作，"但我不喜欢，我想创业"。她先跑到苏州埋头学习了两年刺绣，并开创性地将麦秆和刺绣相结合，走出了一条新道路。回来后，父母拿出原本给她准备的嫁妆钱，支持她创立了自己的工作室。但头一年多的时间里，没有订单，积蓄眼看就要用完了。"当时很纠结，因为父母亲也折腾不起了。"就在这样的煎熬中，姚老师终于等来了她人生中的第一笔订单。

之后的道路越走越宽。2008年，姚老师带着她的作品参加上海民族民俗民间文化博览会，引起了轰动，大家都不敢相信眼前的作品出自一位年轻姑娘之手。"一位领导来

参观，直接问我爸妈‘是你做的吗’，他没想到创作者这么年轻。”

如今，姚老师不用再为生计犯愁了，可以全身心投入到作品创作中。她透露，最近她在创作一幅敦煌佛像。“佛像的发丝，要一根根盘，（离完工）还早呢！”目前姚老师最大的希望就是找到传承人，把这门非遗技艺传承下去。

用心极致成就作品精致

《新闻晨报》小记者　郭秋然
上海市世界外国语小学　五年级

“姚老师，这是什么呀？”我指着地上一捆毫不起眼的“柴火”，好奇地问姚老师。说起这位姚老师，她可是上海非遗麦秆画传承人，独创性地将麦秆和刺绣两种技艺相结合。她随手从身边的花瓶里抽出一根麦穗，指着它的下半截说：“这就是麦秆呀！平时都焚烧掉的，上面是我们可以吃的麦子。这间房里所有作品基本都是由麦秆和刺绣完成的。”我惊讶不已，难道栩栩如生的公鸡、威猛霸气的老虎、俏皮可爱的松鼠都是用麦秆做的？

姚老师看我们满脸疑惑，就从桌上拿了一根麦秆，让我们猜猜麦秆是不是空心的。“阿拉小辰光用这当麦管吹泡泡的。”姚老师一边说，一边拿起薄薄的刀片，利索地将麦秆剖开、摊平，再用刀片刮掉植物纤维。

“你们再猜猜由厚到薄，一天能完成多少根？”姚老师又问道。

“150。”“100。”大家争先恐后地回答。

“10根左右！从早上8点刮到晚上8点。”一听完这个答案，我张大了嘴巴。姚老师鼓励我们每人都来试试，我尝试刮了二十几下，大拇指就开始不由自主地隐隐作痛。因为常年重复这个动作，姚老师的手都变形了，一到黄梅天就隐隐作痛。

姚老师继续说道：“把麦秆打薄后，再劈成像头发一样的细丝——一根麦秆最多可以劈出50根左右的丝，然后用胶水一根根按底稿贴上去，那需要很安静的环境，呼吸都要调整。有一次我打了个喷嚏，全飞了，我要一根根去找我的丝！”我们被姚老师逗得哈哈大笑。同样，用来刺绣的丝线也是劈过的，一根最多可以劈成74根丝。作品要求越精致，丝线要求越细，难怪这些作品比照片还逼真和传神！

不仅前期材料准备繁琐，制作过程也是用心极致。比如胶水的用量，稍微多一点，就可能毁了一幅作品！姚老师说，一幅仅有四五本教科书大小的作品，就需要六到八个月完成。

在工作室中，挂着一幅纯麦秆画作品，那是16年前，姚老师拜师学习麦秆画三年后的出师作品，运用的是拼、贴、剪、烙、烫等传统麦秆画技艺。她没有止步于此，而是慧心巧思，将刺绣引入麦秆画，让这满室的麦秆画作品，像她这位上海姑娘一样，拥有了海派的精致。

“如果你有喜欢的东西，一定要坚持下去！”

《新闻晨报》小记者　赵茗萱
上海市普陀区管弄新村小学　四年级

在真如镇社区文化活动中心，有一间特别的工作室。工作室里，墙上挂满一幅幅麦秆画，画中景物色彩丰富、栩栩如生；枣红色的桌上，摆放着剪刀、刀片等制作工具，还有一些麦秆和丝线。整间屋子看着简朴，却透着一点古韵。

这间工作室的主人，是上海非遗麦秆画传承人姚懿佳老师。

初见姚老师，看她的样子就如同她的画一般，温婉秀雅，有一种古典美。不过一讲起麦秆画，她立刻就活泼起来，像位邻家大姐姐。

我非常好奇姚老师是怎么喜欢上麦秆画并成为麦秆画传承人的。姚老师回忆道：“我高中的时候，妈妈有一个朋友知道我喜欢画画，就让我去他家看看。我过去一看，惊呆了，这是什么材料做的，这么漂亮。我说‘我要学’，老师笑了，说‘你们年纪轻的，哪有这个恒心来学的’，就给了我很小的一把麦秆，说‘拿回去玩玩，玩过就算学过了’。我回到家，根据在老师那里拍的照片，自己琢磨，慢慢贴，做了一幅很小的小鸟作品，再去找老师。老师一看，说‘你做得挺好的嘛，那就跟我学吧’，我就做了他的关门弟子。”

师傅教得用心，姚老师学得认真。三年后，师傅让姚老师创作一幅出师作品。

“你们猜猜我失败了几次？”姚老师问我们。

“15次！”有小记者猜道。

姚老师听了笑道：“做一幅就要七八个月，失败这么多次，我要哭死了。”其实姚老师当时是真哭了，一次因为胶水涂多了一点，一幅作品只能重来。“爸妈说，哭了就不要做了，但她一边流眼泪，一边说不行，我还要做。我要再给自己一次机会。”直到第四次，她才成功。当她带着完成的作品再次登门时，师傅赞叹道：“长江后浪推前浪，

前浪死在沙滩上。”这次她又流泪了，不过那是幸福的泪水。

2003年，姚老师大学毕业后，又拜师苏绣名家朱秀珍学艺两年。她将麦秆画与刺绣相结合，创立了一个古老但却又全新的艺术形式——秸绣。2009年，姚老师被认定为非遗麦秆画技艺传承人。

姚老师说：“如果你有喜欢的东西，一定要坚持走下去。虽然这条路很艰辛，但有可能会给你带来惊喜。我在高中时遇到了麦秆画，把它做成了自己的事业，是一件很幸福的事情。”

秋

几十年如一日，他在一寸见方的蛋壳上描绘大千世界

在一寸见方的蛋壳上，以白描为底，融合国画元素，布局、构图、上彩、勾勒、点胎，一气呵成，转眼间在笔下呈现一方山水，这就是上海传统的民间手工艺——手绘彩蛋。而掌握了这门精湛技艺的，正是普陀区非遗手绘彩蛋传承人英自海。

蛋上绘画看似简单，但要在拱形的蛋壳“画布”上勾勒出细致精美的图案，实际操作起来绝非易事，而英自海老师却信手拈来，寥寥几笔就将几条小鱼描绘得活灵活现。这份“信手拈来”是如何练就的呢？

2020年7月12日，《新闻晨报》学记团小记者来到英老师的工作室里，领略这一方寸之上的大千世界，听他讲述40多年的彩蛋春秋。

守护项目

手绘彩蛋

传承人

英自海

一枚彩蛋的昨天、今天和明天

《新闻晨报》小记者　刘钰滢
上海市虹口区第四中心小学　四年级

当我听到“手绘彩蛋”这个名字时，并没觉得它稀奇，因为在很多夜市和纪念品商店里，我也看到过漂亮的彩蛋。我想，要去采访的英自海爷爷的手绘彩蛋，为什么会被列入上海非遗呢？

带着这个疑问，我和其他小记者来到了位于曹杨社区文化中心的英自海手绘彩蛋工作室。这是一间不大的房间，墙壁前的一排展柜里，整齐地摆放着英爷爷最得意的彩蛋作品。彩蛋上，花中君子、水墨山水、十二生肖，栩栩如生。靠窗的桌子上，画笔、纸张、颜料，井井有条。

英爷爷热情地招呼我们围着长桌坐下，饶有兴致地讲起了他从青年时期起就和彩蛋结缘的故事。他告诉我们，最初他每天要练习画五六十个蛋，算来至今已经画了十来万个蛋。上世纪90年代，他手绘的生肖彩蛋深受年轻人的欢迎；豫园商城的民间手工艺展演区，有他的手绘彩蛋专柜；如今，他经常到普陀区的小学和社区文化中心教授手绘彩蛋课程，前一阵还在上海中心大厦进行网络直播……在所有这些经历中，他很自豪地提到，上世纪七八十年代，他们画的29枚彩蛋就可换回一台德国产的的缝纫机呢！

英爷爷说得眉飞色舞，见我们都听得那么认真，便起身从柜子里拿出自己珍藏多年的手抄绘画书籍和样张，勉励我们就是要这样去学习和积累。

我边听边想，29个彩蛋换一台缝纫机的故事背后，是英爷爷在手绘彩蛋方面的不懈坚持。这个小小的工作室虽不大，却是英爷爷的骄傲和财富。同时也像一面多棱镜，折射出了我们的时代发展——从过去普通老百姓只能解决温饱的年代，到追求生活品质和文化品位的今天，小小彩蛋陪着英爷爷走过了40多个春秋，见证了改革开放中普通人生活天翻地覆的变化。

“你们很认真地听了我的故事，我给你

们画一条小金鱼吧。”只见他拿起小楷笔轻蘸颜料，在一枚鸡蛋壳上倏忽运笔，一条鲜红活泼的小金鱼和一丛丛轻盈的绿水草就显现出来。我们高兴极了。英爷爷的手绘彩蛋作为一门非遗项目，真的有这么精彩的故事和内涵。

于是，我暗暗立下志向，一定要做好非遗文化的守护人、“手”护人和守“沪”人！

一枚蛋的文化之旅

《新闻晨报》小记者　张君滢
上海市杨浦区杨浦小学　四年级

小朋友们，你们知道吗，蛋除了能吃，还可以做什么呢？其实它可以当成纸来画画呢！

今天我们采访了上海市普陀区非遗传承人英自海老师，请他带我们领略海派彩蛋的魅力。

英老师的工作室位于普陀区曹杨社区文化活动中心二楼。推开门，“哇——”我们忍不住惊叫起来，都被眼前精美的彩蛋吸引住了。英老师介绍道：“这个，是小朋友都喜欢的福娃。这是大熊猫，我们的国宝。这个你们一定知道，Hello Kitty。”你看那个憨态可掬的小熊猫，扭动着圆鼓鼓的身子，正准备吃竹子呢；还有画着金陵十二钗的十二枚彩蛋，每个彩蛋上都画着一个仕女，衣服、动作、形态各异，其中那个跳舞的仕女，好像就要飞出来似的……每个彩蛋都美轮美奂，五彩缤纷。

“做彩蛋第一关就是要挑蛋，鸡蛋、鸭蛋、鹅蛋都可以，要把完好无损的蛋挑出进行清洗；接着在蛋壳的底部打一个洞，用针管抽，让蛋液流出来。要反复抽，反复灌，还要用84消毒液防腐处理二十分钟至半个小时，然后进行烘干、打磨。经过这样处理的蛋壳就可以用来作画了，画完晾干后，装上底座或者用盒子装裱好，就成为一件艺术品了。”英老师娓娓道来。

我们望着英老师，他有着一头花白的头发，脸上爬满了皱纹，只要一提起彩蛋，他就两眼放光，有着说不完的故事。

英老师从事彩蛋绘画40年，他的作品备受德国、日本等国际友人的青睐，每个彩蛋的背后都有一个精彩的故事。在上世纪70年代末，那个物资贫乏的年代，你们能想到29个手绘彩蛋可以换一台德国的缝纫机吗？而他本人绘制出售的三个彩蛋在40年后竟然兜兜转转又回到了他手中，这是多么奇妙的缘分呀！

像英老师这样的非遗传承人还有很多很多，他们承担着文化传承的重任。我想，这也是我们每一个中国人身上的责任！

成功背后的坚持

《新闻晨报》小记者　顾耘程
上海市进才中学北校　六年级

栩栩如生的仕女，憨厚可爱的大熊猫，茁壮挺拔的梅兰竹菊……这就是我走进英自海老师工作室时看到的画面。不过，这些精美的画不是画在纸上，而是画在蛋壳上。没错，英自海老师是一位擅长在蛋壳上作画的大师，也是上海市普陀区非遗项目“手绘彩蛋”的传承人。

英自海老师之所以能画出这么美妙绝伦的作品，决不是一朝一夕的功夫，而是一路坎坷，一路坚持。

1978年，也就是他18岁那年，英老师来到崇明务农。不久，农场要兴办一个彩蛋厂，听说英老师喜欢画画，便请他来试画彩蛋，结果发现他画得很不错。之后，英老师就在彩蛋厂里工作了。英老师非常珍惜能坐在办公室里写写画画的机会，每天要画五六十个彩蛋，每个月只休息一天，从不懈怠。后来工厂解散，英老师回到上海市区上班，有一天，原来彩蛋厂的领导说那边还剩四万个蛋壳准备丢弃，问他要不要。英老师立刻说要，就租了一艘船将蛋壳从崇明运过来。于是，在业余时间，英老师又可以坚持画蛋了，他的手艺还吸引来了顾客。“这就是我的第一桶金。”英老师笑着说。到1986年，英老师就辞职开始专职画彩蛋了，还去外地教小朋友画。那时候，他临摹和抄写了一本又一本教材，一笔一划，都浸透了汗水。

在采访现场，我们看到了这几本手抄的教材，还有一张有9个蛋壳图案的纸。原来，那几乎一模一样的九个图案，不是印刷上去的，而是英老师精心练习的成果！正是多年的坚持，成就了他精湛的技艺。

接下来，我们参观了他的工作室。花草树木、飞禽走兽……各种彩蛋摆满了房间。我们都很好奇：彩蛋是怎么画出来的呢？只见英老师拿来一个鸭蛋壳，用毛笔蘸一点红色颜料，再蘸点儿水，涂在调色盘的不同区域，就呈现出深浅浓淡不同的红色。英老师一手拿着蛋壳，一手握着笔，一会儿向前推，一会儿甩笔，一会儿点点划划，很快，蛋壳上就出现了一条栩栩如生的小金鱼。我们都惊叹：“好厉害啊！”

探访结束后，我再一次回望那有着精美彩蛋的房间，突然感受到，熠熠生辉的不仅仅是彩蛋，还有成功背后那份执着的坚持。

非遗就在我们身边

《新闻晨报》小记者　傅钰淇
上海市普陀区武宁路小学　五年级

探访非遗项目手绘彩蛋的那天，我提早了10分钟来到曹杨社区活动中心。当指针指向10点时，一个60多岁的老人不慌不忙从楼梯上走了下来，他的肩膀明显一高一低。他就是我们要采访的对象——手绘彩蛋非遗传承人英自海老师。

英老师乐呵呵地对我们说："你们都在等我呀？欢迎欢迎。"他把我们迎进他的工作室，指着左边的大架子说："这个架子上面放的都是我画的彩蛋，还有我的各种证书和旧照片。"不过，第一个吸引我目光的不是彩蛋，而是一张照片：英老师手捧着一幅彩蛋作品，旁边站着一个警卫，还有一个外国人。照片底下印着一行小字："英自海老师受到时任新加坡总统纳丹的亲自接见，作品已被纳丹总统收藏。"我暗暗惊叹，英老师很了不起呀。

再看架子上各种各样的彩蛋，上面分别画着花鸟、山水、人物、动物等。蛋上的山，有的高耸挺拔，有的绵延不断，有的层峦叠

嶂；蛋上的水，有的平静无波，像一面大镜子；有的波涛汹涌，风号浪吼；蛋上的人物、动物，也是栩栩如生，活灵活现。

参观完后，英老师就给我们讲起了自己的故事。原来他年轻时最初在农场挑河泥，肩膀一高一低就是那时留下的。之后机缘巧合，他为农场的彩蛋厂画蛋，从此走上了艺术之路。其中有个故事特别传奇：英老师年轻时画的蛋都出口到国外，自己一个也不能留。时光流逝，有一大，英老师的一个收藏家朋友在古董市场买下了一个精美的手绘彩蛋，兴冲冲地拿给他看。英老师定睛一看，这不就是自己以前画的彩蛋嘛！激动之余，朋友把这个彩蛋送给了他，如今40多年过去了，这个彩蛋依然完好无损，成了极好的纪念。

英老师几十年如一日地投身这门技艺，这让我们很敬佩，于是有小记者问："画彩蛋需要具备什么样的品质？"英老师打开了话匣子："作为一个手绘彩蛋手艺人，要爱学习、不怕困难、坚持不懈。爱学习，可以让你学到更多画彩蛋的技巧；不怕困难，可以让你在蛋划破、画坏了时不放弃；坚持不懈，可以让你把这门手艺一直做下去。"

手绘彩蛋可能并不是生活的必需品，但却是让生活更丰富的工艺品。希望这份美好能常伴我们身边。

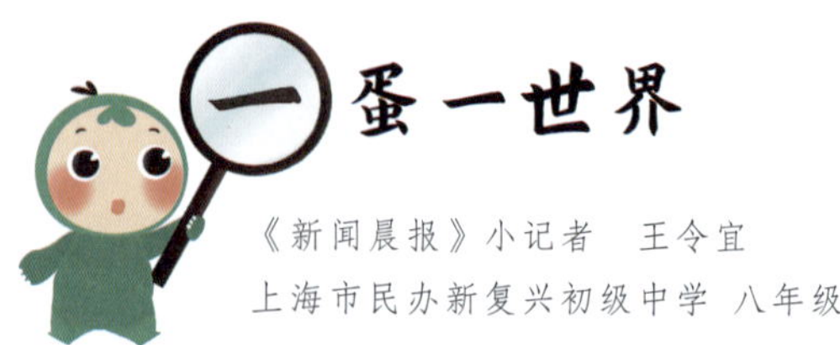

一蛋一世界

《新闻晨报》小记者　王令宜
上海市民办新复兴初级中学　八年级

蛋，本指某些动物产下的卵，能做成炖蛋、蒸蛋、煮蛋、茶叶蛋、蛋糕等各式各样的美食。但是在非遗传承人英自海老师的手下，它变成了一件件精美的艺术品，向我们展示着形态各异的微型世界。2020年7月12日，我们前往拜访英自海老师，探究手绘彩蛋的奥秘。

在英老师的工作室里，各种彩蛋摆放得琳琅满目却又不失整齐，蛋上画有山水、花鸟、人物、动物等。英老师一边用手轻轻抚摸着彩蛋，一边给我们科普了不同手绘彩蛋的做法与工艺，话语中无不流露出骄傲与自豪。令我印象深刻的是一个色彩斑斓的日本小猫蛋，图案中，小猫那胖胖的大脸上眼睛眯成了一条缝，弯弯上翘的嘴角十分可爱。没想到彩蛋这种独特的艺术形式不仅能把中国文化传到国外，并且还把国外的文化带给了中国的小朋友。

英老师的彩蛋承载着文化的交流，这中间还发生过一件十分有趣又不可思议的事。70年代末，英老师画的许多彩蛋出口到了德国，可就在几年前，一个收藏家朋友在市场上买到了几个彩蛋带给英老师看，却发现正是英老师的作品。这是多么奇妙的缘分啊！

彩蛋的世界里有欢乐，也有艰难。英老师给我们展示了一张以前练习用纸，一共九个蛋，上面画了几条小金鱼，每个蛋画得几乎一模一样，让我们不禁大为惊叹，这是功底深厚最好的证明。蛋是曲面立体的，所以比在纸上作画难多了。那蛋破了怎么办呢？英老师笑着，说："蛋经常会破，破了就必须扔掉，如果自己感觉画得不完美，也要扔掉。"原来画成功一个蛋也需要经历很多。

手绘彩蛋向我们展示了一个与平面画作迥然不同的立体艺术世界。而苦练40多年，用心做一件事，也让我感受到两个字——坚持。英老师年纪大了，希望他的徒弟能将这门手艺传承下去，让非遗的光芒永不熄灭！

小小蛋壳，一番大事

《新闻晨报》小记者　贾友寒
上海市杨浦区复旦科技园小学　三年级

在普陀区一个平常的社区文化中心里，有一间小小的工作室。工作室里有一排高大的橱柜，里面“坐”着很多五颜六色的蛋，有大有小，有胖有瘦。走近一看，这些彩蛋上飞着鸟儿，流着溪水，还有几座青山稳稳地端坐在上面。

再四处一望，旁边的小桌上，放着几筒毛笔；米色的墙上，钉着几张国画作品。中间是一张大桌和几把椅子，桌子的一头坐着一位长相和善的老人，他就是我们要采访的手绘彩蛋非遗传承人英自海老师。

英老师戴着一副厚厚的眼镜，穿着一件浅蓝色的小方格衬衫。他耐心地接受了我们的采访，没有拒绝任何一个问题。有时，他会微微把身体侧向提问的小记者，好像生怕遗漏什么重要的细节。

英老师长年都专注在手绘彩蛋这门艺术上，他的双手十分灵巧，可以在薄薄的蛋壳上落笔成画。他还为我们展示了如何画一条小金鱼：只见他手里夹着两支小楷笔，蘸上颜料，轮换着运笔，不一会儿蛋壳上就浮现出了一条栩栩如生的小金鱼。他说，以前每天都要画五六十个蛋，而且还不一定成功；但这样的经验被深深地印在了他的头脑里，就这样画了又画，一直画了40多年，成了一名手绘彩蛋的大师。英老师的作品有些被彩蛋爱好者收藏，有些在店铺里等着喜欢它们的顾客，还有些去了欧洲……

采访结束时，我又看了看英老师的工作室，这间普通的屋子因为这些彩蛋而蓬荜生辉。英老师在这小小的蛋壳上，画出了一番大事，让更多的人能够欣赏到非遗文化的魅力。

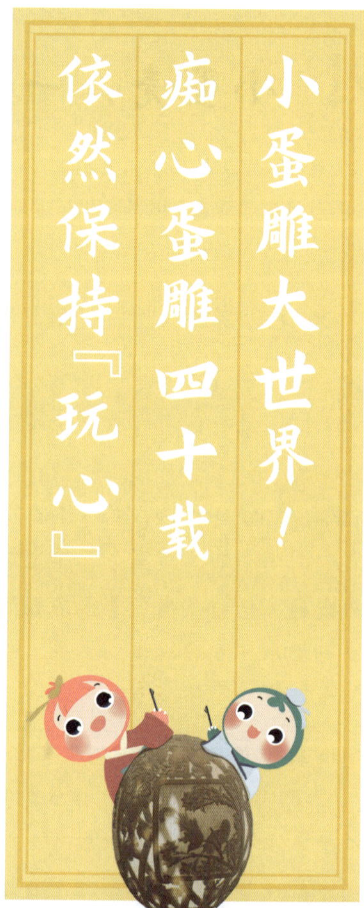

小蛋雕大世界！
痴心蛋雕四十载
依然保持『玩心』

“蛋雕就像走钢丝，稍有不慎蛋壳就会碎。”

“我的海派蛋雕，玩的就是心跳也好，开心也好，反正是个玩。”

“有乐趣啊，它有无限的想象，小蛋壳大世界。每次都要通过你的实践，通过你的动脑，才能成功。”

“玩蛋雕失败是很正常的。时刻都在挑战，培养一个人的毅力和耐力。”

“玩蛋雕就是一句话，日月补体，乾坤娱心。”

淞南蛋雕技艺传承人——袁家钊老师可谓上海非遗界的“金句王”。

玩了40年蛋雕的他，依然保持着一颗“玩心”。这颗“玩心”，首先是喜欢，有兴趣，愿意把时间精力投入其中；其次是不功利，不是为了出名赚钱，默默无闻也照样玩；再次是能在挑战、失败、再挑战中不断突破创新，并从中获得成就感与乐趣。

所以，这颗“玩心”，是袁家钊老师身上最闪光的点。

守护项目

淞南蛋雕

传承人

袁家钊

小蛋雕，大世界

《新闻晨报》小记者　杨然
上海市中国中学　七年级

圆润的主体，低调的色彩，分明的层次，简明的镂空，便塑造出一枚枚精致的蛋雕作品。在上海宝山区淞南文化活动中心，海派蛋雕技艺传承人袁家钊老师的工作室里，一时间站满了我们这些来访的小记者，空气燥热了起来。但眼前这些精美的艺术品像是一股清流，让人神清气爽。

今年63岁的袁老师，扎着一束马尾辫，身姿笔挺，精气神十足。他手中拿着一件青蓝色的蛋雕作品，笑着跟我们讲述他和蛋雕的故事。

袁老师与蛋雕相遇是在1980年。他23岁时去大连出差，火车站一出来，看到一位货郎，因为没生意，在路边刻蛋壳。“我想这么脆弱的东西竟然也能刻，就站在旁边看他刻，结果看了一下午。他看我这么喜欢，晚上就带了五个蛋壳来让我试试手，结果全碎了。”袁老师说，也就是从那一晚开始，他走上了从“破碎”到“圆满”的蛋雕生涯。

因为没有老师教，也没有如今发达的互联网，回到上海的袁老师就开始自己琢磨、练习，“别人去唱歌跳舞喝老酒，我就在家里玩蛋雕”，直到两年后，才有了第一件自己还算满意的作品，但他乐此不疲。“有乐趣啊，它有无限的想象，每次都要通过你的实践，通过你的动脑，才能成功。小蛋壳大世界。”

在袁老师的作品里，有用普通洋鸡蛋雕刻的作品，他利用洋鸡蛋本身的褐色，以刀代笔，在上面浅雕“作画”；也有用鹅蛋雕刻的作品，鹅蛋本是白色，不适合“作画”，那就做浮雕、镂空。随着技艺日臻成熟，袁老师还雕刻了火鸡蛋、鸵鸟蛋、仙鹤蛋等，浅雕、浮雕、镂空各种技法齐上阵。

最令我们惊叹的，是袁老师独创的360度无界面雕刻。你看那枚《荷塘情趣》，九条鲤鱼嬉戏荷间，无论从哪个角度看，都有一幅独立的画面，但又相互连接，没有边界。

再看那幅《锦绣山河》，四面中式屏风上，雕刻着奇山异水，屏风和屏风间镂空相连。

袁老师说，这样的作品不仅是雕刻难，更难在构思创作上。“我心里不止想着山山水水，我还试图用蛋雕传达更多的意思，这样我的作品就多一份内涵。”

袁老师送给儿子的结婚礼物，也是一枚蛋雕。用的是澳洲鸵鸟蛋（俗称鸸鹋蛋），两个拳头大小，青蓝色。上面刻了一条小船，船上载着一龙一虎（两人生肖），代表同舟共济；两只鸟代表比翼双飞；还有松树，牡丹，代表坚韧与富贵；蛋壳的顶部和底部分别刻着“囍”字和“福”字；上面还有一句话“一路同行”。

原来，每个小小的蛋雕作品，除了视觉所见展现出来的美好与精致，更是毅力、耐力的呈现。小小蛋雕记录了大千世界的丰富多彩，更是创作者丰富内心世界的表达。

白露

蛋雕，玩的就是开心

《新闻晨报》小记者　张玲
上海市浦东新区昌邑小学　四年级

暑假的一个周六，宝山区淞南镇文化活动中心的三楼，光线有些昏暗。当我轻轻推开中间一扇门，眼前顿时一亮：一排展示柜里，一个个大小不同、造型各异的蛋雕，在灯光的照射下旋转……展示柜旁边站立的，正是我们的采访对象——淞南蛋雕技艺非遗传承人袁家钊爷爷。他个头不高，身材略显消瘦，一条马尾辫梳得一丝不苟，虽年过六旬，精神头十足。

袁爷爷很热络地招呼我们进门，和我们聊起他的蛋雕作品和故事来。

“袁爷爷，你这里都有些什么蛋呀？”我好奇地问。

“我这里比较多的是常见的蛋，比如家里最普通的洋鸡蛋和鹅蛋。鸡蛋可以做浮雕又能绘画，因为鸡蛋表面有颜色。鹅蛋的表面是白色，就只能做成浮雕，否则你都看不出上面刻了什么。”

不过柜子里还有好几颗大蛋呢！原来是世界最大的禽类蛋——鸵鸟蛋。“这是非洲的鸵鸟蛋。“袁爷爷指着那枚特别大的蛋问我们，“大家猜猜鸵鸟蛋有多重？”这可难为了我们这些平时不买菜的小记者们，有的直接摇摇头，有的猜说一斤多吧。“大概是两斤半到三斤多，一个鸵鸟蛋相当于十多个鸡蛋重！”袁爷爷笑着告诉我们。

除了前面说的非洲鸵鸟蛋，另两种鸵鸟蛋就是美洲鸵鸟蛋和澳洲鸵鸟(鸸鹋)的蛋。其中属鸸鹋蛋最珍贵，因为它的颜色十分特别。袁爷爷告诉我们，鸸鹋蛋壳一共三层，最外面一层最硬，不适合雕刻，只有将其磨去后，第二层才能雕刻，第二层最漂亮，颜色如同丹青一般。褪去那层丹青，剩下的是第三层，那是一种纯净的白色。

你看，那颗鸸鹋蛋蛋雕慢慢旋转着，如同一幅画卷徐徐展开。朵朵祥云间，一座墨色仙山深入云霄，远处驶来一艘青色帆船，挂着大帆直济沧海。顺着船头是一条张牙舞

爪、威风凛凛的青龙，而在不远处，一头青色猛虎俯身于盛世牡丹园下。袁爷爷说，这是一年前他特别为儿子结婚创作的礼物，祝福属龙虎的两位新人婚姻美满幸福。

蛋雕的背后，摆放着几张证书，其中一张是2015年颁发的上海宝山区级非遗证书。这一年距离袁爷爷接触蛋雕，已经过去了35年。袁爷爷说：“如果没有非遗，我也就是一个人在家默默地玩玩。”他语气轻松地说，“如果有人问我，学蛋雕多久能赚钱，我会直接让他不要学了，因为不赚钱。”正如他在《海派百工》非遗纪录片中所说：“我的海派蛋雕，玩的是心跳也好，开心也好，反正就是个玩。”

40载痴心玩蛋雕

《新闻晨报》小记者　赵梓青
上海市南洋初级中学　八年级

1980年的大连火车站，一列来自上海的火车上，走下来一个年轻人。奇怪的是，他没有跟着人流流入这座城市，而是被附近的一位手艺人吸引，站在一旁看了足足一个下午。这手艺人手里，拿着一个蛋壳在雕刻。而这个年轻人，正是本文的主人公——袁家钊。如今，他已是上海非物质文化遗产淞南蛋雕技艺的传承人。

2020年8月1日的下午，我们晨报记者团一行人顶着烈日，敲开了宝山区淞南镇文化活动中心的大门。迎面走来的袁家钊老师穿着黑白相间的T恤，米色长裤，个子不高，扎着一条长长的马尾，很有艺术家的风范。我稍稍留意了下袁老师的手，手指修长而有力。

袁老师亲切地招呼着我们，给我们一一介绍他的蛋雕作品。只见作品整齐地摆放在玻璃橱柜内，每个蛋大小、品种、颜色各不相同，有最普通的鸡蛋和鹅蛋，也有巨大的鸵鸟蛋，还有罕见的仙鹤蛋等等。每颗蛋上都刻有精美的图案，行云流水，美不胜收。好多镂空设计简直不可思议。蛋壳那么薄、那么脆，袁老师是怎么做到的呢？我们静下心来听袁老师娓娓道来。

原来就如开篇介绍的，23岁那年，袁老师出差去大连，机缘巧合遇到了当地一位蛋雕手艺人，看了一下午后，当天晚上他就开始尝试，从此一发不可收拾。

每一个夜深人静的夜晚，是袁老师练习与创作的黄金时间。放一首喜欢的歌，或者开着广播，一个人专注于指端，完成自己的作品。两年后，袁老师有了第一件满意的作品，但他依然默默无闻、鲜有人知。

转折发生在2008年，袁老师的作品入选上海世博会。他感觉自己今后也许需要当众表演蛋雕，因此给自己加了活儿——到鲁迅公园去练蛋雕。在众目睽睽之下完成蛋雕真不是件简单的事情，四周被好奇的人们围得密不透风，各种问题铺天盖地，袁老师从一开始浑身紧绷、手心冒汗，到慢慢可以偶尔回答一两个问题，再坚持到后来终于可以一边和周边人聊天，一边继续手里的蛋雕。就

这样，袁老师练就了当众从容、潇洒雕蛋的新技能。

如今的袁老师，不仅自己玩，还带着学生一起玩。“我线上开课，全国各地都有我的学生。”袁老师不无得意地说。我们现场也尝试了一把，果然有了正确的方法后，蛋并不是一雕就碎。但要玩出艺术价值，那就非一日之功了。

以刀为笔，匠心蕴乾坤

《新闻晨报》小记者　隗家然
上海师范大学附属第二实验学校　六年级

四面玻璃镶嵌红木做成的展示柜里，一个个大小不一、造型各异的蛋雕被错落有致地摆放其中，在灯光下徐徐旋转。有的是取蛋壳自然色的浅雕，有的是青色的浮雕，还有的是略带花纹的镂空雕……寻常被人遗弃的蛋壳在这里成了令人惊艳的艺术品。

这些蛋雕艺术品，出自上海非遗淞南蛋雕技艺传承人袁家钊老师之手，每一件作品背后都有一个故事。

看这个《硕果累累》，镂空的工艺雕刻出葡萄的藤蔓和叶子，上面挂着串串葡萄。最特别的是其颜色，不是鸡蛋的褐色，也不是鸭蛋的白色，而是浅灰中带着一点点的咖色。我们都很好奇：这枚蛋如此特别，是从哪来的呢？“这是丹顶鹤的蛋！”袁老师笑着说道，“这是20多年前，上海动物园无法成功孵化的‘死蛋’，一共有两枚。在那里工作的朋友知道我到处搜罗有特色的蛋壳搞创作，就把它们送给了我。可惜，处理起来难度非常高，有一个损坏了。这不，它就成

了孤品。”

《硕果累累》的旁边，是《鸟语花香》。这是一个使用非洲鸵鸟蛋雕刻的浮雕加镂空作品。袁老师说，它的雕刻工艺不难，可是设计创作中，要利用蛋壳本身的色泽深浅和形状特点来表现鸟和花，怎样的构图能够让人仿佛闻其声、临其境，着实让人费心思，所以作品雕刻用时两个月，但设计就用了一个月。

咦，怎么有一个个头不大的蛋雕作品被摆放在展柜的正当中？我凑近一看：图案正中两只举在空中的手紧紧相握，上方有七个字：齐心协力抗疫情。这一定是袁老师的新作。字的上方，有雷电和火焰，那一定代表“雷神山”和“火神山”。作品的左下邮轮码头，车辆和江水将两者串联起来，表达出沪鄂同饮一江水、共同抗疫的寓意。

袁老师说，蛋雕玩起来花心思，又发不了财，因为这些作品不是生活必需品，也不是用珍贵罕见的材料制成，无法定价，也少有人收藏，所以只有真正喜欢才能坚持玩下去。小小的蛋雕作品，蕴涵了像袁老师这样的中国匠人的文化与智慧。这当中有他们对生活中美的诠释，有他们对文化的理解和传承，有他们对家国的热爱和情怀。袁老师心中有乾坤，这样才能够以刀为笔，在这方小小蛋壳上匠心独具地绘出璀璨画卷。

蛋雕，玩的就是心跳

《新闻晨报》小记者　孙誉之
上海市格致初级中学　六年级

宝山区淞南文化活动中心所在的大街热闹非凡，可内部却静悄悄的。走上楼梯，推开306号房间的门，只见一位留着长发、双目清明、精神饱满的老人正侃侃而谈。他就是我这次的采访对象——淞南蛋雕技艺非遗传承人袁家钊老师。

袁老师的身侧，立着一个玻璃展示柜。柜子里，一枚枚蛋雕作品在射灯的照耀下缓缓旋转，吸引着我的目光。仔细一瞧，有的就是我平日里吃的鸡蛋，利用它的本色刻出花卉、文字；有的是个头大、青灰色的鸵鸟蛋，镂空雕出山水、花鸟。最令我叹为观止的，是一个被雕出了四面屏风，屏风与屏风仅一个蝴蝶结相连的鸡蛋，在灯光照射下，镂空处变得更加明显。

这难道不会碎吗?

“蛋雕，玩的就是心跳！”袁老师回忆说，40年前，当他出差到大连，在大连火车站看到路边一个货郎在刻蛋时，心里冒出的第一个问题也是：“这不会碎吗?”于是袁老师就在旁边看着他刻，招待所也不去了，看了一下午。那人发现袁老师对蛋雕很有兴趣，便约好晚上教他。第一个晚上，他带了五个蛋来，但袁老师一上手，全碎了。

直到玩到第二年，袁老师才有了第一件满意的作品。到后面开始追求更高的境界，玩镂空，那坏得就更多了。袁老师说，那个四面屏风的作品叫做《锦绣山河》，他曾经想复制，但是都失败了。袁老师还留着一袋碎蛋，说是以前刻坏的蛋，舍不得扔，都存起来当宝贝。

“玩蛋雕失败是很正常的，它时刻都在挑战、培养一个人的毅力和耐力。”袁老师说，看起来他很享受在蛋壳上挑战极限带来的乐趣。

采访后，袁老师拿出准备好的蛋壳和刻刀，让我们亲身体验一下“蛋壳是不是一碰就破”。他先传授了我们基本的手法，包括左手如何握蛋、右手如何下刀等。我万分小心，下刀时不敢太重，也不敢太轻，提心吊胆地雕刻出了一个“乐”字，这才长长地舒出一口气。“咔”，一个轻轻的声音，原来有个小记者为了追求刻得更好，弄碎了一个蛋壳……

声无止境

一弦一柱倾注心血华年

“转轴拨弦三两声，未成曲调先有情”，古有白居易的《琵琶行》，写出了“弹拨乐器之王”的音韵之美，而琵琶这一乐器的历史，最早可追溯到秦朝。

很多人都听过悦耳动听的琵琶曲，但你是否好奇过琵琶是如何制作出来的呢？2020年8月14日，《新闻晨报》学记团小记者一行在上海民族乐器一厂老师的带领下，参观了制作车间、中国民族乐器陈列馆，从头到尾见证了一把琵琶的诞生。

非遗传承，我们在行动

《新闻晨报》小记者　马维皓
上海市浦东新区明珠森兰小学　四年级

“千呼万唤始出来，犹抱琵琶半遮面。”炎炎夏日，终于等到了我期盼已久的非遗守“沪”人活动——走进闵行区的上海民族乐器一厂，采访琵琶制作技艺。

在采访琵琶制作工匠之前，我们先参观了厂里的民族乐器陈列馆。陈列馆里，摆放着一件件乐器展品，制作非常精美。令我印象深刻的琵琶，有别具特色的飞天琵琶，限量版的青花琵琶，还有获得工业设计大奖的竹编琵琶。这些嫁接了不同非遗制作工艺的琵琶，让我近距离地感受到了这种传统乐器的美。

这次活动最重要的一个环节，当然是对琵琶制作高级工袁军师傅的采访了。通过袁师傅的介绍，我了解到，琵琶最早在我国秦朝时期就已出现，而且当时的样子也不是现在的梨形，声音也没有当代琵琶那么响亮，而是柔和的宫廷乐器。古代的琵琶弦是用蚕丝或羊肠制作而成的，现在则改为了钢丝。

其实，在此次采访进行前，我就对琵琶做了细致的观察，因为我的妈妈就在学习琵琶弹奏，家里的这把琵琶也引发了我极大的好奇心。

我一直感到奇怪，琵琶的琴面上并没有类似于吉他的那种圆孔，那么声音是如何跑到琵琶的“肚子”里去的呢？经过袁师傅的讲解我才知道，原来琵琶也是有发音孔的，只是隐藏得很好，不易被发现。

妈妈平日经常弹奏《茉莉花》和《凤阳花鼓》等琵琶小调，音色温婉动听，她也让我听过《十面埋伏》这类风格激情铿锵的琵琶名曲。

袁师傅告诉我们，工匠们为了更精准地呈现出琵琶的优美音色，每道工序都追求精益求精，对品质不断地打磨。

我们问袁师傅，是什么原因让他决定从事这份工作？又是什么让他一直坚持下来？

他告诉我们，自己从事琵琶制作已近三

十年，之所以能坚持下来，源于热爱和成就感！我们国家有那么多精美的民族乐器，琵琶只是其中一种，老祖宗给我们留下的民族乐器，是需要保护和传承的文化瑰宝。

当年，袁师傅师从琵琶制作工匠张小弟学习琵琶制作，现在他也有了自己的徒弟，在继续传承着这门工艺。我想，我也要成为一名非遗守护人，向同学老师、亲朋好友们介绍琵琶，介绍民族乐器，为了它能够代代相传，贡献一份自己的力量。

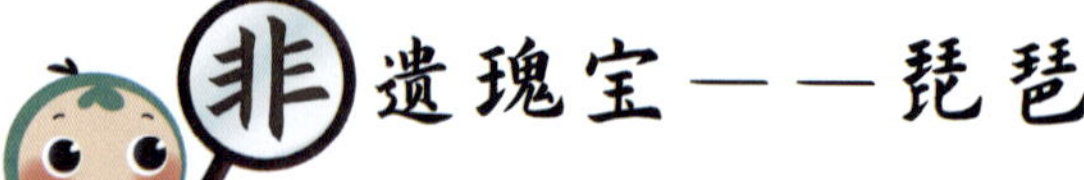

非遗瑰宝——琵琶

《新闻晨报》小记者　陆奕成
上海市杨浦区控江二村小学　四年级

“葡萄美酒夜光杯，欲饮琵琶马上催”“琵琶起舞换新声，总是关山旧别情”……提起琵琶，总觉得它和古诗、曲关系密切。因为琵琶这种神秘、古老的气质，让我对它一直有深深的好奇，总想一探蕴藏在琵琶里的奥秘。

今年暑假，我有幸走进上海民族乐器一厂，了解非物质文化遗产琵琶制作技艺。

首先映入眼帘的，是绿树环绕中的一排厂房，这里就是琵琶的“诞生地”了。

走进厂房，只见偌大的车间里，坐着几位工艺师傅。他们每个人都坐在一张大的工作台前，打磨着琵琶的各个零部件。

通过老师的介绍，我才知道，原来，由于琵琶由许多个不同的零部件组成，所以普通的工艺师傅只负责其中一个环节。

一个个弦轴、山口在师傅们灵巧的双手中，从一块普普通通的木头变成了精巧的零部件，并且同样的零部件被打磨之后，全都是同一个规格，丝毫不差。

在如此高温的天气里，车间里竟然是没有空调的，每个师傅的身后放着一台老式电风扇，对着他们“呼啦啦”地吹着。尽管如此，他们还是个个汗湿了衣裳。

老师解释说，这可不是为了省钱，而是因为琵琶的制作对环境的温度和湿度也有要求。听了这一番话，我对工艺师傅们由衷地感到敬佩。

在参观好车间后，我们又来到厂里的中国民族乐器陈列馆，在里面看到了复刻的敦煌壁画琵琶、新研发的大叶紫檀琵琶等等。

采访琵琶制作高级工袁军师傅时，我好奇地提出疑惑了很久的问题：古曲是宫商角徵羽五音，琵琶有“fa”这个音吗？

袁师傅笑着回答：琵琶的音域可广了，现代琵琶是六相二十四品，还可以根据弹奏者的需要向上或者向下扩大音域的范围呢！

这真是一次难得的经历和体验，几块木头、几根琴弦，在师傅们的辛苦制作后，就可以演奏出各种各样美妙的音乐。工匠师傅们制作乐器时认真的脸庞，还有他们灵巧的双手，让我感受到了每一件乐器的珍贵。

金石之音，弹拨之王

《新闻晨报》小记者　刘昱麟
上海市民办新世纪中学　七年级

“大弦嘈嘈如急雨，小弦切切如私语。嘈嘈切切错杂弹，大珠小珠落玉盘。”白居易的《琵琶行》，用文字使人们对琵琶的弹奏充满了想象；莫高窟飞天乐伎的反弹琵琶，用壁画使想象变得如梦似幻。

我学习琵琶已有数年，每次看到和琵琶有关的文字和图像，我都很上心。让人兴奋的是，这次我能走进上海民族乐器一厂，了解琵琶制作技艺。

走进生产车间，没有预想到，在宽阔闷热的空间里，有机器设备、木材配件和埋头打磨的工人师傅们，但没有空调，工人们在安静的环境中辛苦地工作着。

在二楼车间，我注意到，每一张工作台的分工非常明确，工人师傅们在分别制作琵琶的某一个部件。从琴头、背板、面板，到相、品、复手、弦轴……每个部件的使用材料、制作工具、工序都不相同，但都需要工人师傅仔细打磨，反复调整，不能有一丝一毫的偏差，才能达到制作要求。

每张工作台也不像我们平时用的书桌，而是一侧有凹凸不平，那是师傅们制作乐器时，日积月累留下的痕迹。工作台边缘用布包着，以便固定工具在桌面上时，能更加稳固。当师傅们在工作台前打磨材料时，会将脚踩在工作台底部的横板上，手里用砂皮纸慢慢绕着一张背板的肚子转圈打磨。

琵琶制作高级工——袁军师傅向我们介绍：“背板与面板共同组成琵琶的共鸣发音箱，取7.5厘米的厚木板，以纹理细腻的紫檀木、红木为佳，凿内膛，腹腔上部琴颈窄而浅，深3厘米，宽12厘米，距琴底45厘米；下部琴肚宽而深，深4.7厘米，宽28厘米，离琴底10厘米。背板制作涉及锛、凿、刮、刨等工序，之后再装上音梁与音柱。音梁与音柱用桐木制作。”

原来有这么多具体而详尽的部件制作参数，难怪琵琶必须经由手工制作才能完成。工匠们先要学习各部件的制作，然后才能独立制作一把完整的琵琶，经验需要沉淀，技术需要熟练，要耐得住枯燥的重复劳动，耐得住艰苦的工作环境。

联想到我们现在的学习，不也和琵琶制作是一个道理吗？从练习中获得成就感，把压力转化为学习兴趣，才能真正在学习中获得乐趣。

代代传承　艺无止境

《新闻晨报》小记者　徐翎开
华东师范大学附属小学　五年级

虽然我是学校管乐队的一员，但之前接触的都是西方音乐，对中国民族音乐和乐器反而了解不多，这也让我充满了好奇。今年暑假，我有幸参加了《新闻晨报》学记团组织的非遗守“沪”人活动，来到上海民族乐器一厂实地参观，了解琵琶的制作。

顶着38度的高温，我们进入了厂房。一段段木头整齐地堆放在地上，一根根竹子、各种零配件摆放在操作台上，一台台巨大的机器轰隆鸣响。

厂房里有许多工人在忙碌，有的在刨头，有的在刻花纹，还有的在装琴弦，个个干劲十足，专心致志。

当我们从厂房走到展示厅时，琵琶制作高级技师袁军师傅已经在等候我们了。他用材料给我们展示了琵琶的制作过程：“首先储备原材料，然后制作内膛、音梁、音柱和面板。接着是上漆，给琵琶增加一层‘保护膜’，也使其更美观。最后是装配和调试。”

听完袁师傅的介绍后，我们还现场体验

了工艺小琵琶的穿弦手艺。本以为只是小小的一道工序，却让我手忙脚乱。

穿弦的孔很小，我花了半天才找到它，弦也“不听话”，怎么都钻不进孔里，当我好不容易把弦穿进孔里，把弦拉紧时，又因为用力过猛，不小心掰断了一根琴轴。

我不由得想，做琵琶这么辛苦，这里的厂房大热天空调也没有，这些工人们是如何坚持下来的呢？

袁师傅说：“你别看我在这一行待了24年，其实一开始并不适应，刚来的时候，每天回到家累得连筷子都拿不起来。”

“那您后来是怎么坚持下来的呢？”我们好奇地问。

“应该是成就感吧。有一次，我做的琵琶在闵行文化馆举办的乐器制作比赛中拿了第一名，文化馆当场就把我的作品收藏了。看到自己的作品被认可，心里很自豪。”

“那您有没有遇到困难坚持不下去的时候？”有小记者问道。

“琵琶做到一定程度会遇到瓶颈，音质等级提升不上去，就会感到很苦恼。因为这只能靠自己领悟，不断琢磨，不断积累，直到有一天豁然开朗。”

袁老师的一番话触动了我。我在学校管乐队学习吹号时，不也是这样吗？当年乐队老师分配我吹次中音号，而我练着练着就喜欢上了它。考级的时候怎么也吹不上高音，似乎遇到了“瓶颈”，但我始终没有放弃，终于迎来了自己的“豁然开朗”。

我不禁想到《海派百工》中琵琶技艺传承大师高占春老师讲的一句话：“声音是无止境的，我希望下一代做得比我们更好”。我想，这就是代代传承，艺无止境吧。

琵琶行
——记上海民族乐器一厂参观采访活动

《新闻晨报》小记者　周健涛
上海市长宁区复旦小学　五年级

酷暑下，我们来到位于闵行的上海民族乐器一厂。

厂房内，十数位师傅正心无旁骛地对琵琶的木身做打磨。利落的声音，隐隐有着节奏，烙刻在我心底。

随后，我们参观了几百平方米大的展厅，里面有图文影像，又有琳琅实物，生动介绍了琵琶的起源、发展、发声原理等知识。我近距离看到了方响、雕工精美的琵琶等让人叹为观止的展品。在灯光和镜子的辉映下，它们诉说着盛唐的故事。

延伸的展柜，带我们来到尽头的多功能厅。演奏家施文卿老师，用琵琶弹奏了一曲《采蘑菇的小姑娘》，让这件传承千年的乐器，变得那么近！

厂方还安排了琵琶制作高级工袁军老师给我们展示琵琶的制作流程。他40来岁的样子，很随和，还带着我们体验了刨木板和穿弦。刨木板是个体力活儿，第一下，我用手劲压住刨子，利用身体前倾的推力，一气呵成。就像勺子刮过冰淇淋，掀起一片打着圈的刨木花。可第二下，手上力气就不够，刨子失控跑偏，木板上留下一道歪歪扭扭的轨迹。穿弦更难，还是袁老师代工才完成的。

最后的采访环节，我第一个向袁老师提问“请问，您学习了多久，才能独立制作琵琶？”“您有多少学生？”“目前琵琶还是以纯手工的方式生产吗？”“咱们的手工产量能满足需求吗？”或许我的提问“人小问题大”，袁老师有些许紧张，这让我感觉到他的可爱。原来，袁老师悟性高、练习勤，几年不到就能独当一面，他带的学生也已经有了接班人。目前琵琶的制作还是依靠纯手工，但是上海还有数家民族乐器厂，共同传承，欣欣向荣。

这次活动让我理解了师傅们“一生执一事”的坚韧，为实现一个共同大愿，数代人的传承，在新时代下探索创新的百折不挠。他们都是普普通通的中国人，这就是我们的民族精神！

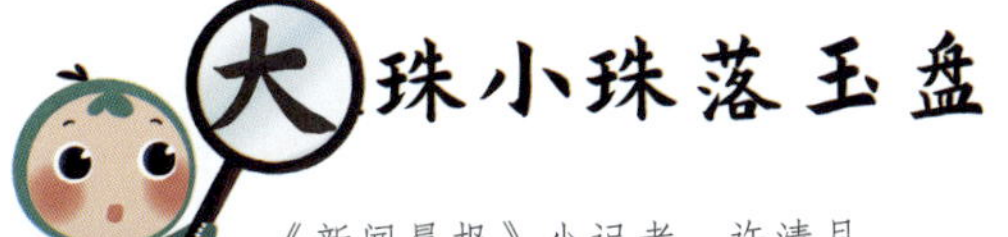

大珠小珠落玉盘

《新闻晨报》小记者　许清月
上海市静安区闸北第三中心小学　四年级

“嘈嘈切切错杂弹，大珠小珠落玉盘。”这句诗是形容我国传统乐器琵琶清脆而又优美的乐音的。琵琶在我国历史久远，早在秦朝，就有了琵琶的记载。“琵琶”二字的由来就是弹拨琵琶时发出的声音。

琵琶究竟是怎么做出来的呢？在这个暑假，我带着疑问来到了上海民族乐器一厂，跟随晨报学记团一起参观了整个琵琶制作的过程。

来到车间，最先看到的就是各种大大小小的琵琶配件，整整齐齐地摆放在工作台旁。制作琵琶的师傅们正在认真地打磨着手里的配件。

正值酷暑季节，当天气温高达38度，制作琵琶的车间由于制作要求，不能开空调，工人师傅要坚持八小时工作，非常辛苦。琵琶通常使用加工过的木头或者竹子等材料制成。音箱呈圆弧形，上装有四弦。弦在古代使用丝线，到了现代，大多用尼龙、钢丝代替。琵琶的组成零件大的大，小的小，制作起来全靠师傅手工打磨和组装，制作难度可想而知。

琵琶制作高级工袁军叔叔告诉我们，他从事琵琶制作这项工作已经24年了，这期间遇到了很多困难。在他学徒期间，工作内容比较单调，总是在重复练习同一个技艺，而现在，他在技艺方面虽然成熟了，但也会遇到技术瓶颈。

不过，袁叔叔说，在多年工作中，更多的是收获。他印象最深刻的，是一次参加琵琶制作大赛并且拿到了一等奖，比赛制作的琵琶作品当即就被主办方收藏了。正是这种发自内心的成就感，使他能够几十年如一日地坚持制作琵琶。

在车间，像袁叔叔这样的琵琶制作手艺人还有很多，他们对待每一个步骤都认真严谨，并几十年如一日地坚持着。我想，这也是琵琶能够流传下来的原因吧。

四十年磨尽指纹 这对『画医』夫妇 让古书画『起死回生』

人生病了要及时求医，书画残破了该如何是好？作为一门从书画艺术中所衍生出来的传统手工绝活，“古书画装裱修复技艺”已有上千年的历史。

在上海金山枫泾镇，有一对擅长动“纸上手术”的“画医”夫妇。李林根、李金华伉俪历经四十年潜心研磨，练就了一手修画补画的绝技，为上千幅古书画赋予了“第二次生命”，成了遐迩闻名的“书画郎中”。其中，李林根先生曾荣获首届“上海工匠”称号，被评为金山区非物质文化遗产代表性项目的区级代表性传承人。

2020年7月18日下午，《新闻晨报》学记团小记者走进李林根大师家中，聆听他们一家三口讲述与古书画的深厚情缘。

守护项目

古书画修复装裱技艺

传承人

李林根、李金华

隐于小野，守道世间

《新闻晨报》小记者　赵屹阳
上海华东师范大学附属进华中学　九年级

荷叶在微风中摇曳着身姿，空气中飘荡着田间泥土的味道。没有人声鼎沸，没有车水马龙，只有几间农舍静静地伫立在小路的尽头。古书画修复装裱技艺代表性传承人李林根与李金华伉俪，就住在上海金山枫泾镇的一座农家小院里。

我也学过几年书法，每当看到千百年前流传下的古书画能以完好的面目示人，总是赞叹不已。要知道，这些古书画能够从岁月长河中流传下来已属不易，更何况还要完好无缺？所幸，我们的传统技艺中有一门古书画修复，这才使得那些艺术珍品得以重新焕发出光彩夺目的生命力。

那么，古书画的修复难不难？难，当然难。它的精奥就在于修旧如旧，修复所用的材质都要无限接近原作。为了参透用纸的秘密，大师不知道跑了多少造纸厂，研究过多少种纸张。现在，不论什么样的古书画在他面前，他只用轻轻一摸便心里有数，而代价就是因为日复一日的捻摸纸张，指纹已磨失殆尽。至臻纯熟的技艺只是基础，全身心的投入与孜孜不倦的坚守才是这项技艺的魂魄所在。

修复古书画，从一开始“洗”到最后的“裱”必须一气呵成。那些残破如碎片的古书画，甚至虚弱到不堪触碰。每次修复时，大师总是不眠不休，每隔几小时就起身观察画作的状态早已成为一种常态。这门看起来非常神秘的技艺，实则极为枯燥，究竟是什么支撑着大师？他淡然一笑：“从事了这个行业，就不要再想有什么玩的心思了。只要接了活，哪怕是过年也不能休息。我也喜欢喝点酒的，但接了活后，一口酒都不能碰，只有把修复工作全部完成，才能高高兴兴拿出酒盅喝一杯。”

“古书画是一种不可再生的艺术品，在古书画修复中所遇到的艰辛与孤寂，别人不一定理解，甚至会取笑世上还有这样的‘傻

人’，您会因此而感到委屈吗？”听了我的提问，大师微笑着点了点头，又轻轻抚了抚手掌，感慨道：“只有我知道，我舍不得那些古书画在我们这一代人手上湮灭掉。每一次修复古书画，我就好像在和作者进行跨越时空的交流。每当看到那些原本残破不堪的书画作品在我手中修复一新，这种成就与满足感，不是每个人都能拥有的，我愿意守着它一辈子！”

是的，当残破的古书画修复一新，它们便拥有了一个崭新的生命，这生命里绽放出的光芒美得令人陶醉。能够坚守这份美，是多么幸福的一件事！

他们让古书画“起死回生”

《新闻晨报》小记者　谭惠予
上海市世界外国语中学　八年级

“最惊险的一次，是有一块画的碎片粘在桌上取不下来，如果用手硬取，那画必定坏掉！琢磨半天，终于想到一个办法：先往桌上倒水，让画浮起来，再用毛笔把碎片轻轻拨到桌边，用宣纸托住，再贴在画上……”李林根老师讲述着修复的惊险时刻，让人不禁捏了一把汗。

7月19日，我们来到金山区枫泾镇，采访古书画修复装裱技艺代表性传承人李林根和李金华老师。李林根老师年逾花甲，却依然精神奕奕，一讲起古书画修复来就滔滔不绝：“既然有了书画，就必然有修复这个行业。如果古书画无人复原，它们的观赏性和价值便大大降低了。”

对书画的热爱，让他走上了这条路，也让他和妻子走到了一起。他俩从一开始学习传统装裱，到扎进古书画修复的世界，一路来几乎都是自学。无人指导，便以书为师，一步步摸索，一点点积累。终于，一幅幅残破的书画在他们手中焕发新生。

古书画修复，既是个脑力活，也是个体力活。修复时，最初几天要保持画面湿润，晚上要给画盖上湿毛巾，半夜还要不时起床给毛巾洒水；要控制好画的干湿程度，多一分也不行，否则就会发霉；拆画时底部的一层纸，要用手指轻轻磨掉半层再开始补；浆糊也是手工自制，要调得厚薄适中，太厚则画容易变硬；补画用纸也不是随随便便找一张，要在平时搜集的几麻袋碎纸片中找出和原作朝代、质地相同的宣纸……精湛高超的技艺与追求完美的精神让他们名声远扬，许多博物馆都慕名而来，将珍贵的古书画交给他们修补。

从小耳濡目染，时不时帮父母搭把手，他们的女儿李静如今虽另有工作，但同样是古书画修复的一把好手。关于这项技艺的传承，她有自己的看法：“古书画修复很难像老师一样教授，靠的是动手实践，最好的传

承方式就是师徒相传。但学这门技艺，可能几年都不会有经济收入，许多徒弟坚持不下去都半途而废了，有天赋、有悟性还能够出师的就更少了。”语罢，她不禁微微叹息。

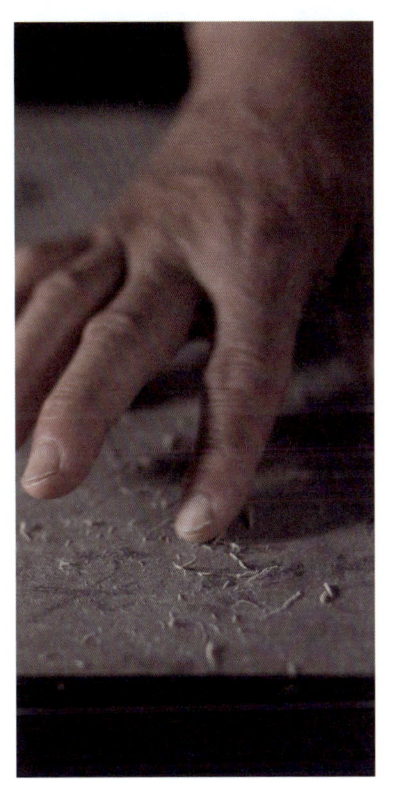

极与真

《新闻晨报》小记者　吴澹闻
上海市风华初级中学　八年级

微至精为极，心至善为真。

——题记

焦虑浮躁、急功近利，人们总努力摆脱这个时代的标签。可如何才能沉下心来，去细致入微地洞察心灵之需，去锲而不舍地追寻理想所爱呢？在对古书画修复装裱技艺传承人李林根老师的采访中，我似乎寻到了答案。

“道在我心，一以贯之。”与李大师的对话中，我被这世间的“极”与“真”所打动。

“极”，是不断精进、从不止步。年少学艺，数十年不断摸索，从小学徒到慕名者纷至沓来，李大师不知下了多少苦功。没有经验，就与伴侣对着一本本书，从“闷水”开始一步步实践；没有素材，就与伴侣骑着单车一家家寻找字画。当我问起“您是如何一眼辨认出字画的朝代”时，他风轻云淡地回答：“不过是每个朝代的纸的纤维不一样

罢了。”可这一摸一看又怎会如此轻松，必然是无数次摸索方才达到的极致。

“极”，亦是从来不自我怀疑的高度自信。在交谈中，每当提起与书画修复相关的事，他的双眼炯炯有神、话语掷地有声，臂展间尽是无穷的信心。他说：“两千年前怎么做的，我还要怎么做。”承接下那些珍贵却破烂不堪的古书画的修复工作，是他对自己磨练至今的手艺的信心，更是他要让中华文化永远传承的决心。

“真”，是言不避讳、坦诚率真。卸下“李大师”这个名号，他也是个平常人。交谈中，除了专业上的问题，他挂念最多的还是这门手艺的传承。没有人愿意沉下心苦练多年却分文不赚，于是后继无人成了最大的难题。他并不避讳“钱”这个字眼，因为他知道，这就是问题的核心。

“真”，更是坚守如初、不曾忘怀的初心。尽管历经曲折，他也从未忘记自己的追求，所以不知疲倦地拯救着一幅又一幅古书画。他放下私欲心，沉浸于挚爱之事；放下得失心，执守于方寸之间。在我眼中，他对于古书画始于爱，却不止于爱。古书画修复曾是他赖以维生的手艺，如今早已成了他愿意托付终身的事业与志业。

至真，至情，至性，至爱，这是李大师和所有匠人的缩影。愿所有怀揣梦想的人们都能在繁杂的世界中如同匠人一般，不偏不倚，以惟精求惟一，寻得一处心安之地。

因为热爱，所以成就

《新闻晨报》小记者　黄天琪
上海市进才中学北校　八年级

压抑着自己的小小激动，我轻轻地推开门。充满墨香的屋中，陈设着古色古香的木雕家具，一个身穿素色麻衣的老人偏坐在一角的座位上，他嘴边挂着亲切和蔼的微笑。他，就是古书画修复装裱大师李林根老师。

因为心中憋了太多的疑问，还没坐稳，我们这些小记者就像连珠炮似的开始发问。李老师热情地招呼着我们坐到他的身边，娓娓道来古书画修复的那些事儿。

他说，古书画修复很难也很枯燥，洗、拆、补、画、裱，每一项工序都需要极大的耐心、细心和专注力。其中，揭纸是最难的之一。首先，要让画作始终维持在恰当的湿润程度，太干了纸揭不下来，太湿了则会损伤画作。因此，到了修复的关键时刻，他们夫妇就连晚上睡觉时也不安稳，隔几个小时就要去看看干湿程度。其次，揭纸的力度也至关重要，他们都是用手指肚小心翼翼、一点一点地磨掉画作背面的多层纸张。天长日久，居然连指纹都磨没了。李老师自嘲地伸出手指给我们看："我们是无法用指纹给手机开锁的。"

古书画修复虽如此不易，但李老师言语之间流露更多的，却还是由内而外的满满自信："有些画我从背面就可以看出是谁的作品，我摸一摸就能知道这张宣纸的年代。"

的确，经过四十多年的积淀，从唐伯虎的名画真迹到寻常人家的祖宗图，无论是来自于博物馆还是民间的书画，他们夫妻俩都以高超的技术和百分百的成功率收获了顾客的绝对信任。李老师很自豪地给我们展示了一组照片，原本碎成一片片的画作，经过几个星期的修复，竟能完全修旧如旧，还原到看不出丝毫修复的痕迹，这简直就是"神一样的存在"啊！

看到他望着自己修复成功的作品时那种发自肺腑的幸福笑容，我突然明白了，李大师的自信是由实力而生，而实力来源于对这门手艺的热爱。热爱，促使他每日空闲的时光还在和妻子热烈地讨论修复技巧，那是温故而知新的过程。热爱，促使他不放过每一个细节，"毁坏了一幅画我痛心啊。"他这

么说。热爱，使他一辈子都在钻研着这门技艺，不间断、不厌烦地去做一件事，为的就是做得更好、做到极致。

热爱化作动力，支撑着他的人生梦想，成就了一位——当之无愧的古书画修复装裱大师。

追梦匠人心

《新闻晨报》小记者　马艺瑄
上海市闵行区七宝第二中学　八年级

“如果时光可以倒流，您还会做这份工作吗？”我将准备好的问题抛出，期待地望向那历经岁月冲刷却依然温和的面容。

“会的，我热爱它。学习一门手艺，就是要一心一意做到最好。”茶水的热气氤氲缭绕，模糊了他的面庞，可他的眼睛却闪闪发亮，像含着繁星一般……

调好面糊，捣好浆糊，铺开残损的古画卷，拿出竹尺、排笔、镊子、尖嘴钳等工具。在自家的工作室里，古书画修复装裱技艺传承人李林根和李金华夫妇开始了他们修复古书画的又一天。

骄阳似火，来自四方的人们一同进入工作室，斟茶几杯，听李大师笑侃精彩人生。屋外阳光灼灼，屋内却如铺满月光般安静凉爽，茶水的热气在空中慢慢升腾。

李林根老师高中毕业后，进入村里开办的装裱厂当学徒。几年后厂关了，他与夫人以家庭作坊的形式继续从事这一行，并渐渐踏入古书画修复领域。从此，不停地钻研，

一丝不苟地修复，成了夫妻俩每天生活的唯一主题。投入的时候，就连午饭也忘记吃，一觉也睡不安稳。忆起往事，李大师小抿一口茶，热气模糊了他的双眼，却明亮不减。

“有一次，有人送过来一张画，其实就是一堆纸片，零零散散的，破败不堪。我小心翼翼地用毛巾包好，夜晚躺在床上睡觉，翻来覆去怎么也睡不着，于是每隔两三个小时就去看看，生怕出了什么差错。”轻轻放下茶杯，李大师用手比划着当时的样子，绘声绘色地讲着。夏日的烈阳透过窗子，在他眼底铺陈出一片明晃晃而又不刺眼的光，耀眼极了。

茶水的热气渐渐散去，留下淡淡茶香。李大师眼睛微眯，被岁月蹉跎的脸上攀上笑意。“为了‘修旧如旧’，我开始收藏各个朝代的纸张，就算是小纸片我也会珍藏。这些纸张，现在已经放满一间屋子了！”在时光长河中磨灭的历史，终是被一个人以一颗温暖的心所珍惜。

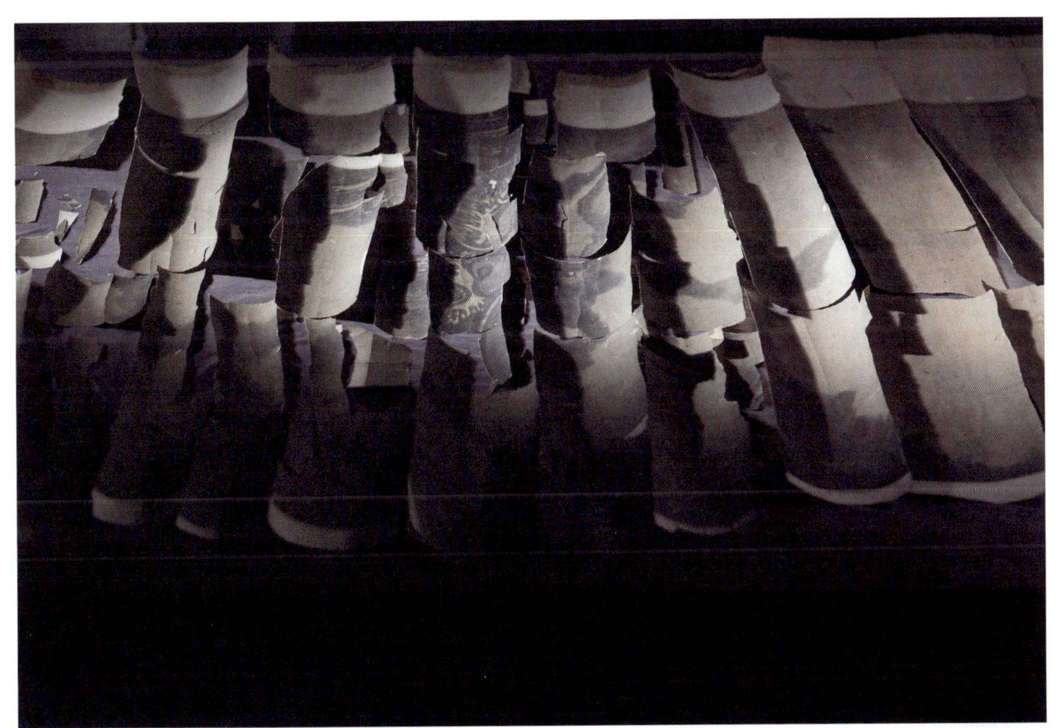

时光写就传奇

《新闻晨报》小记者　李俊衡
上海复旦五浦汇实验学校 七年级

李林根爷爷与李金华奶奶已经在古书画装裱修复这门手艺上坚守了四十多年，被人们亲切地称为“画医”，连各大博物馆都争相与他们签约。7月18日，我们晨报小记者一行登门拜访，想要探寻大师背后的故事。

如今，他们的工作室煞是热闹，慕名而来者络绎不绝，但刚起步时可远非如此。那时，李大师与他夫人只得四处打听谁是书画爱好者，骑着自行车一家家地问。有人不理睬，也有人不放心，他们就承诺不满意不收费，这才让家庭作坊的生意渐渐有了起色。日复一日的积累，他们的技艺越来越炉火纯青，又开始挑战“高精尖”的古书画修复。

早在采访之前，我就对李林根大师“几十年从未修坏过一幅画”的传奇有所耳闻。那么，大师可曾经历过千钧一发的时刻呢？当然是有的。一次修画时，他一如既往地准备将画作补好上墙时，一片不听话的小碎片淘气地脱离了原画，粘在了桌上。这时，原画已经上墙，小碎片肯定不能用手拿，这该如何是好？还是李大师急中生智，他在小碎片四周滴上几点水，让它轻轻“漂”起来，这才有惊无险地破解了危机。在机智的李大师面前，即便是如此“顽皮”的画，也不得不“缴械投降”了！

从事书画装裱的人不计其数，但有胆量和本事修复古书画的就屈指可数了，能将手艺上升到“非遗”境界、成为受众人景仰的“大师”的更是凤毛麟角。那么，这份荣光为何落到了李大师头上呢？

也许，只有时光可以作答：当年村办装裱厂的二十多名学徒全都改行了，只有李大师夫妇一直坚守至今。四十多年的坚持，感动了时光；时光沉淀，写就了传奇。

古书画修复界的“功夫熊猫”

《新闻晨报》小记者　胡舒雅
上海市华东师大一附中实验小学　三年级

记得看过一部名叫《功夫熊猫》的动画片，拥有高强武艺的熊猫阿宝，令人印象深刻。今天，我也有幸采访到了古书画修复界的“功夫熊猫”——一对金山乡村夫妇，李林根爷爷和李金华奶奶，他们让上千幅残破的古画像被施了魔法一般重现往日风采。

采访之前，我是满满的疑惑：他们是怎样做到的呢？随着采访的进行，我慢慢有了答案。

功夫之一：他们“心细如发”。

李爷爷说：“有的古画送来时已经烂得一塌糊涂，修复通常需要一个月的时间。我天天茶饭不思，盯着这些残破碎片，心情难免烦躁。但这项工作就是不能烦躁，一定要有百分之百的耐心和细心才行，否则容易搞坏。”

功夫之二：他们练就“补天之手”。

古书画修复的书本上只讲基本方法，李爷爷和李奶奶夫唱妇随四十年，他们都爱实践、爱思考、爱总结，自创了很多技法，比如无法用手拿捏的小碎片就用水浮、用毛笔粘、用针推等。更令人惊叹的是，他们还能将一张普通厚度的宣纸拆分成两层，一幅画陡然变成两幅一样的画。

功夫之三：他们“谦和本分”。

2016年，他们修复了一幅价值几千万的唐伯虎的画作。虽然也可以开几十万的修复费，但他们还是坚持只按工时和材料收取两万元。李爷爷说：“不是为了钱，因为这批画要传承下去的。看到这幅画修好后又恢复了青春，我高兴得像小孩子看到糖一样。”

采访完，我对古书画修复装裱的非遗守“沪”人李林根爷爷和李金华奶奶是深深的敬佩。世上本没有什么魔法，有的只是以十年为计量时间的勤奋和坚持。他们不仅在修画，也在修历史、修感情，相信这份手艺和感情定会一代代地传承下去！

秋

在土布纺织技艺中
温习千年农耕文化

宋人艾可叔有诗云："车转轻雷秋纺雪，弓弯半月夜弹云。衣裘卒岁吟翁暖，机杼终年织妇勤"，描绘了江南一带百姓种植棉花、弹花纺纱织布的劳动生活场景。

历史上，金山吕巷隶属于松江府，被称为元代女纺织革新家的黄道婆就是松江乌泥泾人。吕巷人传承了黄道婆的纺织工艺，发展出先进的棉纺织生产工具和精湛的纺纱织布技艺，在江南地区享有盛誉。"吕巷纺车灵巧、精致，远近闻名"，"吕巷棉花吐絮畅、纤维长、品级高"，"吕巷老布密度高、花色多、色泽好"。

几百年后，社会生活发生了翻天覆地的变化，人们不再穿着土布衣裳，纺纱织布也完全退出了妇女们的日常生产生活。但当我们站在金山吕巷水果公园内的"土布馆"里，看着土布纺织技艺传承人顾林华和姚宝华两位老人纺纱织布时，不禁浮想联翩，感慨万千。我们这代人能做些什么，留住这蕴藏着中国千年文化的技艺呢？

土布不土

《新闻晨报》小记者 胡治诚
上海光华学院剑桥国际中心 G2

22种色线交织出各种几何图形，再通过重复、平行、连续、间隔、对比等方式，变幻出几千种图案……当我这个热爱数学的男生，在金山吕巷水果公园内的“土布馆”里面，凝视着一块块镶嵌在镜框中的金山土布时，感受到一种强烈的“数学之美”。

“朝拾园中花，暮作机上纱，妇织不停手，姑纺不停车”，明末的金山吕巷，正是这样一派“家家种棉、户户纺纱”的景象。但几百年后的今天，这里只剩下为数不多的几架纺车和织机，纺织技艺也成了需要被保护的非物质文化遗产。

一个炎热的下午，我们一行小记者来到金山吕巷，看望两位土布纺织技艺传承人。

初一见，这是两位金山乡村非常普通的老奶奶，略矮的身材，黝黑的皮肤，还有一口浓浓的金山土话。她们头上那一方蓝白相间的土布头巾，立即引起了我的兴趣：我们的先人在过去的几千年中，是如何用木质纺织机，把一团团棉花纺成线，再织出结实而美丽的土布来的呢？

站在织布机前，只见设备全部是由一根根粗细不同、大小不等的木头组成，没有用到一颗铁钉。织机长约三米，一米多宽，约两米高，下方有一踏板，中间是纵横交错的经纬线，令人眼花缭乱，无从下手。不过，这么复杂的机器，在传承人顾林华老人的手中，却变得十分简单。只见她脚一踩，手往前一推，一个小舟样的梭子在经线中流畅地来回穿梭。一来一回间，布匹慢慢延长……

二楼的陈列厅里，陈列着这样纺织出的各式土布。从使用种类来分，有棉被布、衣用布、踏布等等；从色彩来分，既有一色的湛蓝布条，也有红蓝青白等四色相间的多色布块；从具体格子花式来看，又可以分为眼睛布、罗席布、田花布、白里条……真是难以想象，先人们是如何创造性地将一根根简单的白色棉线，通过经纬相错，织就出如此

丰富新颖的土布花式。

回到楼下，两位老人还在织布，“吱哐，吱哐……”我仿佛穿越千年，回到“唧唧复唧唧，木兰当户织”的年代，回到宁静的田园生活。希望这份先人的技艺被保留传承，希望越来越多的人来体验这份宁静，来欣赏土布之美。

日月如梭

《新闻晨报》小记者　黄文琦
上海市闵行区七宝第二中学　七年级

当我站在金山吕巷水果公园内的“土布馆”里，看着吕巷土布纺织技艺传承人顾林华老人脚踩织机、手持木梭织布时，脑海里立即浮现出“唧唧复唧唧，木兰当户织”的画面。

历史上，吕巷隶属于松江府，元代棉纺织革新家的黄道婆就是松江乌泥泾人。吕巷人传承了黄道婆的纺织工艺，掌握了棉纺织生产工具的制造方法和纺纱织布的生产工艺流程。明末，吕巷纺织已十分兴盛，在江南地区名气响当当。上世纪50年代至70年代，这里依然有着“家家种棉，户户纺纱”的盛景。

顾林华老人就出生在那个年代。“我们小时候都是在大人旁边，打打下手，看着看着就学会了。那时候农家女儿出嫁，都要用土布作为压箱底的嫁妆。”和她一起接受采访的还有传承人姚宝华老人。她们两位头戴蓝色土布头巾，身着土布衬衫，彷佛刚从那个年代穿越而来。

简单的闲聊后，两位老人给我们演示土布纺织技艺。

先纺线，只见姚奶奶坐在纺车前，右手轻摇纺车，左手手心握住一团搓成条状的棉花，大拇指和食指看似简单地一捻，一条细小的棉线就缓缓抽离出来，缠绕在梭子上。我也有幸体验了一把，没想到右手刚一摇纺车，左手的棉线就被扯断，接上再摇再断。在姚奶奶手把手的指导下，我才勉强纺出了一段线，但粗细不匀。看似简单的手艺，没有一定的练习是做不好的。

体验完纺线，再看织布。顾奶奶脚踩织机，一双手则灵活地将木梭在经线中来回传递。原来，“日月如梭”即是如此。伴随着“唧唧复唧唧”的声响，机上的土布在一寸寸延长，我又不禁想起孟母的故事，心中默诵：“昔孟母，择邻处。子不学，断机杼。”

在和两位老人的交谈中，我们得知，现在几乎没有人家中还有纺车和织布机了，吕巷土布只剩下一些老人当年压箱底的嫁妆。但是当这些“压箱土布”随着这一代老人一起离去之后呢？那时候的孩童们，还能如我

这般幸运，在读到《木兰诗》《三字经》时，脑海中浮现出一幅生动的画面吗？

期待土布翻出更多新花样

《新闻晨报》小记者　杨云天
上海市虹口区第六中心小学　五年级

当妈妈跟我说将要去采访土布纺织技艺时，我的第一个反应是：居然还有姓“土”的布，这和我们平时穿的衣服料子有什么不同呢？

走进设立在金山吕巷水果公园内的“土布馆”，一眼看到两位奶奶：一位穿着蓝黑方格子花布衬衫，一位穿着淡黄绿横条纹花布衬衫，头上还带着靛蓝色的头巾，和我平时见到的奶奶很不一样。原来，这些就是她们自己手工纺织出来的“土布”。

她们身后，正放着几样纺织工具呢！吕巷土布纺织技艺传承人姚宝华奶奶一样样向我们介绍。簸箕里的，是采摘下来的棉花，经过揉搓，变成棉条，握在左手心。只见姚奶奶坐在纺车前，右脚踩住纺车，右手捏住把手，顺时针转。纺车带动左下角的线轮，线轮从左手心的棉条里牵出一条细线，太神奇了！纺出的线再拿去染上各种颜色，就可以用来织布了。

在一旁织布的，是传承人顾林华奶奶。

只见她手脚配合，脚踩一下织机，手推一下木梭，来回往复，“吱呀吱呀”，经线和纬线就交织成了布匹。这是一块蓝白绿赭红色相间的条纹布，顾奶奶说，她们能织出的花色远不止此。

在“土布馆”二楼，我见识了各种花色的土布，有格子布、田花布、盘纱布、百里条、蓝里条，还有一点蓝、罗席花，名字都很有趣。如今，基本没人会像奶奶这样穿土布衣衫了，那这些土布可以用来做什么呢？我看到那里还陈列了很多用土布制做的工艺品：有土布布贴画，贴出古代的服饰、农家田园生活、十二生肖等；还有土布做的生活用品，比如各式的背包、拎包、靠垫等。展示馆的一角，还挂着几件土布做的汉服和旗袍，我想，特殊的节日穿上这样的服装，也是别有一番韵味的。

两位奶奶告诉我们，她们那个年代的吕巷妇女，几乎人人都会纺纱织布，对土布也有感情，但现在会的年轻人越来越少。怎样让更多的人喜欢土布，让土布纺织技艺传承下去呢？或许还需要翻出更多的新花样，以此吸引年轻人和我们这样的小朋友来了解和体验。

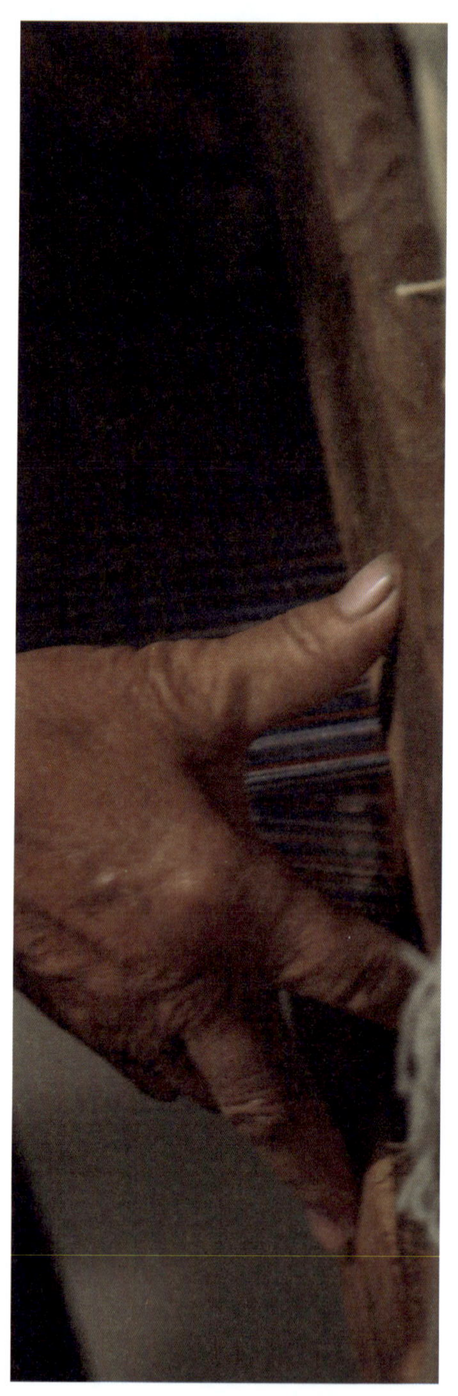

穿梭出美丽岁月

《新闻晨报》小记者　刘子陆
上海市东辽阳中学　六年级

满是岁月刻痕的双手，五指分开，顶住织布机的扣挡，梭子带着细细的棉线在织布机上穿行而过，稳稳地落入掌心。双脚交错踏下，配合着手中的梭子，在织布机发出的带有节奏感的“噶叽噶叽”声中，一丝丝，累积成一寸寸美丽的土布。

曾经的上海金山区吕巷镇，家家户户的女儿家都是自己织布。收获了种植出来的棉花后，剥掉外壳和棉籽，将棉花擀成棉条，再捻成棉线，织成土布。如今，这项技艺成了非物质文化遗产。我在金山吕巷水果公园内的“土布馆”里，看着两位传承人——顾林华奶奶和姚宝华奶奶，坐在“旧时光”里纺线织布。

把棉花捻成棉线真是神奇，右手擎着一段棉花，左手摇动纺车，细细的棉线就从棉花里面“抽”了出来！经过自己动手尝试了之后，才知道其中的奥秘：原来是用纺车带动线轴，让棉花“绞”成棉线。但这是很不容易的：纺车摇得太慢，棉花里“抽”不出线来；一旦加上点力气摇得快些，那细细的棉线又会无声地断开。只有力道恰到好处，棉线才能连绵不断、粗细均匀。

手轻轻抚过纺车上的棉线，不敢加重手上的力度，害怕它会就这样断开。但是这样柔的线，织出的布却紧实、细密而且还有一点粗糙，这是怎么回事呢？仔细聆听两位奶奶对土布纺织的介绍，我才明白，原来是上织布机织布之前，棉线还需要染色、上浆、定型，不然织布机织着织着，线就断了。

将各种染色的棉线，按照想要的花纹，排列绑到织布机上，成为经线。而纬线，则是随着梭子一遍遍来回穿梭，经纬相交形成布。这些布的花纹可真多，同样被称为格子纹的，有着不同颜色、不同大小，排列可以千变万化，而且都很漂亮。

展示出来的土布制品，有服装、包包、布匹、贴画等，时尚又雅致。姚奶奶说，这些土布做的东西，因为纯手工，价格略贵，但还是有喜欢的人会购买。因为那其中，有着一份珍贵的传承，有着曾经的岁月。

秋

百余度炉火边熬糖
三十八载
过往辛苦皆付笑谈

舀一勺浓稠的梨膏，黏黏甜甜，清清凉凉，还带着一股淡淡的药香气……老城隍庙梨膏糖，是人们记忆中一份亲切的甜蜜。

2020年8月6日，我们跟随梨膏糖制作技艺传承人吴生忠老师，穿行于制作生产的各个环节，近距离触摸着这张“上海名片”。

“老城隍庙”的梨膏糖制作已有160多年历史；吴老师从1982年开始，从事这项非遗的传承已将近四十年。一块小小的梨膏糖，要经过烧糖、熬汁、浓缩等工序，在手工古法制作的年代，吴老师还练就了用手来试烧糖温度的苦功！现在，“老城隍庙”除了含有13味草药的经典本草梨膏糖，还添了玫瑰、金桔、花生、生姜等几十种口味的品尝型梨膏糖；源于本草梨膏糖同一配方的药梨膏，如今也衍生了秋梨膏、梨膏露等冲调和即饮产品。

守护项目

梨膏糖制作技艺

传承人

吴生忠

就爱这份“上海甜”

《新闻晨报》小记者　王维垣
上海市杨浦区打虎山路第一小学　五年级

依稀记得小时候，我有一次咳嗽很久，一直没有痊愈，妈妈急得团团转。这时，奶奶小心翼翼地递过来一个黑乎乎的玻璃瓶，说：“要么给小宝试试这个，这是老法传下来的止咳秘方，很管用的。”“这是什么，真的有用吗？”妈妈疑惑地问。“药梨膏！梨膏糖做的，城隍庙特产，以前我们咳嗽就吃这个，一吃就好。”奶奶坚定地说。妈妈虽然有些不敢确定，但还是采纳了奶奶的意见，便喂了我一勺黑中带棕、粘稠无比的膏状物，我紧锁眉头，可是就在我咽下的那一刻，喉咙顿感清凉无比，一下子舒服许多。

带着对梨膏糖的丝丝感情，我踏进了上海梨膏糖食品厂的大门。

厂内的“中华老字号陈列室”里，墙上挂着梨膏糖的各类老照片和报纸，桌上整齐地摆放着制作工具和各种名字奇特的药材。正当我看得意犹未尽时，一位身穿蓝色工作服、留着板寸头的白发老人出现在我面前。还没等我开口，他便俯下身子，拍拍我的肩膀问道：“你是来参观的小记者吧，你吃过梨膏糖吗？”我斩钉截铁地说：“吃过！它能治咳嗽！”“对对对，不过它现在不仅能治咳嗽，还能当零食，还是没添加剂的。”他站直了身子，郑重其事地介绍道：“大家好，我是梨膏糖制作技艺的传承人——吴生忠！欢迎大家到我们梨膏糖厂！”

我们跟着吴厂长来到一间闷热难当的加工车间，几个略显陈旧却擦得锃亮的铜锅安静地躺在灶台上。他娓娓道来：“这是我们烧制梨膏糖的器皿，它的年纪比我这个老头还要大，你们看到这个温度计吗？它是我们烧制梨膏糖时，控制火候的好帮手。”我们顺着他的手指，看到一个黑色的温度计挂在炉子上方。

“不过，我们这里的老师傅还是习惯用手摸铜锅来判断温度。”只见我们这群“红马夹”一脸惊讶，都难以置信地七嘴八舌：“啊！这不要烫死了？”“手都要起泡泡了吧！”“这个锅温度要多少啊？”吴厂长云

淡风清地说道："最佳温度135℃，观察到糖液烧得起泡很小，就可以了！今天烫，明天烫，后天就不烫了，习惯就好！"

我们和吴厂长边走边聊，原来梨膏糖要经过熬梨膏、熬糖、搅拌翻砂、浇糖、平糖、掰糖等复杂而有序的过程，才能成形。

不知不觉间，我们来到了包装车间。五花八门的梨膏糖布满了狭小的仓库，定眼一看，这些糖有玫瑰味、金桔味、花生味，还有意想不到的生姜味。原来梨膏糖不仅是我以前吃过的黑乎乎的样子，也可以做成零食的模样呀！

"你们看，这就是我们为了满足市场需求新开发的各种口味，其中最受年轻人喜欢的是花语系列。现在年轻人喜欢喝花茶，因此我们有了这个创意，这一系列的梨膏糖里加入了可食用的花瓣，泡一杯，又好看又好喝。生姜味的梨膏糖还可以做红烧肉调味料呢……"听着吴厂长的吴侬软语，我心里不由得感叹：梨膏糖这张"上海名片"，正在通过一代代传承人的创新越做越大，我们一定要守护好它！

这场甜蜜的采访，刷新了我儿时对梨膏糖的记忆。我带回梨膏糖的同时，也把上海的甜与爱一起捎回了家。

擦亮这张“上海名片”

《新闻晨报》小记者　陈羿林
上海市浦东新区北蔡镇中心小学　五年级

梨膏糖既是上海的特产，也是代表着上海的一张名片。但是如今，可能很多人都不知道它了。今年8月6日，我有幸去了上海梨膏糖食品厂，亲见了它的制作过程。

一走进制作梨膏糖的车间，我就闻到空气中弥漫着一股中药味。梨膏糖制作技艺传承人吴生忠老师介绍说，药梨膏里有13味中药，具有止咳润肺的功效，全国只有两款被批准添加中药的食品，“老城隍庙”梨膏糖就是其中之一。

车间里，首先映入眼帘的是一台长龙的罐装机器。这台机器既可以装罐，还可以自动旋罐、封口、贴标、打印生产日期。这时，有人发现这里面没有空调，感觉十分闷热。吴老师回答说，如果开空调降温的话，梨膏糖就会变得更加黏稠而不容易罐装。所以工人们在夏季通常早晨五点钟就开工了，并且要在45℃的环境温度下工作几个小时。

接着，我们来到了熬梨膏和烧糖的工作间。吴老师说，烧糖是制作梨膏糖最重要的步骤，光是烧糖的温度就要达到135℃，假如这一步做错了，前面的都白做了。我们看见炉灶上有几口紫铜锅，这些紫铜锅很大，泛着金黄和紫色的光泽，原来它们已经有60年的历史了。吴爷爷说，以前没有温度计，所以只能用手摸锅沿判断温度。我半信半疑地问：“烧糖的温度要达到135℃，您不会被烧伤吗？”吴爷爷轻描淡写地说：“今天烫，明天烫，后天就不烫了。”我真佩服吴爷爷！

接下来，我们又参观了几个制作品尝型梨膏糖的制作车间，比如熬糖间、浓缩间、熬汁间，也看到了其他一些生产梨膏糖的机器。吴爷爷还告诉我们，明年厂里会有新机器，还会有许多新形状的梨膏糖出现——这个消息让我们都很期待。

最后，我们来到了仓库，这里有20多种口味的品尝型梨膏糖。吴爷爷说可以自己拿几块带回去吃。我拿了一块忍不住就吃起来，梨膏糖真甜啊！一直甜到我的心里。

一块梨膏糖，一腔浓情怀

《新闻晨报》小记者　邢睿雅
上海市浦东新区昌邑小学　四年级

“非遗守‘沪’人”，并不是一个高冷而遥远的名词，而是我们这个城市中还在坚守某一门手艺的人。这天，我们采访了上海梨膏糖食品厂的厂长吴生忠老师——梨膏糖制作技艺第三代传承人。

吴老师告诉我们一个温馨的传说：从前有个宰相天天熬中药给母亲喝，可是她觉得中药太苦了，于是宰相就把梨和药一起熬，这样味道好多了，梨膏糖就这样诞生了，从而流传至今。

吴老师从事梨膏糖的制作已有近四十年了。我们在厂里参观时，看到一个车间里有几口大铜锅，原来这就是熬糖的地方。在烈日炎炎的夏天，吴老师也坚持每天早上六点就进入这个“高温室”熬糖浆。他说这个环节是最重要的；而我听下来却觉得，这是最辛苦、最艰难的。

首先，熬的糖浆必须要达到100℃以上，人待在边上一会儿就会大汗淋漓；其次，“老城隍庙”的梨膏糖中含有中药成分，为了让中药充分发挥药效，每天需要熬八小时，同时房间里还不可以开空调，不然室内温度会降低，糖浆就会变得黏稠；最后，最让我震惊的是，以前没有测温计，只能用手赤裸裸地去触碰铜锅，来确定它的温度是否达到标准。我奇怪地问：“吴老师，您不怕烫吗？”吴老师不以为然地回答道：“今天烫，明天烫，后天就不感觉烫了！这也是我们的传统工艺呀。”

听到这句话，在场的所有人都发出惊讶的声音，我更是眼眶都湿润了。我回想起自己小时候，天气冷时，妈妈会给我一个灌满热水的小铜炉，外面还会裹上毛线，生怕烫伤我。而吴老师却能习以为常地直接用手去触碰一个更烫的“大火炉”，这简直不敢想象！

采访很快结束了，我们和吴老师握手道别。可我的耳边还一直回荡着他说的那几句话：“一块块梨膏糖，就是一张张上海的名片”；“如果去城隍庙看不到梨膏糖，你会

很难过的！”我深深地感受到了吴老师的情怀和责任心，钦佩于他的匠心精神！希望有更多人关注上海传统文化，执着于自己美好的情怀。

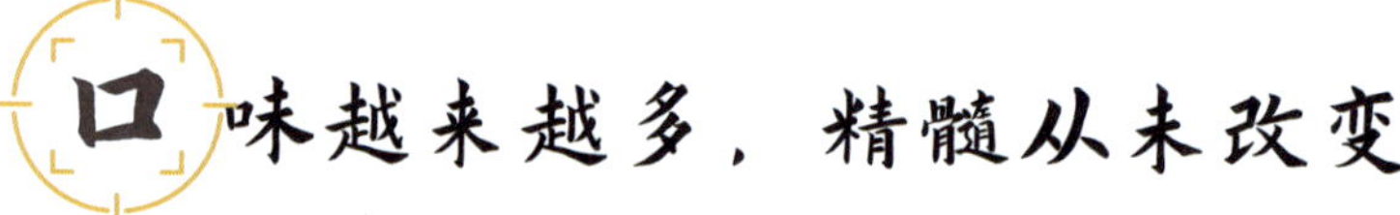

口味越来越多，精髓从未改变

《新闻晨报》小记者　赵靖轩
上海市长宁区法华镇路第三小学　四年级

每逢节假日，我会跟随大人跑城隍庙看彩灯，逛夜市，穿梭在豫园外明清风格的亭台楼阁中，顾盼于泥人、剪纸、糖画、琳琅满目的工艺品小摊间……一次不小心就迷失了方向，一抬眼，在文昌路方浜中路附近偶遇老城隍庙梨膏糖店，雕栏画栋、朱色斗拱下的店铺里，块块长条状梨膏糖裹着色彩斑斓的糖纸映入我眼帘，椰蓉、芝麻、桂圆等花色口味立刻吸引了我的注意力……

今年8月6日，我带着这份偶遇的好感，来到东方路的上海梨膏糖食品厂，采访梨膏糖制作技艺第三代传承人吴生忠。

吴老师身着蓝色翻领工作服，下配一条土黄色工作裤，脚蹬土色系带厚底工装鞋，脸庞清瘦，挺直的鼻梁上架着副窄框眼镜，声音沉稳有力，给人一种坚强可靠的感觉。

吴老师自1982年进入工厂学徒，从事梨膏糖制作直到今天。从手工古法制作到机器生产，他带领着我们从熬糖间、浓缩间、原料库一路参观。在一条流水线前，吴老师很

骄傲地说："这套机器是我们厂自行设计制造的，独一无二。"这机器分两层，上层排列着直径20厘米左右的小风扇，下层则是标准化的长方形模具，用来把熬好的梨膏糖压制成块。

不过，即使有一些现代化机器设备，这里的工作环境仍然非常艰苦。厂房内基本没有空调，因为梨膏糖的制作过程对温度有要求。所以在这酷暑天里，工人们需早上五点就开始工作。正应了那句传统歌谣："七星炉内生炭火，八卦炉中吊梨膏。"

梨膏糖的诞生据说源自唐朝宰相魏征孝母的典故。清咸丰五年"朱品斋"在本埠开设第一家梨膏糖店，位于老城隍庙前门的石狮子旁，随后在豫园门前又先后开设了"永生堂"和"德甡堂"。其中，药梨膏含有冬瓜子、苦杏仁、桑叶、桔红、桔梗、川贝、茯苓等13味草药，有止咳之功效。

除了药梨膏，厂里还开发了各种口味的品尝型梨膏糖。在包装车间，我们不仅找到了平日里熟悉的芝麻、桂圆、椰蓉、枣泥等口味，还找到了当下年轻人喜欢的"花语"系列，像菊花、玫瑰茄、茶树花、牡丹花、桂花……单听名字就引人遐想！于是，在这炎热的夏季，我们以酥酥甜甜的味觉享受完美结束了本次活动。

甜甜的回忆

——非遗梨膏糖采访记

《新闻晨报》小记者　季亭好

上海市上南中学北校　六年级

前段时间爸爸网购了两盒梨膏糖，说是拿来当戒烟吃食。说来也巧，过不多久，《新闻晨报》学生记者团组织了非遗守“沪”人采访活动，几经筛选，我最终的采访项目竟然就是梨膏糖！

被誉为中华老字号的梨膏糖，其由来可追溯至初唐。民间相传唐朝宰相魏征的母亲生病，因嫌药苦不愿吃，魏征便想一妙招，在药里加了梨汁与冰糖，母亲服用后不觉苦口很喜欢，病也渐好了。

采访当天，梨膏糖制作技艺传承人吴生忠师傅带着我们参观了梨膏糖的生产流程。由于生产中的车间温度很高，当天又是35度以上的高温天，吴师傅特地把采访安排在工厂停工休息的时段。

我们一行刚转进一个车间，一股甜甜的香气就这样突兀袭来，满室芬芳。这里便是最为“神秘”的熬汁间，来之前我就心心念念，并毫无由来地觉得它很神秘。熬汁间里站着三口大锅——我这辈子见过的最大的三口锅——它们泛着金属特有的暗黄色，表面留着岁月刻划的凹凸。

我静静地看着它们，耳边仿佛听到它们在咕噜咕噜地窃窃私语：30年前，刚学这门手艺的毛头小伙来到锅前，转头瞅了肃立身后的老师傅一眼，口里一边碎碎念着煎液、浓缩、翻糖、划切，一边畏畏缩缩将手探出，迅即触电般缩回，真烫啊！老师傅只手一探便知熬糖的火候。就这样小学徒烫着烫着就不烫了，熬着熬着就熬出了头。如今这里又多了两个新来的，管当年那个学手艺的小伙叫吴师傅。我们身上也装了个叫什么计温器的新鲜玩意儿，之后便再没人能练就“铁砂掌”了。

“大家跟着我，接下来去包装车间……”一声召唤，把我从幻想的“黑白片”中拉了回来。在包装车间，我选了一块梨膏糖，咬下一小口含在嘴里，甜甜的入口即化，酥酥的十分清凉。我又尝了一勺药梨膏，先入口是梨的清甜，紧接着是药的甘甜，最后是糖

的醇甜，一路从舌尖、喉头甜到心里，还不觉得腻。

品尝着梨膏糖的真味，我还在回想着吴师傅的话：会梨膏糖技艺的，退休一个就少一个了。我想，这么好吃的东西怎么能让它消失呢？时代发展，社会变迁，总有被淘汰的、被替代的事物，但我相信，梨膏糖在继承传统中适应着新的时代，一定能重新焕发生命力。

他『隐居』上海偏郊 潜心雕刻『石』光

寻找海派写实石雕技艺非遗传承人陶昌鹏老师的住所，是此次非遗守“沪”人采访中最难的一次。跟着导航拐了几个弯，发现自己来到了一大片荒地中，前方再无路可走，无人可问。最后轧着土路，才在一处兴建的楼盘边，找到了陶老师的家。

18前，他离开了市中心的门面房，来到偏郊的红卫村，“隐居”于此，潜心创作。乡村生活中的自然元素，给了他很多的创作灵感和素材。他创作的艺术石壶，得到了艺术界和收藏界的广泛认可。2004年，他被上海市政府授予“上海工艺美术大师”称号；2016年，被认定为上海市非物质文化遗产代表性传承人；2018年，被评为“中国工艺美术大师”。

2020年，68岁的陶老师，身材高大挺拔，十分健谈。41年的石雕岁月，就在客厅里漫谈开来……

守护项目

海派写实石雕技艺

传承人

陶昌鹏

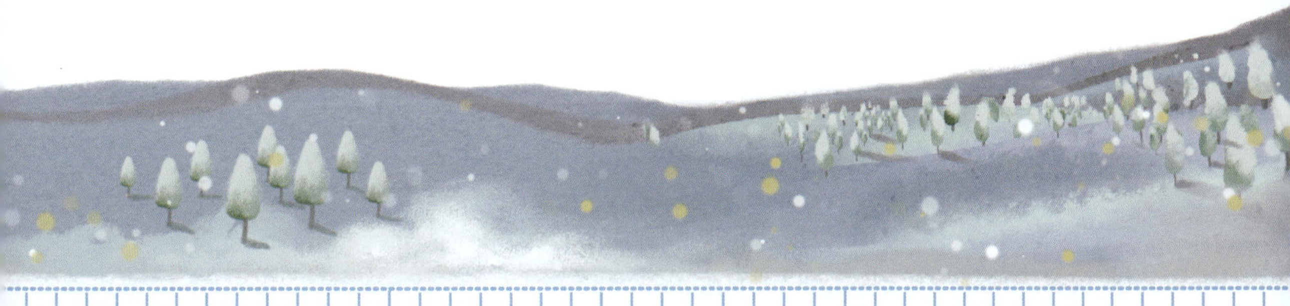

石雕“写实”的极致之美

《新闻晨报》小记者　印天奕
上海师范大学第三附属实验学校　六年级

妈妈爱喝茶，所以我们家有很多茶壶，紫砂壶、铁壶、银壶、陶壶……妈妈说有一种壶，它的材质是石头，却能被雕刻得栩栩如生。我有些不相信，坚硬无比的石头怎么可能被做成茶壶呢？还要在上面雕刻就更不可能了！

今年暑假，我有幸参加了非遗守“沪”人活动，见到了海派写实石雕技艺传承人陶昌鹏老师，见证了石头的栩栩如生。

在陶老师二楼的陈列室，我被橱柜里几十把制作精美的石壶惊呆了。这些石壶可不是普通的圆形光滑壶身，而是造型各异，有的像竹子，有的像玉米，上面雕刻着花生、瓜果，有的甚至雕刻了一只只小动物，如壁虎、老鼠、金牛，或是甲虫，有趣而生动。

陶老师作品的最大的特点是“写实”，而写实的素材都来自大自然。有一次为了创作一把花生石壶，需要了解花生茎叶的具体模样，他几乎找遍了上海各处的新华书店，还几次去农村找，都没有找到。最后他在工作室旁边用砖拦了块小土地，自己种上了花生。四个月后，花生长成形后，他才动手制作，前后共花了三年多的时间才制作完成。

18年前，陶老师把工作室搬到了如今居住的上海近郊乡村——闵行区红卫村的一条河边。乡村生活给了他很多创作灵感和丰富的创作素材，“乡村有很多昆虫，我还自己种了竹子，这些都被我雕进了作品里。”

陶老师所追求的“写实”最高境界，是“不能多一笔，也不能少一笔，大一点不美，小一点也不美”。在陈列室的橱窗里面，我看到两把造型一样的石壶：壶身是一个被剥的玉米，颗粒饱满而不完整，特别是尾部，还有老鼠咬过的痕迹。壶盖是一只硕鼠，拖着长长的尾巴，正在贪婪地啃食着玉米，憨态可掬。只看其中一把，并不觉得哪里不好，可两相比较，就看出了差异：一把石壶的玉米更加饱满些，而另一把石壶上的老鼠更加生动，都有些不足。陶老师说，还有第三把，也是最完美的一把，就是他的代表作《金玉

满堂》，已被收藏者收藏。

陶老师今年已经60多岁了，每制作一把精品石壶平均需要两三年时间。作为写实石雕大师，他现在的目标是，争取再做10件国宝级的精品留给后人。之前一起从事石雕的陶氏五兄弟，现在只有他还在默默坚持，陶老师也希望能找到一些志同道合的合作伙伴把这门手艺传承下去。

不为繁华易匠心

《新闻晨报》小记者　黄思祺
上海市进才中学北校　八年级

在衰落遗失的边缘坚守，在快捷功利的繁荣里坚持。

——《了不起的匠人》

几家人在红卫路兜兜转转几圈，终是在湖边邂逅了“陶缘堂”。小院林荫环绕，竹林攀缘而上，挺拔有节，空气中弥漫着竹柏的清苦，置在场的人于繁华之外的清凉静谧中。

初见陶老师，步伐矫健地穿梭于院子，中气十足地问好，丝毫不觉他已年近古稀，打消了我们想象中的距离与生分。貌不惊人的客厅，气氛安宁而温情。一席素白的马褂流露出他的随和儒雅，打开话匣，谈及石雕时则滔滔不绝，向我们展示珍藏于此的件件艺术品。对他的采访悄然进行。

询问到陶老师最满意的作品，他毫不犹豫的讲出了《金玉满堂》——一把上个世纪80年代制作的壶，陶老师至今提起也是一脸惋惜，舍不得。这不免勾起了我们的好奇，追问并且翻阅图片资料，《金玉满堂》壶着实是浑然天成的绝妙艺术品。壶身是剥开的玉米棒，颗粒圆润饱满，尾部还有田鼠啃食的痕迹；壶纽便是这鼠，搭在玉米的长尾赋予它呼之欲出的生命；玉米秸上断茎成了壶嘴，顺着看，玉米叶自然舒展，稍稍往上一翘，自然形成壶把。我们有幸掂了他做壶的石头，很重，与眼下石壶的轻盈形成鲜明的对比，这正印证了陶老师告诉我们的，“这项艺术是在不断地减法中求精”，而得这把接近完美的减法佳作，可谓是将他的艺术追求做到了极致。

陶老师坦言：“在这个国际都市，发展太快，好像比起他人，有时感觉自己被淘汰了。”但他顿了顿又道：“可是我喜欢。做我自己喜欢的事，是我一辈子最开心的。”曾经一起开创石壶事业的兄弟、徒弟相继离开，但他依然守着这份所爱。一句“坚持确实难，可正因此，我才要更加努力”，拨动着在场人的心。

纷扰中，匠心好似一种“不合时宜”的

坚守，匠心者在以热爱对抗寂寞。从前的日色很慢，车马邮件也是，而如今的日色依然慢，可奔腾的车马却不等人。陶老师在其中回望曾经，面向未来，也不曾忘记初心，用自己诠释着责任担当的匠心，如切如磋、如琢如磨的石雕魂。

深思流年，雕刻时光

《新闻晨报》小记者　王博旸
上海市宝山实验学校　八年级

难以想象，在上海这座喧闹而繁华的都市里，竟还存在着一方属于石雕的小小乐土。它仿佛处于空间与时间之外，尽情汲取着自然的精华。在这一间略显荒凉的小院里，腐败的枝叶间沉淀着打磨的时光，门前的小河又不知带走多少沉思的流年。小院的每个角落，都迸发着遗忘与繁盛的美。

这是海派石壶雕刻创始人陶昌鹏大师的“陶缘堂”，是他居住和创作之所。

在一阵急促的脚步声中，我满怀期待地向屋内望去。只见陶老师步履矫健，身材笔挺，衣着朴素而内藏古韵。脸颊上盈盈笑意洗涤了岁月的痕迹；眼眸中丝丝微光折射出异样的自信。

跟随陶老师走进屋内，一堵略显斑驳的墙上，挂满了陶大师过往所获得的荣耀。金色的奖章闪烁着迷人的光芒，彰显着陶老师在石雕艺术上取得的成就。

陶老师说，他于2002年搬到此处，远离城市的喧嚣，亲近大自然，正契合了他“天

人合一”的创作理念。陶老师创作作品，极为注重用自然的方式雕刻自然。为了能更好地雕刻出毛竹的样子，陶老师甚至在自家后院种植起了竹林，日夜研究竹子的形态、样式，让竹子能在自己的作品里表现得更加淋漓尽致。在石壶《四君子》系列中，陶老师巧妙地运用竹节为柄，竹根为底，竹叶为盖，竹林间特有的小昆虫攀附其上。历历刀痕，清晰可见，正似竹子的自然机理。石头上的写实，最为考验手头上的功夫。

陶老师所选用的石头，都是他经过各地考察，探寻所得。把一块重约二三十斤的石头，雕刻成一把重仅三两的石壶，中间历经的辛苦与困难可想而知。而且，陶大师用的很多雕刻工具都是自制的，我不禁被陶老师所深深地折服。

琳琅满目的石雕作品，让我目不暇接，经陶老师讲述，每一件成功的石雕作品都要花费几个月的时间。眼前上百件的石雕作品，可都是陶大师沉淀着的青春岁月啊！

石雕，这门传统的技艺在陶大师身上，焕发出崭新而蓬勃的生命力。这间略显孤独的院落，却是他创作的乐园。68岁的他，梦想在这，做几件国宝级的作品，留给后人。

海上“石壶陶”

《新闻晨报》小记者　朱伊成
上海市民办盛大花园小学　五年级

7月的上海，酷热难耐，在闵行区红卫村的兴建楼盘旁，我们寻寻觅觅，终于在一条小河边，一丛高过房顶的毛竹青叶下，找到了海派写实石雕技艺传承人陶昌鹏先生的房子。这是他的家，也是他的创意工作室，名为“陶缘堂”。

在客厅的方桌上，摆放着一把小巧的石壶。乌黑发亮的壶身，散发出柔和的光。我小心地捧起它，细细观察，壶身光滑轻巧。接着，陶先生拿来了一块圆柱形的黑石放在地上，让我们掂掂分量。我走过去想搬起石头，很沉，估计有十几斤重。陶先生告诉我们，桌上的石壶就是用这样沉重的石头做出来的，其中的掏空打磨最为考验功夫了。

陶先生说，做壶的石料很讲究，特别是实用壶。他在几十种石料中，选中了来自安徽的磬石。这种石头富含硒，对健康有益。石壶保温性能好，泡出的茶更香，水更甜。

当然，在陶先生眼中，石壶更是一件艺术品。他在家中二楼，专门辟出一个房间，陈列他的石壶作品。有的似毛竹，有的似五谷，还有动物点缀其上。其中陶先生最得意的是一把《金玉满堂》。这把壶的结构很是独特：玉米的苞叶往上翘，成了壶把；玉米上立着一只偷吃玉米的小田鼠，是壶纽。整个作品设计精巧，做工精美，看得我们啧啧赞叹。陶先生说，创作来源于生活，善于观察，才能找到好的素材。

最后，陶先生带我们参观他的工作室，就在客厅的隔壁。走进去，看到里面堆满了制作石壶需要的工具和材料。房间的一侧，有一张陶老师自制的工作台，上面放着几十种工具，有刻刀、凿子、锥子等等。台子的上方，是一个结构简单又实用的吸尘罩，用来吸石料制作时产生的粉尘。

陶先生说：”太太去帮儿子带孙子了，我大部分时间一个人在这里，再热的天，我静下心来雕刻，连空调都不用开，一心一意地做，时间像静止了一样。我非常开心。”

我们问陶先生，还有什么愿望吗？陶先

生说，希望在自己的有生之年完成十件国宝级的石雕作品，然后拿去参评获奖，再将它们捐给国家，为国家做点贡献。

咬定青山不放松
——记我所敬重的陶昌鹏爷爷

新闻晨报小记者　王佳悦
上海宝山区行知外国语学校　三年级

“咬定青山不放松，立根原在破岩中；千磨万击还坚劲，任尔东西南北中。”郑板桥的这首《竹石》，用来形容海派写实石雕技艺非遗传承人陶昌鹏爷爷再合适不过。

采访当天非常炎热，八月的早晨已是艳阳当空。当我走进陶大师的工作室时，第一感受是惊讶：这位陶爷爷为什么会住这个地方？本以为被称为大师级别的人物会住在一个豪华的现代房子里。而这里，简朴田园的二层工作小楼，完全被一片翠绿的竹子包围着。微风吹过，竹林发出“沙沙”声，令人顿时感到一阵清凉。

陶爷爷受父亲影响，从小就喜欢画画和做手工。1979年，很偶然的机会，他走上了石雕艺术的创作之路。一开始是雕石砚，之后开创出一条雕石壶的新路。

陶爷爷做石壶所用的材料，是一种含有微量元素硒的罄石，和我在市场上看到的紫砂茶壶有所不同。泡出的茶水也比紫砂茶壶的香，喝起来的味道是甘甜的。

陶爷爷有很多关于竹子的石壶作品，我非常喜欢。比如《四君子》中的竹篾壶、高竹壶、罗汉竹壶和竹节壶，仿佛就是用竹子做出来的，而不是用石头一刀一刀雕刻出来的。更厉害的是，就连竹子上虫蛀的纹理也一并被雕刻了出来。

当我参观到这些作品时，心中非常敬重陶爷爷，因为陶爷爷的作品让我感受到了一种精神，一种坚韧不拔的竹子精神。通常制作一个普通的石壶需要一周的时间，但如果是艺术精品的雕刻，则需要两个多月的时间，其中还不包括作品的构思。万一不凑巧刻坏了，就又需要更多的时间来重新做。日复一日，年复一年，只有靠“咬定青山不放松”的精神才能创作出传世之作。当年一起做雕刻的兄弟、伙伴很多都放弃了，但是陶爷爷一直在艺术的道路上坚持自己创作。

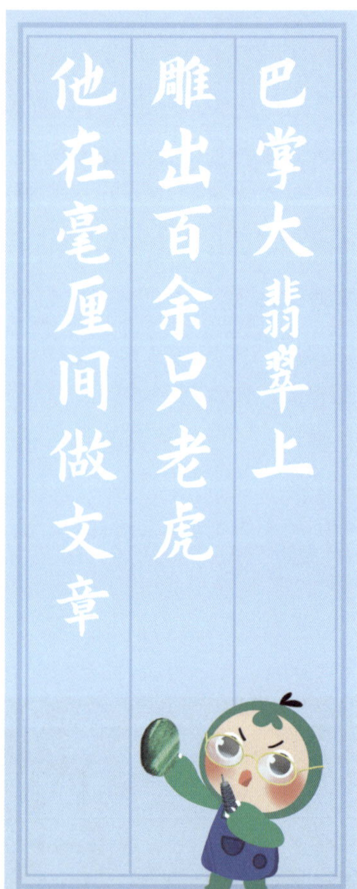
巴掌大翡翠上
雕出百余只老虎
他在毫厘间做文章

一块巴掌见方的翡翠，能用来刻多少东西？在海派玉雕技艺非遗传承人袁耀老师手中，竟能刻出一百余只栩栩如生的老虎！

中国微雕微刻历史源远流长，在约三千多年前的商朝，先人就能在甲骨上刻下微小文字，这些文字细微到肉眼无法辨认，要用五倍放大镜才能被识读。

耳听为虚，眼见为实。2020年8月2日，《新闻晨报》学记团小记者一行来到传承了这门手艺的袁耀老师的家中，听他将微雕微刻背后的文化底蕴与独到的匠心娓娓道来。

守护项目

海派玉雕

传承人

袁耀

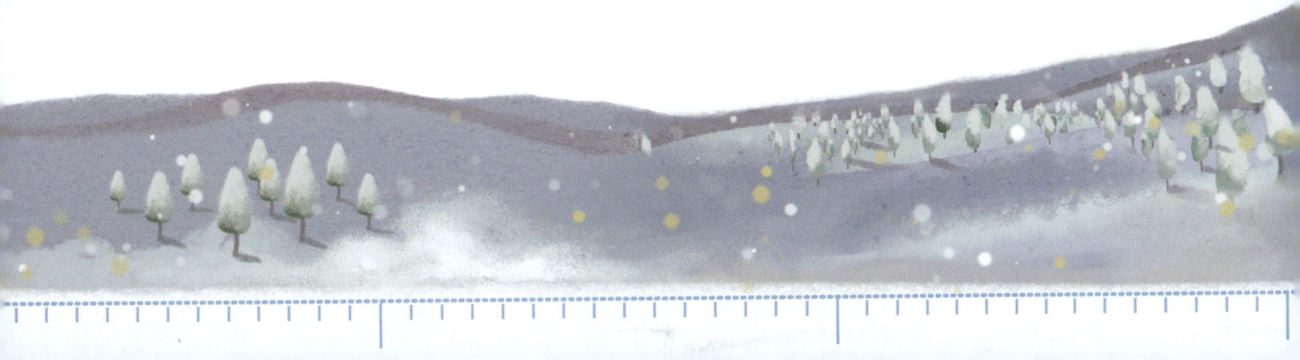

一把茶壶的秘密

《新闻晨报》小记者　杜文浩
上海市徐汇区东二小学　五年级

这个夏天，对我来说是特别的，谁会想到，在北上海一个普通的小区居民楼里，住着一位海派玉雕大师——袁耀袁爷爷。暑假里，我们来到他家中，见到了袁爷爷本人和他的作品。

在客厅里，最醒目的，是电视柜里摆放着的“百寿图”。只见形态各异、大小不一的上百只茶壶，镶嵌在“百寿图”字样的木框上。每个茶壶都只有半个手指头那么点点大。

我情不自禁地惊叹道：“好小啊。”袁爷爷笑着说：“这个还小？我有更小的！”随即袁爷爷从柜子中拿出一个锦盒，又从里面掏出一个红褐色的小圆盒，把小圆盒旋转了半圈。接着，他取出螺丝刀，在盒子底端的螺帽上，轻拧盒子中间的凹陷处。

他一边拧“机关”一边跟我们说：“我这个壶你们一定要看，就算等半个小时也要看！”

话音刚落，一粒黑色的东西逐渐上升，进入了我们的视线。我心里暗想：“难道这就是1997年他在青岛比赛中得大奖的《陆羽赏壶图》？”

“黑色的这个是颗芝麻，我这个壶只有芝麻的二十分之一。”袁爷爷像看透了我的小心思，边旋转边解释着。

原来，黑色的是芝麻呀！就在芝麻的旁边，紧挨着一个极小的“球”，比我半个手指盖还要小，用肉眼完全看不清。袁爷爷把一个小型的放大镜递给我，并叮嘱道：“靠着我的手，别动，一动就看不见了。”

透过放大镜，陆羽宛若活了一般灵动，茶壶精微。我被震撼住了，比在视频中看到的更不可思议。

看着自己的得意之作，袁爷爷的语调变高昂了：“这个陆羽有五毫米高，壶上的小盖子，我雕了四天四夜。别看壶这么小，里面是可以注水的，当时我用一根毛笔的毛从壶嘴通到壶肚里，所有评委都看到了！”说着，他又拿出一枚一分钱硬币，放在《陆羽

赏壶图》旁做比照，给大家看。

环顾四周，屋内的每件作品都是那么的质朴、自然、真实。袁爷爷说，作品必须要有文化底蕴。那一把把精巧的茶壶、一个个微雕人物、一排排微刻小字，向我们娓娓道来作品背后的故事。

袁爷爷在壶中注入的不是水，而是源源不断的生命力，是对微雕微刻充满热爱的匠人精神，更是对我们这些后辈寄予的厚望。我想，这才是茶壶中的“秘密”。

你见过1毫米的玉老虎吗？

《新闻晨报》小记者　张政轩
上海市民办风范中学　六年级

我在动物园见过真老虎，也在美术课上剪过纸老虎，但从来没见过在10厘米的翡翠上，雕刻着100多只1毫米宽的老虎群，每一只都活灵活现。

这件神奇的作品，出自一位71岁神采奕奕的老爷爷之手。

他叫袁耀，是世界吉尼斯微雕艺术金牌获得者，也是国家级非物质文化遗产——海派玉雕代表性传承人。

我们刚到袁老师的家，他就热情地招呼我们坐下。面前的袁老师，头发半白，眼戴老花镜，中等身材，一点也不驼背，身穿白色中式对襟短衫和宽松长裤，很有艺术家的气质。他告诉我们，他年轻时练过武术，什么铁砂掌、鹰爪功，都不在话下。

我原本以为，袁老师是子承父业，没想到他说，自己小时候看朋友做雕刻，觉得有趣，就从9岁开始学，到1980年开始正式微雕微刻创作，离现在也有将近四十年的时间了，获奖无数，并在2012年被国家选为海派玉雕的非遗传承人，果然兴趣才是最好的老师。

客厅里有一个大大的透明展示柜，里面都是袁老师的作品。在柜子正中间，摆着近百只两厘米宽的紫砂茶壶，最长的壶口也只有一厘米，千姿百态，被陈列在木条拼成的三个大字“百寿图”木架上。

袁老师向我们展示了一把雕花扇。扇子初看很普通，但实际上，扇面上刻有162485个字，共5719首唐诗，在放大镜下，每个字都排列得很自然。他告诉我们，光唐诗三百首就刻了30多遍。我心里对袁老师非常佩服：一件事情重复做，才有可能做成经典。

另一件让我们大开眼界的作品，叫《山君夜巡图》，又称《百虎图》。一块只有9.5厘米长的翡翠，里面却有一百三十几头老虎，最小的老虎头的宽度是1毫米。在放大镜下，老虎的眼睛耳朵鼻子都能看得清清楚楚，即使放大一百多倍，也依然能看出虎的威猛。

他第一次创作《百虎图》是在2012年，原料是10.7厘米，且最小的老虎头的宽度是1.5毫米。第二次是在2018年，原料缩减到了9.8厘米。

袁老师在讲解作品的过程中，各种《易经》上的句子脱口而出，感觉袁老师非常喜欢我国的传统文化。“每一件作品如果没有文化做它的主心骨，那就是一个没用的作品，一件空洞的作品。”袁老师解释。

我们问他，当他的年龄越来越大，雕刻的尺寸越来越小，而雕刻原料越来越难操作时，有没有想过放弃？他的回答却是：“我睡觉没有固定时间的，哪怕是半夜，只要想到了，就马上起来到书房开始雕刻。”

“超常的作品一定要经历超常的辛苦，”这也是袁老师经常挂在嘴边的一句话。一位古稀之年的老人，都能几十年坚持如一日做一件事，更何况我们呢？

大国工匠——记微雕大师袁耀老师

《新闻晨报》小记者　邓秋实
上海市进才中学北校　七年级

夏日炎炎，火伞高张，我们在一个无风的午后，来到罗店古镇上一个充满中国风的小区，微雕大师袁耀老师的工作室就藏在这个小区的某栋楼里。

还未进屋，一阵爽朗的笑声就从里面飘了出来。一位身着唐装、精神矍铄、体型消瘦的老人站在客厅中间，在给先到的小记者们介绍他的作品。袁老师戴着副金边眼镜，声音洪亮，中气十足，一点也不像年逾古稀的老人。

袁老师在说话时，眼睛习惯性地眯成一条缝，我猜想，可能是他的手艺活太精微，经常需要眯眼，养成了这样的习惯。

一谈到自己的作品，袁老师就变得滔滔不绝起来："陆羽的雕像只有五毫米高，其手中的茶壶只有一粒芝麻的1/20大小，壶盖可以打开，且壶可以盛水。光光这个壶盖我就雕刻了四天四夜。"

他自豪地告诉我们，在1997年，《陆羽赏壶图》曾获得青岛第二届中国雕刻艺术大赛金奖。也许是怕我们不信，他特意去屋内的工作间，小心翼翼地取出了一个小盒子，打开后，用螺丝刀拧动盒底的螺丝，只见一粒芝麻缓缓升起，芝麻旁边是一个黄色的小点。

我凑上前去，接过袁老师的放大镜，贴在盒子边缘，顺着他用手电筒打出的光线，睁大眼睛。一个栩栩如生的雕像便出现在眼前，连人物脸上的胡须都看得非常清楚。

比起旁边那颗芝麻，雕像手中的那只茶壶还要小很多！得多么高超的技艺，才能雕刻出如此微小的作品啊！这一刻，所有人都被深深地震撼了。

趁着兴头，袁老师现场即兴为我们露了一手——在一方印章的侧面刻上一首《枫桥夜泊》。

一拿起刻刀，袁老师的眼神就变得十分犀利，整个过程行云流水，不到两分钟就完成了。每个字也就半个芝麻大小，真是"进乎技矣"！

采访的最后，袁老师提到了他前后创作过的三个《百虎图》，“让我感到高兴的是，雕刻的玉石体积越来越小，但是老虎的数目却越来越多，随着年龄的增长，我的技艺没有退步，反而在进步。”袁老师的脸上漾着笑容。

“技之有为，发端和成就，源于道之无为”

《新闻晨报》小记者　赵嫣赟
上海市实验学校东校　七年级

今年暑假，我们有幸走进中国玉雕艺术大师袁耀老师的工作室。面前的老人，身着浅灰色盘扣式唐装上衣，笑容可掬。不错，他就是中国翡翠微雕第一人——袁耀老师。

待我们围着沙发坐了一圈，他便开始介绍自己。我了解到，他从小经历坎坷，吃过不少苦，也受过不少委屈。这样的环境练就了他坚定的意志力，他总是尽自己最大的努力，去做好每一个作品。

最能体现袁老师这一品质的，就是他著名的作品《百虎图》。因为对自己的要求甚高，这一主题的作品他做了三件。每一件作品都比前面一件用料更小，老虎个数更多。

第一个《百虎图》创作于2012年，翡翠宽度为10.7厘米，上面雕有一百零几只活灵活现的老虎，花费了一年时间完成。由于制作工艺格外精湛，获得了五个玉雕比赛的全国金奖。

2018年，第二个《百虎图》诞生了，翡翠宽度减少到了9.8厘米，雕了一百一十几只老虎。

2020年，袁老师所雕的第三个《百虎图》也完成了，翡翠宽度比起第一个《百虎图》减少了1.2厘米，也就是9.5厘米，老虎数量足有一百三十几只，其中最小的一只的头仅1毫米宽，雕刻深度达到了1.5到1.6厘米。

在不断发起挑战的过程中，袁老师一直在超越自我。

为了使我们更加了解微雕微刻及其大小比例，袁老师还在现场给我们做了示范。他手里拿着一块黄白相间的玉，桌上的一盏灯照在玉上，令它变得晶莹剔透，老人仔细地用一个专门的电动“钻头”在玉上雕着，旁边放着个滴水的机器，隔几秒就会落下一滴“泪”，袁老师告诉我们：“滴水有两个目的，第一便是清除雕刻下来的碎屑，第二是因为‘钻头’会使玉产生热度，要用水来降温。”

我一边观察玉上纹路的变化，一边看着清水顺着雕刻纹路流下。在水的衬托下，那块玉变得更亮更美了。我想，这就是“滴水石穿”的精神吧！

演示结束后，袁老师又对我们说，每个人做事要做得好，一定要遵循做人做事的原则：“技之有为，发端和成就，源于道之无为。”

他向我们解释道，一切眼睛看得见的称之为“有为”，一切眼睛看不见的称为“无为”，天下之物生于有，有生于无。他跟我们讲做人的道理，无非是想把重要的事情告诉我们，为我们的成长做指引。离开时，袁老师还送给我们一句话：“生于忧患，死于安乐。”这句话很深刻，我会记在心里，以后慢慢咀嚼。

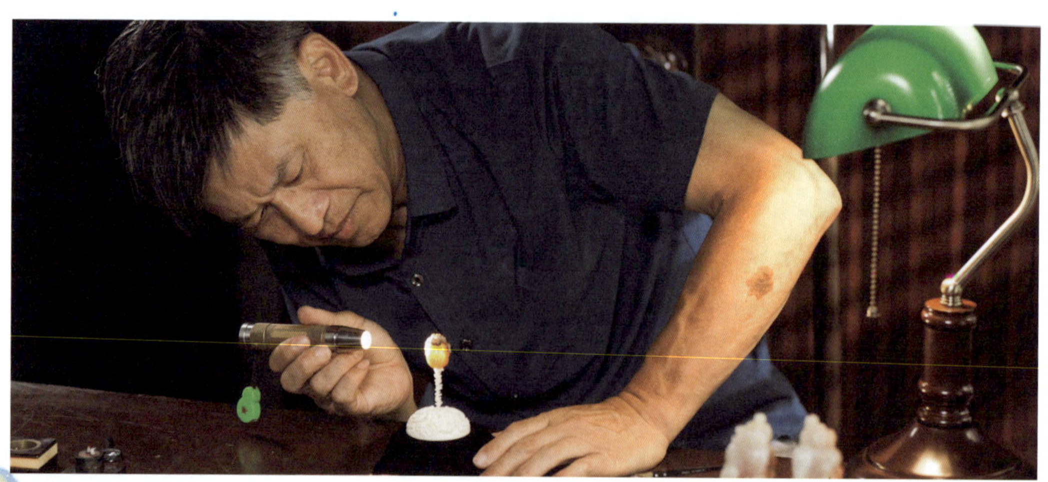

毫厘之间做文章

《新闻晨报》小记者　赵佳禾
上海市静安区闸北实验小学　五年级

自从看了纪录片《海派百工》后，我就对微雕微刻这门艺术十分感兴趣。而今年夏天，我竟见到了纪录片中的微雕大师袁耀老师，并且来到他的工作室做客。

袁老师的工作室布置得非常温馨，他平时生活、工作都在这里。一进门，我就被一个大大的展示柜吸引住了，柜子里摆放着上百件袁老师创作的作品。

展示柜的正中间，有一个造型别致的架子。架子上摆着一百只迷你小壶，每只仅有一粒花生大小，但造型各异，精致极了。在袁老师的提示下，我发现，架子本身还构成了“百寿图”三个字，这也是袁老师特别设计的。

袁老师给我们介绍了他最为“得意”的几件作品，其中我最喜欢的，非《陆羽赏壶图》莫属。

当我透过放大镜观察这件作品时，发现陆羽手中的那只壶比芝麻粒还要小很多，但造型却精致美观。袁老师告诉我们，这只微型壶真的可以注水进去，真的是太不可思议了！

由于作品尺寸实在太小了，只要一个不小心，就有可能让它“受伤”。因此，袁老师还特意做了一个“机关盒”，用来盛放作品。每次如果要把它拿出来展示，袁老师就必须用螺丝刀轻拧盒底的机关，作品才会慢慢从盒子里升上来。

除了把自己最宝贝的作品展示给我们看之外，袁老师还为我们演示了如何在印章上刻字。一首《枫桥夜泊》，袁老师只用了两三分钟时间，就刻在印章上了。

当他引导我们通过放大镜看这些字时，大家都发出了“哇”的惊叹声。小得根本无法用肉眼看见的“微型字”，袁老师却刻得如此刚劲有力！

“台上一分钟，台下十年功”，看了袁老师的演示，我深深体会到这句话的含义。这高超的技艺，是他花费了几十年的精力才积累下来的。

我真希望下次还有机会见到袁老师，听他讲更多关于作品背后的故事。

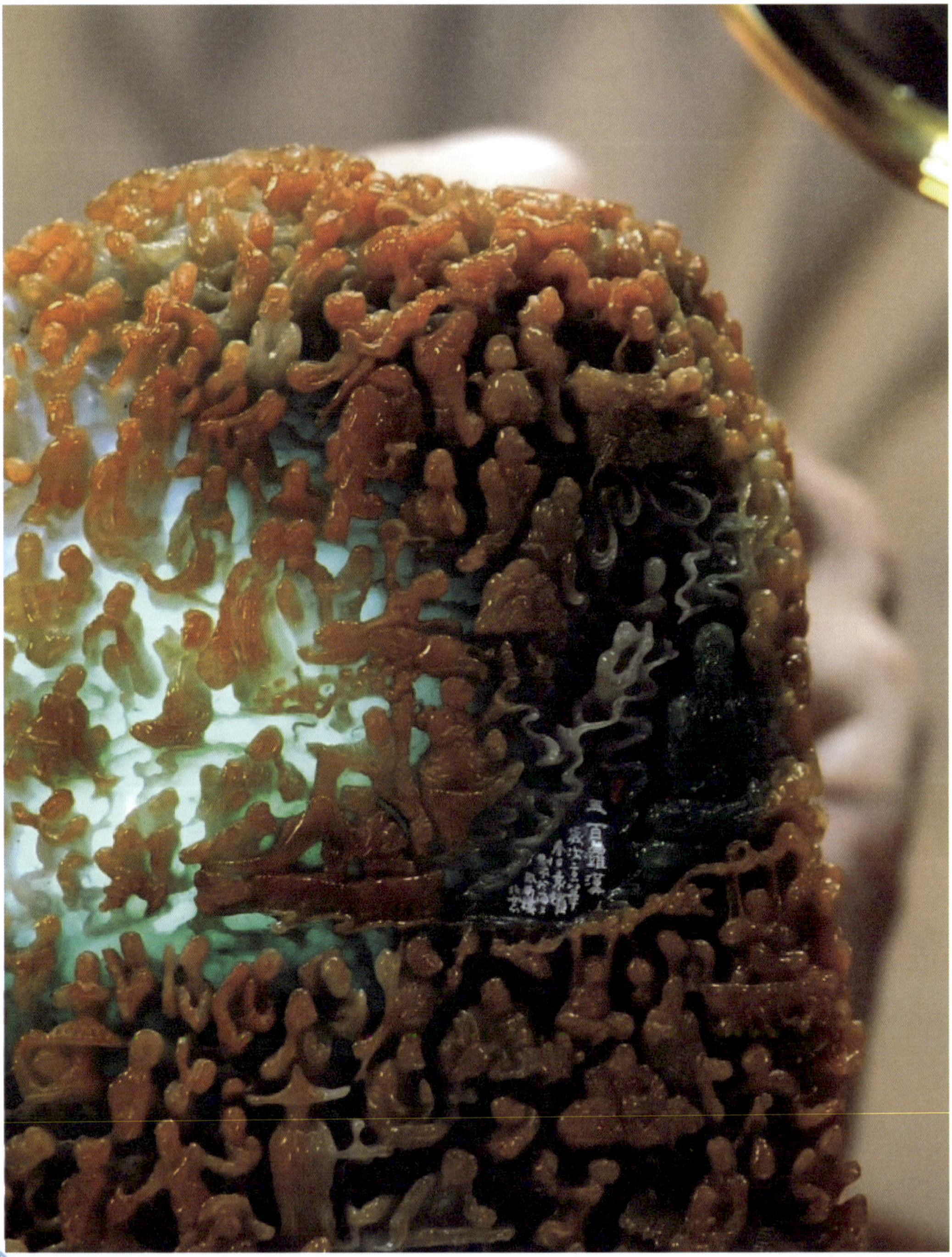

“小”微雕里有“大”文化

《新闻晨报》小记者　冯雨辰
上海市浦明师范学校附属小学　四年级

以前，我就在《国家艺术》杂志上看到过微雕大师——袁耀的许多作品，并对其中的《百虎图》《十八罗汉》印象深刻。

那些看起来非常人能及的技法，袁耀老师是怎么做到的呢？没想到，今年夏天我居然有机会能见到这位大师。透过袁老师的作品，我猜想袁老师肯定是一位严谨、细致的艺术家，没想到他是一位和蔼可亲的爷爷。

微雕对我一个小学生来说，是非常神秘的。我很好奇，一块不到10毫米的玉石，如何在上面雕刻出100多头形态各异的猛虎？不过，袁老师并没有给我们讲微雕的详细制作过程，而是讲起了微雕作品背后的故事。

袁老师从他的“百宝箱”里拿出一把精致的雕花扇，乍一看，扇子上有好多密密麻麻的图案，进而透过放大镜，我们清晰地看到那上面刻着五千多首古诗。诗词跃然扇上，二者浑然一体，仿佛给雕花扇赋予了新的生命。这幅作品让我认识到微雕不能只学习技法，还要涉猎诸如书法、绘画等中国传统艺术宝藏。

袁老师众多微雕作品中，我最喜欢的是《独钓寒江雪》。老师在玉石上就地取材，将其中之白点制作成留在台阶上的雪花，显出孤寂、惨淡的逆境，映衬出主人翁在孤立无援的情况下，无所畏惧的气宇。

另外几个极其微小的白点，则被袁老师雕刻成一朵朵白梅花，绽放在船旁，代表着诗人不屈的意志。也许这才是创作真正的魅力所在，即使是最先进的人工智能也无法匹敌。

一个小小的微雕，里边不止有艺术的奥妙，还有文化的传承，它不愧是海派文化的代表。

自强不息，厚德载物

《新闻晨报》小记者　周杨佳宝
上海上师初级中学　七年级

“天行健，君子当自强不息；地势坤，君子以厚德载物。”这两句话，用在国家级非物质文化遗产项目海派玉雕代表性传承人袁耀大师的身上，再合适不过。

今年夏天，我们来到了袁耀老师的工作室。刚到门口，就看到一位头发有些花白，着一身中式衣裳的老者，热情地向大家打招呼——这位就是袁耀老师。他精神矍铄，说话声音响亮和煦，还拿出水和西瓜招待我们。

走进工作室，整整一面墙的展示柜立马吸引住了我，里面摆放着袁老师的各种微雕作品。

袁老师对我们说：“天行健，君子当自强不息。年轻时，我就喜欢琢磨，接触到微雕微刻后，更是全身心地喜欢上这个工作。别人能做的我也能做，而且还要比别人做得好，做得巧。别人不能做的，我也要想办法做出来。”

“我有一件作品曾得过金奖，叫《陆羽赏壶图》。整体作品高仅5毫米，但人物五官和神情栩栩如生，毛发皆清晰可辨。最神奇的是，陆羽掌心托着的一把小茶壶，全长仅0.5毫米，盖子可以打开，壶嘴与壶身相通，可以倒水。壶柄比女性头发还细。”当袁老师拿出这件作品给我们观赏时，我们必须要借助放大镜才能看清楚。“袁老师真是‘天工’啊！”大家不由得发出了赞叹。

袁老师谦逊地说：“天工不敢当，拙匠还可以当当。其实当时也不是一帆风顺的，光茶壶的盖子，就雕了四天四夜，还好我没有放弃，坚持了下来，并且完成了作品。”

然后，袁老师向我们介绍起另一个作品《山君夜巡图》。这是一件翡翠微雕作品，整块山石的尺寸比我们的手掌心还小。在一轮明月的映衬下，136只姿态各异、威风凛凛的老虎或跑或跳或趴或蹲，在崇山峻岭之中，栩栩如生，气势逼人。

我们了解到，创作这件作品的半年时间里，大部分工作是在凌晨完成的。袁老师在睡梦中还在想着，老虎的左后腿应该怎么弯

才能更真实点？这棵树的树杈该怎么雕才好看？

为了创作，他经常凌晨三四点就起床工;作，“我很高兴看到，我的年龄虽然在增加，但能力增加得却更快一些。”真是个“倔”老头！

“地势坤，君子以厚德载物。”袁老师继续说，“一件作品，不管原料有多珍贵，工艺有多精湛，必须还要有深厚的文化底蕴才能称作好的作品。”

最近，袁老师在雕刻第三件《百虎图》。他说：“我愿意在同一题材上，做出更高的技艺和更高深的根脉文化。”

采访快结束的时候，我邀请袁老师跟我合影，袁老师拉着我的手时，我摸到了他手上厚厚的老茧。我想，他用一双勤劳细腻的手，在创作中坚守着这门手艺。“择一事终一生，不为繁华易匠心。”这大概就是袁老师这一代非遗传承人的“志”吧。

『瓷』刻吾心 小小瓷盘 装着大大的世界！

瓷刻艺术，与书画同源，但介质不同，不在纸上画，而是拿瓷器瓷盘当作一张纸，凭借灵感和悟性，心手合一，一凿一刻，在细微之处见功夫。这门技艺最初盛行于清乾隆年间，后险些失传，只有当时有名的瓷刻艺人张锦山将之传承下来。其孙张宗贤，便是目前“三林瓷刻”唯一的传承人。

张宗贤坚守三林瓷刻40载，他潜心钻研且不断创新，将介质从瓷盘延展至花瓶、异性瓷器甚至大型插屏中，从而一展瓷刻新风，其作品曾在上海世博会、上海民博会上展示。

2020年7月25日，《新闻晨报》学记团的小记者们走进“三林瓷刻”非遗展示馆，探访这不一般的“瓷器活”。

守护项目

三林瓷刻

传承人

张宗贤

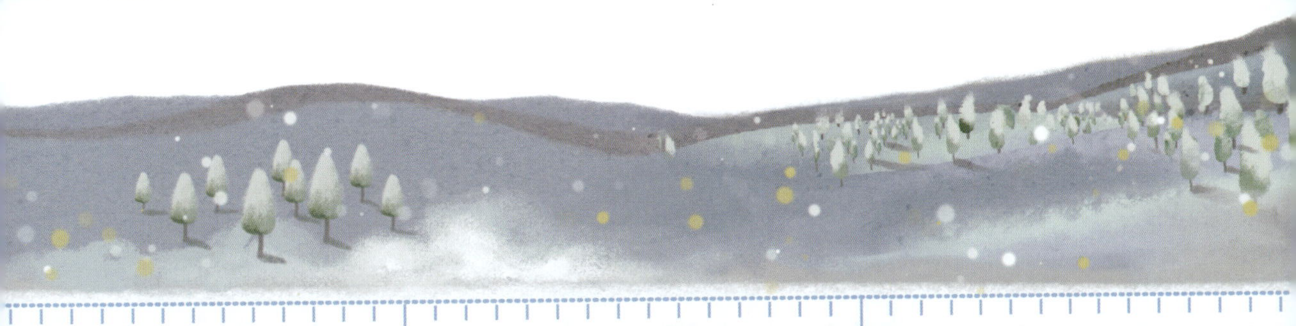

精雕细琢，瓷刻人生

《新闻晨报》小记者　熊璟轩
上海市莘城学校　八年级

在三林镇的文昌阁，一位老先生正雕刻着他的作品，他看着这些作品，就像看着自己心爱的掌上明珠一样，万分亲切。这位老先生就是上海非遗“三林瓷刻”的传承人张宗贤。

暑假里得以机会拜访文昌阁，不大的殿堂，古朴素雅，张老师穿着一身白色的中式服装迎上我们，70多岁的年纪，却有着40岁的体格：乌黑的头发，衬着臂上的青筋，一副眼镜架在鼻上，看起来很亲和。

张老师从事瓷刻已有40多年，从手上的肌肉就能看得出他对瓷刻有深入的钻研。据张老师说，他所传承的瓷刻从明代就已有源头了。

他小心翼翼地给我们展示刻过的瓷碟，个个不一，是那么得栩栩如生，那么得活灵活现：一张蓝底白色的双鱼瓷刻，远看似双龙戏珠，仿佛在水中游动；近看又如鸳鸯比翼，给人无限遐想。又一张白底黑色的小儿望鸟，孩童手里的波浪鼓线在风下摇曳，却睁着芝麻大的眼睛望着笼中的鸟儿，似乎在想着什么，又似乎只是单纯地望着，肉嘟嘟的嘴唇轻轻地撅着，透出一股清纯的天真，令人好生欢喜。

张老师回忆说，他刻得最多的便是人和动物，常常为了一样作品而忘了昼夜，废寝忘食。光听张老师口述多不过瘾，我们迫不及待要亲眼目睹一下老先生的绝活呢。登上张老先生的工作阁楼，到处摆放的都是张老先生的瓷刻作品，让人目不暇接。放眼望去，茶案上、玻璃橱里、木柜上，琳琅满目的瓷刻作品令人震撼。

这不大的房间里，摆满了张老先生的心血与付出，过往与故事。张先生定了定神，开始为我们演示瓷刻工艺。只见他左手攥着凿子，右手握着锤子，在描绘好的底稿上小心翼翼地敲着。随着时间的推移，敲打瓷盘的“叮叮”声也由强变弱、由弱转强，这正是张老先生力道深浅的变换。随着手指的起落移动，张老师古铜色的皮肤上渐显汗珠，

手上的青筋忽隐忽显，凿和锤也在阳光下上下浮动，熠熠生辉。看着老先生娴熟的手法和深邃的目光，想到楼下内容迥异的瓶雕、楼上色彩不一的瓷刻，我不禁感叹万分。

如今老先生门下也收了几位徒弟，他也希望有越来越多的人来接触老祖宗留下的手艺，传承中国历史悠久的劳动智慧。

瓷刻，古老而美丽的艺术

《新闻晨报》小记者　汪盛跃
华东师范大学附属小学　五年级

你见过用瓷当画纸，用刻刀作笔，在上面刻画各种各样图案的艺术作品吗？这个暑假，我有幸来到上海非遗“三林瓷刻”传承人张宗贤老爷爷的工作坊，看到了技艺高超的瓷刻作品。

张爷爷的工作室位于三林古镇的“文昌阁”内，刚走进古镇，两旁的建筑就让我感受到了质朴的古韵，从来没见过瓷刻作品的我，脑海里浮现了一个个问号：瓷刻是像景泰蓝一样呈现彩色的吗？这种技艺流传有多悠久的历史？张爷爷到底有什么样的绝技，能让这门艺术名扬天下，成为非遗？

步入文昌阁，一位身穿中式白衫的老先生正笑容可掬地等候着我们，他就是三林瓷刻非遗传承人张宗贤爷爷。打过招呼，我们几位小记者就迫不及待地参观起陈列柜里的瓷刻作品。一只只圆盘上刻有美丽的蝴蝶，挺拔的青竹，有山水，有人物。张爷爷刻刀下的动物灵动逼真，人物惟妙惟肖。要知道这可是用榔头和凿子一敲一打刻出来的，比起用笔作画可费工夫多了。我一边参观一边赞叹这些作品，它们虽然没有华丽的色彩，但是图案构思巧妙，栩栩如生，质朴中蕴含着匠心。

观赏了作品后，我们便和张爷爷交谈起来，言谈间我了解了瓷刻是门古老的艺术。清朝乾隆年间，浦东一带就有很多文人雅士喜欢瓷刻。清光绪年间，张老先生的爷爷张锦山向名师学习瓷刻技艺，并在三林镇发扬光大。而作为上海非遗“三林瓷刻”第四代传人的张宗贤爷爷从来没有停歇过追求的脚步，他不断地在尝试着创新，想让瓷刻在当今社会更具有生命力，也让更多的年轻人能够知晓瓷刻，了解瓷刻，喜欢瓷刻，让这门中国独有的艺术能够传承和发扬。

半天的采访活动让我欣赏到了精雕细琢的艺术品，感受到三林瓷刻的魅力，张爷爷的工匠精神值得我们学习。而在张爷爷娓娓道来的讲述中，我听到了美丽瓷刻背后动人的故事，也引发了我许多的遐想……

“瓷”刻吾心，不忘初心

《新闻晨报》小记者　耿米捷
上海师范大学第三附属实验学校　三年级

以刀代笔，以瓷当纸，是有着一百多年历史的“三林瓷刻”独有的艺术形式。这一次，我有幸走访了上海非遗“三林瓷刻”的传承人——张宗贤爷爷。

三林瓷刻纪念馆，位于三林塘老街文昌阁。年近古稀的张爷爷清瘦又精神，他领着我们推开了纪念馆的大门，馆里陈列着各种各样引人注目的作品，分别雕刻在瓷盘、瓷碗、花瓶、插屏之上。张爷爷告诉我们，瓷刻与绘画不同，瓷刻是从色彩最深的地方入手，越浅的地方越难，而绘画恰好相反。瓷刻的过程需要先描绘底稿、打线条轮廓，随后开始雕刻。

从张爷爷的瓷刻作品中，我能感受到他的力求完美和精益求精。他追求主题化和系列化，于是就有了远近闻名的年画、文房四宝、十二生肖、二十四节气、伟人等系列主题作品。让我印象最深的是雕刻在瓷盘上的四位开国元勋，有毛主席、周总理、刘少奇副主席和朱德委员长，由发丝到眼神，还有脸上的皱纹，每一刀，每一刻，张爷爷凭他精湛的技艺，用仅有的黑白两色把这些人物刻画得栩栩如生。

张爷爷说，对于瓷刻作品颜色的选择，他只有一个——黑色。这是为什么呢？因为经过反复尝试和琢磨，他发现用彩色刻出的作品时间长了会褪色，唯有黑色即便是时间久远，补色后仍然可以和原先一样。

张爷爷还告诉我们，瓷刻的颜色深浅并不是靠笔描画，而是靠敲出来的！敲的粒子密度高，上色后的颜色就呈现深色，而若粒子密度敲得稀疏，颜色则浅淡。这其中，榔头凿子的轻重，决定了瓷刻线条的轻重、疏密和粗细，这六个字，就是做好瓷刻作品的关键。但这六个字怎么把握，“那就要靠悟性了，不能一蹴而就。”张爷爷说。

听到这儿，我们越发对瓷刻感兴趣了，终于，轮到我们来“小试身手”了，我激动得跃跃欲试。张爷爷拿出正在刻画的一幅鼠年生肖图，把锥子榔头递到我手里，我左手拿着锥子，右手拿着榔头，按着张爷爷的指点，在瓷盘上颜色最深的部分开始敲打，敲了一会，明显感觉到有点累，可想而知，一幅瓷刻作品的完成不仅需要细心、精心，更要有恒心、耐心和决心。

采访的尾声，张爷爷语重心长地对我们说："三林瓷刻的传承需要更多优秀的传承人，你们现在的主要任务是学好知识，打好基础，在这个基础上再培养对瓷刻的兴趣爱好，做任何事都要坚持到底，勇于克服一切困难，才能成就最好的自己。"

"瓷"刻吾心，不忘初心，小小瓷盘，装着大大的世界！

冬

百宝嵌，嵌百宝！你可知中国古代版『乐高』有多精美？

“太精美了！”“这就是古代的手办吧！”“85岁手不抖，老爷子很厉害！”在B站纪录片上，年轻网友们纷纷以弹幕形式点赞这门非遗技艺。

百宝镶嵌制作技艺发端于商朝的螺钿镶嵌，明朝扬州工匠周翥集其大成，故亦有“周制”的别称。民国时期，著名工匠俞庆荣在承袭旧制的基础上不断创新，形成风格独具的俞氏百宝镶嵌。

今年86岁高龄的俞升寿先生子承父业而青胜于蓝，不仅荣膺上海市工艺美术大师称号，且至今宝刀未老。2019年秋天，他携新作《贵妃醉酒》和《中华万年青》参加第二十届中国工艺美术大师作品暨手工艺术精品博览会，一举斩获一金一银，在工艺美术圈传为佳话。

2020年8月15日，当《新闻晨报》小记者走进藏在一座社区图书馆深处的俞氏百宝镶嵌工作室时，夏日的燥热仿佛瞬间被隔绝于门外了。俞升寿爷爷陶醉地讲着他与“百宝”们的情缘，孩子们着迷地听着、问着、记着……

守护项目

百宝镶嵌制作技艺

传承人

俞升寿

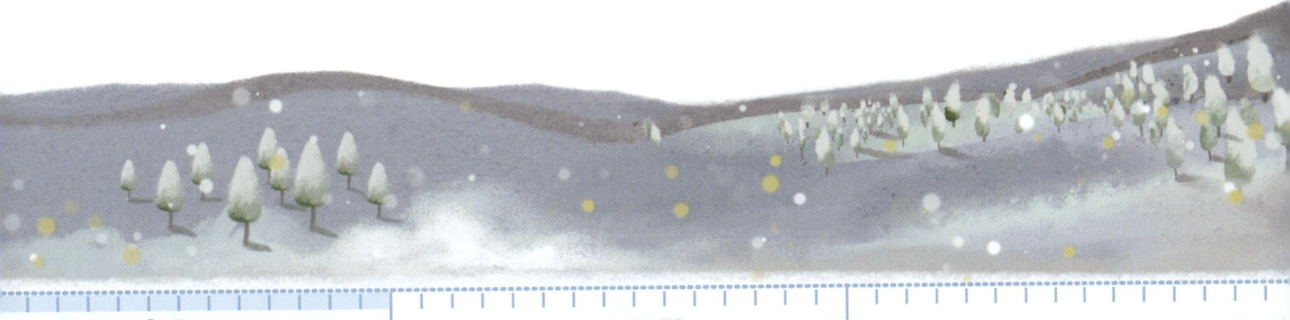

精益求精方能成就经典

《新闻晨报》小记者　陈子宁
上海市西南模范中学　七年级

盼着盼着，终于来到了这一天。经过一番短暂的等待后，俞氏百宝镶嵌制作技艺的第二代传承人——俞升寿爷爷迈着健朗的步伐拉开了工作室的大门，热情地招呼我们入内。在艺术的熏陶下，这位老人虽已年过八旬，却依旧精神矍铄。

走进小小的工作室，立刻映入眼帘的是一幅大尺寸的作品。在偌大的宣纸上，摆放着几个用石头刻出来的人物，虽然还没有完工，却已初显不凡：每个人物皆神态各异，有的低头凝思，不知在想什么；有的踌躇满志，似乎胸有成竹；有的莞尔一笑，仿佛有什么喜事。

看着色彩各异的人物，我不由得提出疑问：“俞爷爷，它们分别是用哪些‘宝贝’镶嵌而成的呢？”俞爷爷思考片刻后便回答道：“一幅作品，最基础也是最重要的，就是选材。每个人的不同部位，所用的材料也不尽相同。比方说，人物的上半身最好用白玉石，而下半身则可以用青田石。人物头发其实用的也是白玉石，不过染上了墨色。”

这时，又有小记者问道：“请问这些石头是从哪里来的呢？”俞爷爷便笑着回答：“这些石头啊，都是好些年前从市场上‘淘’来的。”对俞爷爷来说，这些石头都是他挚爱的“宝贝”，每一块都是他从各地精挑细选、甚至百里挑一“淘”来的，难怪他的作品如此巧夺天工！

“俞爷爷，那么作品的材料是否会顺应时代的改变而发生一些变化呢？”我抛出了心中的疑问。俞爷爷肯定地答道：“这是必然的。”他介绍说，比如象牙是百宝镶嵌中传统的名贵材料，但现在国家要求保护野生动物，他也从善如流。“其实也不是非得用象牙不可，用别的玉石代替，慢慢打磨，也是可以做到与象牙差别无二的，就比如说白玉石。”俞爷爷真是与时俱进、精益求精啊。

看着墙上挂的、桌上摆的一幅幅佳作，我不由得对眼前这位耄耋之年的长者肃然起

敬。正是这样精益求精、精雕细嵌的态度，才会诞生一幅幅惟妙惟肖、独具匠心的经典佳作，才能让历史悠久的百宝镶嵌技艺一直传承至今！

温暖的阳光透过婆娑的树影，从窗户透进小小的工作室，洒在俞爷爷的脸上、头发上和衣服上。那一瞬间，我不禁有些失神。恍惚间，仿佛看到一位二十几岁的姑娘，也许正在实验室潜心做着实验，也许在奋笔创作着文学作品，她的眼里有坚毅的目光，在自己的天地里日夜奋斗着。因为在十二岁的暑假，在那个阳光明媚的午后，这个姑娘被俞爷爷一番情真意切的话语打动，从此燃起了人生凡事精益求精的追求……

热爱可抵岁月漫长

《新闻晨报》小记者　张欣研
上海市民办扬波中学　六年级

“我自己觉得，一件事越是喜欢，越是肯做，你就坚持做下去。”从父亲手中接过衣钵，在五光十色的“宝物世界”里钻研了大半个世纪，非物质文化遗产俞氏百宝镶嵌的第二代传承人——俞升寿爷爷有感而发。

工作室中，一幅半成品状态的《刘备招亲》深深地吸引着我。俞爷爷边介绍，边将一块块石头拼接在一起。转眼间，威严而又衣着华丽的刘备出现在我们的视野中。看着栩栩如生的刘备，我情不自禁地向着他那闪闪发光的衣物摸去，“哇，是贝壳！”发现新大陆的我不禁喊出了声，俞爷爷闻声回应道：“对，这就是一块贝壳。为了达到衬托人物地位的效果，所以采用这种闪闪发光的材料。”

当我问到如何才能使作品显得流畅而又生动时，俞爷爷颇为自豪地说：“这要看匠人的手艺了，每个人做出来的都会不一样。”一幅百宝镶嵌作品的诞生，需要经过设计、选材、裁稿、雕刻、画雏形、打磨等诸多步骤，这不仅考验制作者的技艺，更考验他们的用心程度。也许，这就叫做工匠精神吧。

“我走到哪儿都会收集石头。”说着，俞爷爷拿出一块浑身透绿的石头。当他告诉我们这块石头价值三千块时，我着实吃了一惊。一块不起眼的贝壳就可以让人物焕发神采，而一块貌似普通的石头就能够价值三千块，真不愧为百宝镶嵌呐！当我从俞爷爷手里接过这块宝石，准备好好欣赏一番时，却被他那厚厚的老茧触动了痛觉。又硬又大的老茧，仿佛在宣示着它才是百宝耕耘的忠实见证者。“这双手绝不是普普通通的手，绝对是被天使吻过的。”看着这双粗糙而又布满岁月痕迹的手，我暗暗地想。

俞爷爷告诉我们，在一次工艺美术作品博览会上，不少参赛者拉了一车子的作品，而他只带了四件作品就获得了一金一银。我想，俞爷爷的作品之所以能够在众多的参赛作品中脱颖而出，依靠的不仅是精湛的技艺与独特的风格，更是凝结在作品中的那种无比挚爱。

手中的老茧见证着时光、成就着经典，俞爷爷工作室中的每一件作品仿佛都被赋予了独特的灵魂，在各自的裱框里闪闪发光。他用众多的作品与年复一年日复一日的坚持告诉我们，唯有热爱可抵岁月漫长。无论做什么事，首先得有源自内心的热爱，然后在热爱的基础上不断地坚持，将“精”与“勤”融入到热爱中。如此以往，终有一天，你会看到闪闪发光的自己。

“熬”出来的传世绝活

《新闻晨报》小记者　蒲心翔
上海浦东民办未来科技学校　六年级

来到宝山顾村镇菊泉文体中心，穿过偌大的图书馆，进入一条细窄的长廊，推开第一扇门，便是以百宝镶嵌制作技艺闻名的上海工艺美术大师——俞升寿先生的工作室。

工作室被一道梅花屏一隔为二，首先映入眼帘的是几个又大又宽的相框。相框中可不是空的，都点缀着一个个古代的美人儿，什么上官婉儿、杨贵妃统统都有。我一开始还以为这是普通的画呢，但凑近一看，却是用各种五彩缤纷的材料镶嵌而成的。外间的中央摆着一张工作台，上边有六张大纸拼成的一幅半成品，“这是《刘备迎亲》，还在做呢。”俞爷爷告诉我们。

走近里间，一个不起眼的铁皮柜里藏着俞爷爷的“宝贝”。拉开其中一个抽屉，只见几块红中泛白的石头，可能是多日未清洗的缘故，上面沾满了白灰。俞爷爷说：“这是寿山石，现在市面上已经很难买到了，这些是我几十年前淘来的。”它们的表面有的光滑、有的粗糙，如同旧时的书页一般凹凸

不平。

别小看了这几块石头，它们可是俞爷爷生命当中的一部分呢！有人会问："如何用这些石头打造出如此精美的作品？"的确，光靠砂纸是不够的。俞爷爷神秘地笑了笑，从柜子上搬下一个胖胖的箱子，打开一看，里面装着一种草。我们面面相觑，但一旁有大人知道："这不是节节草吗？"果然，这种草似竹子一般，在中间分成几节，油绿油绿的，若是插在远处，视力差一点的人都会误看的。

接下来，俞爷爷给我们演示了如何打磨石头。只见他在石头上洒了一些水，石头上的白灰一下子被冲散了，露出了光泽亮丽的表面。他又把节节草放在石头上，用双手摁住，前后摩擦，不一会儿，一团白沫奇迹般地冒出来。略经冲洗后，我再一摸——哇，石头表面如同抹了油一样，光滑至极，真神了！要是换做我，估计东一下、西一下，磨半天也没有一点变化。

看来，七十年的苦干，俞爷爷连磨石头这么一个简单的动作也可以做得出神入化，只用了五秒钟，石头的一面已经被制服了。当然，磨石头只是第一步，雕刻、上色才是关键，但俞爷爷也一一攻克了，而且成品的精美程度令人望尘莫及。这般高超的技艺究竟是怎么来的？我想了许久才悟出答案：是"熬"出来的。

从上世纪五十年代一直到今天，七十年的时间，必定有困难，一定有煎熬，但他从未放弃，把百宝镶嵌当做一种坚定不移的热爱。这藏在心中的热爱之火，几十年来不仅没有熄灭，而且越烧越旺，铸成了俞氏百宝镶嵌一座又一座的艺术高峰。

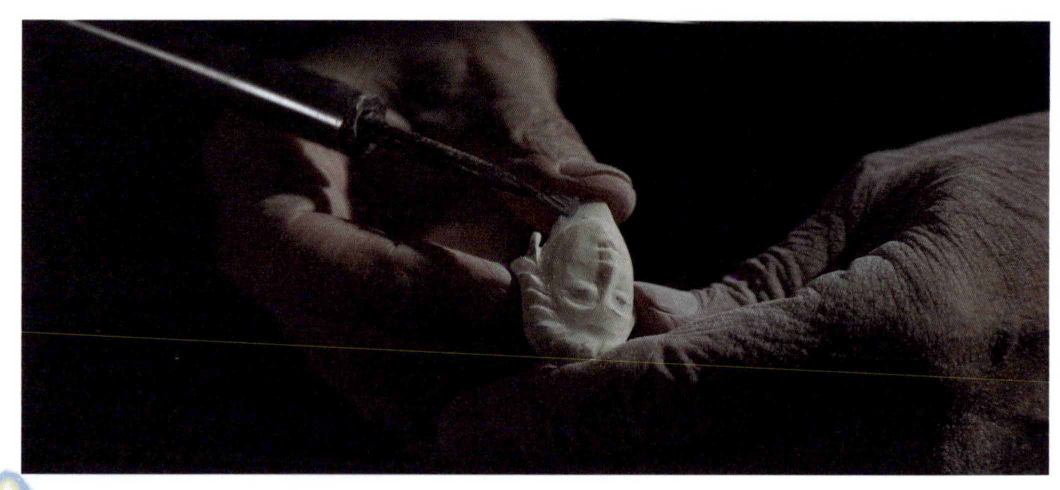

一位八旬老人的神奇“乐高”

《新闻晨报》小记者　刘昊冉
上外—黄浦外国语小学　五年级

相信许多小朋友们对乐高都不陌生。那些红的、蓝的、绿的小方块们，可以拼成飞机、赛车、机器人，可以变出童话世界，还可以组成超能战队。有这样一位老人，把那五彩斑斓的石头和贝壳当作他的“乐高”，用它们拼出了形形色色的人和物，展现出一个个神奇的世界，而且乐此不疲，整整“玩”了70年！他，就是俞氏百宝镶嵌技艺的第二代传人——俞升寿爷爷。

今天，烈日炎炎，蝉鸣阵阵，户外超过了37度。当我们小记者来到位于宝山顾村菊泉文体中心的俞氏百宝镶嵌工作室时，俞爷爷已经工作了一个上午了。打开门，穿着一件蓝色工装的他热情地向我们走过来，拍拍我的肩膀，精神显得极好。

不大的工作室里，一张长方形的大桌子就占去了一大半。桌子上铺着六张大宣纸，上面用线条勾勒着几位侍女，还有配剑的武士，有些人物、门栏和花草已经拼了起来。见我们大家的注意力都被这件作品吸引了，俞爷爷不由地笑起来，就像小朋友在炫耀自己最新的玩具一样，兴致盎然地举起一个侍女展示给我们看。“你们看反面，它就是各种颜色拼起来的。”在俞爷爷口中，没有什么名贵的玉石、玛瑙、紫檀、金银，那就是白的、绿的、红的、黄的石头，和彩色积木无异。

看我们对半成品颜色的灰暗和成品颜色的光泽和通透表示不解，俞爷爷“狡黠”一笑，从柜顶取下了一个神秘的纸箱子，里面是一大盒干枯的草。原来，这就是俞爷爷攻关的秘密武器之一——节节草。只见俞爷爷在石头上倒了一点水，然后用节节草轻轻上下摩擦，原本灰蒙暗沉的红顿时变成了深浅不一的红，透出灵动的底色来。

“乐高”被俞爷爷玩出了精彩和独特。墙上挂着俞爷爷的代表作《祝你长寿》，一个慈祥的老寿星，大大的脑门闪着光，一手捧着粉红的仙桃，一手举着仙杖，俞爷爷居然还在他的耳朵上簪了一朵红花。花瓣、胡须、皱纹和衣褶都被一一雕刻和镶嵌出来，比起我的乐高小人那千篇一律、没有表情的

脸，要精妙千万倍呢。

特别神奇的是，俞爷爷的“乐高”作品还会讲故事。就拿桌上这件正在制作中的作品《刘备招亲》来说，俞爷爷已将三个主要人物——刘备、孙尚香和赵云的各个部分分别拼好了，其余次要人物和背景还在陆续拼搭中。刘备的身体是最大的一块拼接石，主要部分是一件黄色缎袍，缎袍刻有闪光的祥云，腰间挂着翠绿的吊坠，最下是踩着木屐的脚。俞爷爷先将刘备的身体放在画稿上，然后把一块白玉石做的嵌好美髯的脸接在身体顶部，最后给他戴上一顶高高的冠帽。当刘备跃然出现在大宣纸上，整幅图一下子鲜活起来。俞爷爷就像一个导演，给各色人物搭了戏台，赋予他们形象和动作，将历史传说展现在我们眼前。

当我们问俞爷爷为什么会坚持做百宝镶嵌七十年时，他平静地说，“我也没有其他啥的喜好，就是喜欢做这个。越做越欢喜，越做越入迷。”原来，俞爷爷是乐在其中。对他来说，百宝镶嵌一开始也许是一门傍身的手艺，后来发展为像乐高一样的爱好，最后成了生命中不可或缺的一部分。

精美绝伦的百宝镶嵌工艺

《新闻晨报》小记者　白曼琪
上海市嘉定区实验小学　四年级

百宝镶嵌，百宝镶嵌，顾名思义就是选用各种各样的名贵材料，用巧夺天工的雕刻和镶嵌技艺，制成一幅幅精美绝伦的工艺美术作品。这项传统技艺发端于商朝的螺钿镶嵌，晚明工匠周翥集其大成，民国时期的著名工匠俞庆荣在传承的基础上自成一格，形成了俞氏百宝镶嵌。

今天我要采访的这位长者，就是俞氏百宝镶嵌的第二代传人、已经年近九旬的慈祥老人——俞升寿爷爷。俞爷爷的作品精细、精美、精彩，所以获得的奖项数不胜数。

为了让“百宝”们服服帖帖的，俞爷爷拥有各式各样的工具，如各种锉刀、刻刀、锯子、砂纸等，还有一种叫做“节节草”的东西。他告诉我们，节节草看起来像一根缩小了的竹子一样，细细长长、一节一节的，它的用处可不得了！使用节节草前，先用少许水打湿，然后拿出一块要打磨的石头，把沁湿的节节草放在石头上反复摩擦，几分钟后，原本灰蒙蒙的不起眼的石头就会变得锃亮。用水清洗过后，甚至还会产生玉石的莹润效果。而且，当一根节节草用不完时，还可以掐掉使用过的部分，将未使用的晒干，下次再用即可，真是便宜、好用还不浪费，怪不得成了俞爷爷手上的“秘密武器”呢。

一幅百宝镶嵌作品，最重要的地方当然就是一张传神的脸啦。如果要做人脸，过去当仁不让的选择就是名贵的白玉石和象牙。现在，因为大象是保护动物，国家禁止象牙售卖，所以俞爷爷把需要用象牙的地方都用牛角作了替代。看，俞爷爷是多么注重选材上的与时并进啊！

曾经子承父业的俞升寿爷爷，如今又把自己的绝活传给了儿子俞平，让俞氏百宝镶嵌技艺薪火相传。随着时间的推移，我相信这门非物质文化遗产一定会在像俞爷爷这样的睿智长者的带领下，不断推陈出新、发扬光大，就让我们拭目以待吧！

冬

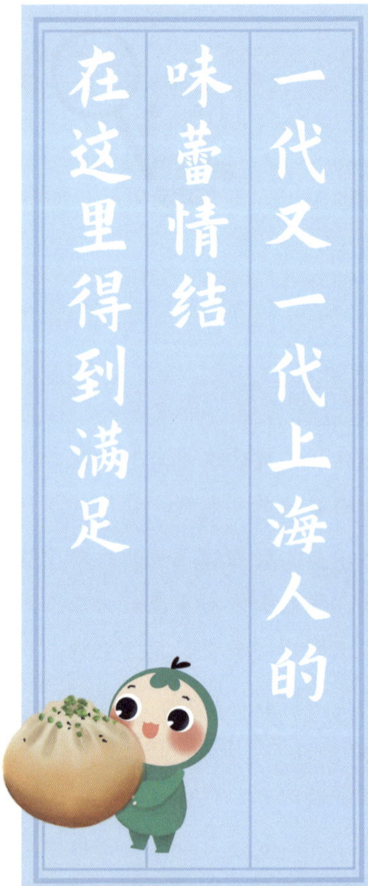

记忆的声音是怎样的呢？是“二两生煎、一碗小馄饨”的前台点单声，是“73号，73号坐在哪里”的服务员招呼声，是“滋啦滋啦”热油和铁锅碰撞的厨师操作声，更是“啪嗒啪嗒”踩着拖鞋从家里赶来的鼎沸人声……

这些声音，在重庆北路188号，一个门面朴素低调的小店汇总起来，成就了一代又一代上海人心心念念的美食圣地——东泰祥生煎馆。

守护项目

东泰祥传统生煎制作技艺

传承人

宗沛东

标准化流程，稳定品质

《新闻晨报》小记者　孙彧昂
上海外国语大学嘉定外国语学校　八年级

上海人管生煎叫“生煎馒头”，一两生煎馒头、一碗小馄饨是上海人早餐或夜宵的标配美食。但现在市面上常见的个大皮薄汤多的生煎，可不是传统的老上海生煎，传统老上海生煎包必须是底部金黄酥脆，顶冷而不塌。而今天我们来到的东泰祥生煎馆，有着非物质文化遗产的美誉，让我们来一探究竟，这家生煎馆到底和其他生煎馆有什么不同。

一进门，映入眼帘的是“非物质文化遗产”这几个大字，温馨又古色古香的陈设，使人感觉心旷神怡。

慢慢往里走，就来到了生煎馆的厨房，他们的厨房是全透明的，顾客们可以欣赏制作生煎的全过程。我们有幸观赏到了这一令人叹为观止的技艺。只见点心师傅一手拿起擀好的面皮，一手称出22克左右的肉馅，并在电子秤上过一下重量，确认达到标准后，用快速而又精准的手法折出一个顶部有14个褶子的生煎，而这整个过程只花了10秒钟的时间。这样娴熟而又稳重的手法，令我无比佩服。

不仅是包生煎的手法有技巧，煎生煎的过程也有讲究。所谓半发酵生煎，最关键的就是半发酵制作的面团技术。擀好的面皮必须在0度至15度的环境下静置20分钟，这样皮才能自然发酵，以锁住肉质与汁水的鲜美，而又不容易破。但这是一个有难度且复杂的过程，因为面团发酵之前必须要考虑天气的温度、空气的湿度、水温等各种因素对生煎出品的影响。也是因为这个过程很难把控，所以许多生煎店已经不再做半发酵面团了。

除此之外，生煎什么时候加水、加油和加葱花都有严格的时间限制，经理介绍说，只有标准化的操作流程，才能最大限度地保证生煎的稳定品质。

参观采访的最后，我也有幸品尝到了一盘热气腾腾的东泰祥招牌鲜肉生煎，刚出锅就“直达”餐桌的这道美食，顶着碧绿的葱花和黑色的芝麻，趁热咬开，柔软而有韧性

的面皮包着鲜嫩多汁的肉馅……

于我而言，那股滋味，是深入了解了东泰祥之后的真实体验，带着点新奇，带着点感动。

而于这个店堂里的更多更多满脸幸福的食客而言，那是记忆里的上海味道，是平凡生活里的一轮小小太阳。

扫照片看AR

生煎的数字故事

《新闻晨报》小记者　李依璇
上海市爱国学校　五年级

踏入东泰祥的大门，第一眼就能看到透明敞亮的制作间，揉面、包馅、下锅、煎制、出锅……东泰祥生煎诞生的全过程在其中一目了然，看似简简单单，因何摘得“非物质文化遗产”的赫赫名头？今天，就让我们走进东泰祥，看看“非遗保护”生煎背后的数字奥秘吧。

15、20

要论东泰祥的镇店之宝，莫过于半发酵面团。所谓的半发酵面团，是指在包馅后完成生煎的发酵过程，这样发酵出来的生煎皮子，厚度适中，既有松软的口感，又不失成形的质感。而在这个半发酵的过程中，需要根据不同的温度和湿度，调整不同的发酵时间，一年四季，一日三餐，所需要的发酵时间都有些微的差异，短到15分，长至20分，保证一年四季的生煎都是熟悉稳定的口感。

42、46

东泰祥的半发酵生煎，身段大小适宜，每个都有标准“体重”——鲜肉馅的每个42克，虾仁鲜肉的每个46克，其中面皮占到20克，与肉馅要接近1:1的比例，也确保了生煎“底部金黄酥脆，顶冷而不塌”的传统口感。

为了确保每个生煎“体重”达标，制作师傅揪下剂子（制作生煎皮的面团）之后，每一个都会放到电子秤上过一下，以确保分量的始终如一。而正是这种在经验传承上，加以现代化品控的管理方式，让东泰祥的口感稳定，备受好评。

14、10

东泰祥的半发酵生煎，身段大小适宜，每个都有标准“体重”——鲜肉馅的每个42克，虾仁鲜肉的每个46克，其中面皮占到20克，与肉馅要接近1:1的比例，也确保了生煎

“底部金黄酥脆，顶冷而不塌”的传统口感。

为了确保每个生煎“体重”达标，制作师傅揪下剂子（制作生煎皮的面团）之后，每一个都会放到电子秤上过一下，以确保分量的始终如一。而正是这种在经验传承上，加以现代化品控的管理方式，让东泰祥的口感稳定，备受好评。

24

作为身怀文化底蕴的地道上海小吃，东泰祥的生煎自带烟火气，而这样的烟火气，是24小时，缭绕在每一个辛劳的都市人身周的——无论是元气早餐、能量午餐，还是凌晨夜宵，一口热腾腾的生煎包，都会让这个城市充满温度。

进行这次传承百年的老上海美食采访，当然不能仅限于看一看、听一听它背后的数字故事，而更应该直接尝一尝它那不可抗拒的经典滋味——端到我面前的东泰祥生煎，头上顶着碧绿葱花，面颊边缀着几颗乌黑芝麻，而那一身雪白衣裳，一袭焦黄伞裙，更是让它仪态可人，身周那袅袅热气在提醒着我：赶紧趁热把它送进嘴里吧！我忙不迭地咬上一口，韧性十足的面皮，肥瘦相间的肉馅，配上酱香浓郁的汤汁，一切恰到好处。

“味至浓时即家乡”，如果以后你恰巧来到重庆北路，不妨也去东泰祥尝尝上海的味道，品品生煎的故事。

不忘初心，承载记忆

《新闻晨报》小记者　熊天翔

上海外国语大学民办闵行外国语初级中学　八年级

生煎，这道土生土长的“草根美食”，在百余年间，俘获了一代又一代上海人的味蕾。在这些都市“吃货”心底，不惜成本、不忘初心，坚持传统“半发酵”技艺的东泰祥，才是真正的“生煎圣地”。今天，我来到位于重庆北路的东泰祥，探寻我的祖辈、父辈念念不忘的那一口味道。

很难想象，在繁华的市中心，能寻到东泰祥这样一处装修朴实的店铺，置身于大厦楼宇之中，这间不大的门面店着实称不上华美。然而，无论是门口悬挂着的“非物质文化遗产保护单位”的牌匾，还是24小时时时人头攒动的客流，都比任何富丽堂皇的装修更能说明“东泰祥”这个品牌的含金量。

真正踏入这家24小时营业的生煎馆，入目可见传统气息与现代风格的交揉——深红木色构成的简单中式装潢，洒落着点点暖黄灯光，制作生煎的师傅们在全透明的中心厨房间忙活着，店内热闹却不失秩序。

男女老少都在这边吃早点——上班族神色匆匆，掐着表夹入口中；老年人边说说笑笑，不急不慢地细细品上一口；小娃娃迫不及待，将整一个热气腾腾的生煎塞进嘴中，却被汤汁烫得连连吐舌。

而我，固然早早想好了要一尝为快，但在此之前，还有更重要的事情等着我——那就是探访东泰祥背后的“生煎匠人”们，听听他们的初心。负责回答我们问题的，是一位儒雅诚恳的运营总监。

我的第一个问题，也是我最好奇的一点就是：“像东泰祥这样的老字号，会不会在时代的洪流中感觉不适，有没有想过转型或创新？”

我的采访对象，身穿整洁制服，声音缓慢低沉的东泰祥运营总监朱总监，思忖片刻便坚定回道：“不会。我们只想把传统的生煎越做越好。”

虽说在口味和技艺上毫不犹豫地坚持传统，但在服务方面，东泰祥却始终精益求精，“你们为什么会选择提供24小时服务呢？”

我问。

“这是一种责任与义务。”眼前这位儒雅的中年人，再一次郑重地回答，“我们希望不只是提供早餐，更可以做到无论多晚，都能够随时端上一份热气腾腾的点心，给这个城市保留一点温度。”

“听起来，东泰祥对您来说，不仅仅是一份工作，更是一份使命呢！”我感叹道。

“那是因为，我们给大家带来的生煎，早就扎根在了上海人的心里，铁锅转动，芝麻喷香，白白胖胖的生煎一出炉，蘸上一点点米醋送进嘴巴，那就是幸福……”朱总监仿佛陷入了自己和所有食客共同的美食记忆之中。

而我，也被他所描述的场面吸引了，陪我前来采访的妈妈更是连连点头：“对对，我小时候也最喜欢弄堂门口的那个生煎摊头了！”

看着老一辈们脸上洋溢着的笑容，看着年幼的孩子享受时的满足，看着络绎不绝的人们满怀期待的眼神，我想，一道点心，原来能够给人带来如此巨大的幸福感，这也让我开始理解了东泰祥的坚守——他们不只是传承发扬了一种海派技艺，更是坚守呵护了一代人心中的美好。是的，守护！东泰祥的确做到了。

资深"吃货"与百年老店

《新闻晨报》小记者　顾笛葳
上海民办光华中学　六年级

这次，我有幸随着晨报学记团，来参观闻名沪上的传统生煎店——位于重庆北路的百年老店东泰祥。

其实，在采访之前，作为一名资深"吃货"，我和这家东泰祥，早已有过"一面之缘"。

那是一次全家人尽兴游玩之后，恰巧路过重庆北路，明明已经非常疲惫的爸爸，特意调转车头，重新开到东泰祥店门口，下车去买上几两生煎包。而妈妈也特别激动，絮絮叨叨地和我说了很多关于这家生煎的特别之处……那时的我，对于爸爸妈妈的这种雀跃之情，感觉很难理解。

等到走入店堂，我看着那总共只有两种口味生煎的菜单，更加费解了：自家的招牌菜，怎么也不知道推陈出新呢？而爸爸喜滋滋地买回了生煎，在车上就迫不及待地递给了我和妈妈，我看着眼前这个松松软软胖乎乎，还长着几颗"芝麻雀斑"的一小团，总觉得跟曾经吃过的薄皮满汤的生煎有点不一样，真正送入口中之后，那种差异感就更强烈了。但是到底不一样在哪里，到底孰优孰劣，我好像也说不上来。

所以这一次我可是怀着小目标来的：我打算要好好了解一下这道让爸爸妈妈念念不忘的知名点心。

可能是英雄所见略同吧，围绕在东泰祥运营总监身边的所有小记者，一致把提问的焦点集中到了"传统技艺是不是要创新"这个问题上。毕竟，在恨不得今天吃榴莲口味生煎、明天吃臭豆腐口味生煎的我们眼里，新鲜即正义，数十年只做两种口味，这简直枯燥极了！

总监仿佛听到了我内心那小小的质疑，他转过身来，用无比诚恳的神情看着我说："那么多年，东泰祥只做鲜肉生煎和虾肉生煎，也许你们觉得新事物新口味越多越好，但东泰祥却希望，集中精力，把传统做精做细。"

这位总监还介绍说："作为一项非遗技

艺，想要学得，自己本身得具备一定的点心功底，现在，东泰祥大部分的生煎师傅都是三四十岁左右，每个人都曾在岗位上磨练过多年，看似简单的滚面、包馅，要想做好，都是需要精确控制的。”

总监的这一番话，和透明中心厨房里，制作师傅那始终专心致志的神情，真的让我感受到了，东泰祥在传统的道路上，是如何力求极致的。

感动之余，我也有点为东泰祥担心，成本不低，技艺复杂，偏偏口味只有两种，而价格也是超级实惠，四个只要11块钱——这样的百年老店，会不会遭遇生存危机？

不知不觉，时间慢慢到了中午的饭点，店堂里的客人越来越多，有说着流利上海话的叔叔阿姨，也有专程赶来网红打卡的潮流青年，更有行色匆匆急着打包的白领……各式各样的人，因为一道美食而汇聚到了这里，把那蕴藏于味蕾中的记忆，当作一座闪着微弱但坚定光芒的灯塔。

我想，我终于有点懂得东泰祥了。

我想，我的担心，应该是多余的吧！

不尝老城隍庙五香豆
不算到过大上海
五香豆

在城隍庙最热闹的九曲桥边，“上海五香豆”占据了正南面最好的一个门面。虽然当年早晨八点就有人排队的盛况不在，但店内的游客依然络绎不绝。一位男售货员用一个大号塑料袋，装好满满一袋五香豆放在柜台边，估计是游客预定好一会儿来取的。

“不尝老城隍庙五香豆，不算到过大上海。”五香豆作为上海的特产，是很多游客必带的伴手礼，也曾是很多上海人记忆中的美味。

五香豆制作技艺传承人仇成华老师1980年进厂学做五香豆。他说，最辛苦的是煮豆和翻豆。“煮豆要掌握火候。那时候没有电磁炉，靠烧煤。就怕遇到差煤，你要它火上来的时候它就是不上来。一个班头7个多小时，炉膛温度300多度，冷天热天都一样。”翻豆呢，则全靠两个膀子和手腕的力道，每一扁30多斤，要不停地翻动，“有同事因此得了腱鞘炎”。

几位“00后”“10后”的《新闻晨报》小记者，还都没有吃过五香豆。采访进展到一半，家长们说，今天回去就去买几包五香豆尝一尝。

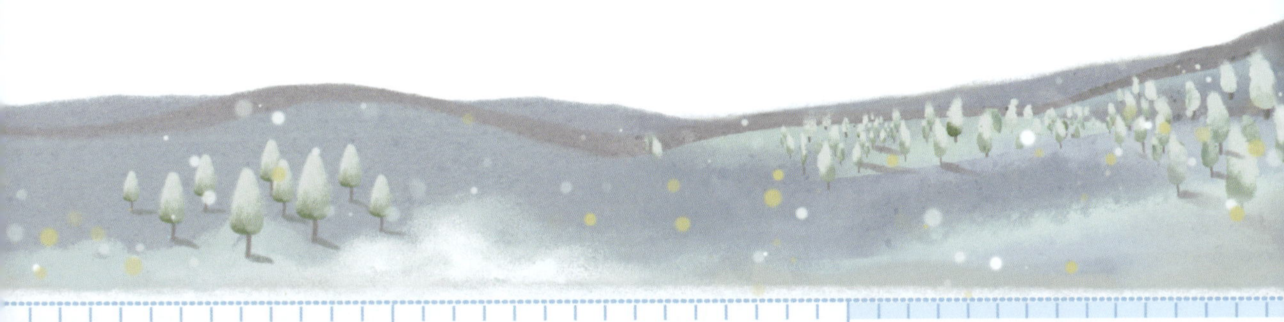

五香豆我竟然没吃过

《新闻晨报》小记者　张子肖
上海市实验学校附属东滩学校　六年级

“没去城隍庙，等于没来过上海；没吃五香豆，等于没去过城隍庙！”这句响亮的广告语在1980年代的上海，流传一时。那时，作为上海的知名特色小吃，五香豆不仅是上海人的“心头爱”，还是游客们回家必带的上海特产。可是，我作为一个土生土长的上海小囡，居然没吃过五香豆！

于是，在采访五香豆制作技艺之前，我在家里做了个小调查。我去问爸爸妈妈，他们都说听过“五香豆”，但是没有吃过。我又去问了外婆，她告诉我：“我小时候啊，吃五香豆的，我母亲有时会去城隍庙买给我吃，可好吃了！”原来，对于我们的祖辈来说，五香豆是他们的童年，也是上海的历史。所以在他们眼中五香豆是不可缺失的。

8月6日，我带着一丝好奇，走进了上海五香豆厂，去看看外婆记忆中的“可好吃”的五香豆是如何制作的。

五香豆制作技艺传承人仇成华师傅告诉我们，五香豆是茴香豆和六香豆的组合品。茴香豆用手拿了之后，会很黏，需要再去擦手，比较麻烦；六香豆呢，太硬了，不太受欢迎。所以五香豆就改掉了他们的缺点，留下了他们的优点：它不仅不粘手，而且软硬适中，极其美味。它的口味用五个字概括，就是“咸”“甜”“香”“酥”“糯”。

五香豆当年还被称为“奶油五香豆”，因为豆子外面的盐霜看上去神似奶油，所以就取了个这样的名字。它的口味从外面的盐霜（咸）到豆子本身（香）再到最后的回味（甜），可谓口味丰富。豆子用的是三白蚕豆，口感糯糯的。而且它竟然不放一点味精和防腐剂，是纯天然的。

但是时间在流逝，市面上有了越来越多受年轻人欢迎的食品，例如可乐、奥利奥、巧克力等。为了再次走上巅峰之路，师傅们也尝试过把五香豆做成各种口味，但吃起来总觉得怪怪的。不过这也好，可以依旧是那

原汁原味。

你是不是已经蠢蠢欲动想去城隍庙买一包五香豆吃啦？反正我已经迫不及待喽！

记忆中的五香豆

《新闻晨报》小记者　蔡雨霏
上外—黄浦外国语小学　五年级

“不尝老城隍庙五香豆，不算到过大上海”奶奶知道我要去上海五香豆厂采访后，不禁念叨起来：“我们小时候，能吃到五香豆是一件很幸福的事。不过现在五香豆嚼起来有点不一样，豆的口感变硬了。”奶奶轻轻叹了口气。

带着对五香豆的好奇，我来到了上海五香豆厂，采访五香豆制作技艺传承人仇成华师傅。仇师傅首先向我们介绍了五香豆的由来。那时正值抗日战争时期，城隍庙是难民们的聚集地，一位叫郭瀛洲的老先生改进了当时茴香豆和六香豆的做法，发明了一种新的零食，因为它咸甜香松糯的特点，而取名“五香豆”。

仇师傅是1980年进厂开始接触制作五香豆的，当年他才20岁，当兵回来跟创始人郭瀛洲的四弟学习手艺。我问仇师傅，为什么我奶奶说过去的五香豆很软很好吃，但现在却很硬。师傅解答了我的疑问，这是因为它的原材料不再是白蚕豆了。种植白蚕豆的地没有了，只能用其他蚕豆品种替代，所以豆的口感会有变化。仇师傅又补充道：“虽然蚕豆品种变了，但制作的工艺还是一点没打折扣。”

回家的路上，我和爸爸兴冲冲地跑去城隍庙买了一包五香豆带回家，到家告诉了奶奶今天采访的见闻。奶奶嚼着五香豆感叹：“口感虽然不一样，味道确实还是记忆中的味道。”我陪着奶奶，边吃着五香豆，边听她讲那些过去的往事。

既远又近的五香豆

《新闻晨报》小记者　陈姿旖
上海市建平中学西校　七年级

五香豆和上海人的关系很微妙，既远又近，若即若离。你随便抓过一个上海人问："最近一次吃五香豆是什么时候？"少有人能答得上来。

我也不例外。所以我怀揣着对五香豆的懵懂，8月6日，我来到上海五香豆厂，采访五香豆制作技艺传承人仇成华师傅。

仇师傅娓娓道来五香豆的历史。在上世纪30年代，五香豆的创始人郭瀛洲背井离乡只身来到上海。一开始他靠摆小摊来谋生，但生意一直不红火。为了自己的生活，他在偶然的一次机遇下决定改行试制一种新的蚕豆。他选用了白皮白肉的蚕豆，在配料上动了许多脑筋，调整口感，调试火候，最终调制成了一种新口味。

由于当时市面上已经有了绍兴茴香豆和六香豆，所以他把他自己的产品取名为五香豆。仇师傅笑着说，并非因为里面加了五种香料，而是借助于当年乾隆皇帝下江南时，对于自己品尝过的一种美味的豆类食品，连说了五声"香"，所以取名为"五香豆"。

五香豆既不夹生又香甜可口，做到了色香味俱全，口感呈软中带硬，咸中带甜，深受顾客喜爱，最外面的一层白霜，是要慢慢舔的，舔完后的五香豆，仍然留存着咸香，咬到内心则有些些软韧，特别适合闲时当消遣。

可惜的是，时过境迁，如今的五香豆不复往昔的风光，制作技艺则在2012年申请成为非物质文化遗产。哪怕是对五香豆有着深厚感情的老一辈上海人，会专门去买来吃的恐怕也不多，更不用说对五香豆感到陌生的年轻一代了。

听着仇老师的讲述，我不由得想尝一尝这一"老上海的味道"了。身边有家长说，她已经网上下好单啦！希望五香豆可以一直陪伴在我们身边。

仿形十大动物
卢式心意拳
练身更练心

遇见余江老师，是在北虹路的上海“十大形功夫馆”。因为常年习武，余老师身形挺拔、臂膀宽厚，谈话间文静儒雅，他担任十大形功夫馆馆长，亦是上海非物质文化遗产“卢式心意拳”传承人。

卢式心意拳，是由一代宗师卢嵩高老师从河南心意六合拳承袭演变，在上海开创的一种拳法，在沪上民间具有较高普及度。它象形取义鸡、鹞、燕、鹰、虎、马、熊、蛇、猴、龙这十种动物的运动形态，讲求一招制敌，不拖泥带水。

余老师说，习武有三个阶段：武术、武意、武艺。在武术阶段，学和问的都是“术”，学到最后，练的是形意、心意，和艺术相通，也可以传世。到彼时，并非练给别人看，而是练给自己看，是自己喜欢的一种“心境”。

守护项目

卢式心意拳

传承人

余江

心意拳“心意”之所在

《新闻晨报》小记者　范泽熙
上海市进才中学北校　八年级

“掌心推出，袖口生风；定步摇闪，伺机发动……”卢式心意拳讲究灵活闪躲与爆发，可以在一闪一躲瞬间精准打击对手。这个暑假，我来到上海非物质文化遗产“卢式心意拳”传承基地，与传承人余江老师交谈后，觉得这个拳种“帅极了”！卢式心意拳源于河南心意六合拳，后来一代宗师卢嵩高老师将之继承和发展，并在上海开创了海派“卢式心意拳”。这门武术有个特点，那就是与时俱进，跟着时代的变化与需求不断进化。

卢式心意拳还是因人而异的，不同体型的人练习不同的拳。卢式心意拳又名“十大形”，顾名思义，有十种拳术以“禽类”和“兽类”命名：比如鹞形与鹰形，鹞形拳法比较适合身形正常的人学习，而鹰形则适合个子高且手长的人；鹰形习拳者的身形优势是从上往下打，而鹞形却是旋着出招。

经过学员们的一番详细介绍，我们深有感触，拳法中的拳式看似相近，实则却是严谨细致的存在，而要找到适合自己的最佳门路，更是需要仔细研究和长期操练才能摸到其中的精髓。

听功夫馆的学员们说，“在坚持习拳之后，你甚至还会发现你的品行、身心方面都在慢慢发生着不可思议的变化。”由于长期练拳，人的肌肉会得到锻炼，从而使得心肺功能增强，小毛小病也没有了。这仅是“身心”当中“身”的一部分，而通过长期坚持不懈地习拳，在耐得住寂寞和克服困难的过程，人的心智也不断成长，今后遇到挫折的时候，就会有动力来积极克服，这与古人说的“苦其心智，劳其筋骨，空乏其身，行拂乱其所为”的道理是一致的。

采访过程中，余江老师让他的得意门生来教我们试打心意拳中的“马拳”。看似很简单的动作，抬腿、提腿、手击，每个动作都有讲究，要打好却不是一件容易的事。余江老师说，心意拳并不难，很好入手，但需

反复多年练习，才能深得其中精髓，这才是“心意”之所在。

作为一门非遗技艺，余江老师和学员们希望卢式心意拳能在上海，乃至全国发扬光大，传承下去，让人们的身体更健康，让大家的运动方式变得简便快捷，这也许也是另一种层面上的“心意”。

一人一形一套拳　一生一练一经典

《新闻晨报》小记者　徐卓涵
上海市静安区教育学院附属学校　七年级

作为上海非遗名录中的中国功夫——卢式心意拳，是海派文化中非常具有代表性的传统技艺。这大名鼎鼎的“上海派心意拳”到底有怎样的魅力呢？带着好奇和探究的心理，我们晨报小记者一行来到了位于长宁区的“十大形功夫馆”——上海非物质文化遗产“卢式心意拳”的传承基地。

推开功夫馆练功房的大门，强大的气场扑面而来。馆里数十位身着练功服的“武林高手”们正热火朝天地操练着，有的动作轻如燕，有的身形灵如猴，有的出招劲如鹰，有的气势猛如虎……或攻或守，或疾或缓，把我们看得眼花缭乱，忍不住拍手叫好。

卢式心意拳第三代传承人、十大形功夫馆馆长余江老师笑着问我们：“你们看看，这些动作都像什么？”“那个跳跃的动作像猴子”，“这个进攻的姿势像老鹰”，我们纷纷抢着回答。卢式心意拳俗称上海十大形，因为它象形取义，模仿鸡、鹞、燕、鹰、虎、马、熊、蛇、猴、龙十种动物在猎食、防御时的姿态。学拳人根据不同的体形，选择不同的动作练习。比如这位高高壮壮的老师打的是熊形，而那位瘦瘦的老师打的是猴形，真正做到因人而异，因材施教！

“那么厉害的拳法，老师们都是从小练起的吗？”面对我们的提问，余老师的弟子之一徐翔老师笑呵呵地回答：“我平时是做法律工作的，这几年才跟着余老师练拳。以前身体不好，练了十大形，身体越来越壮，随随便便跑个几公里没问题。”余江老师补充道：“心意拳相传是南宋抗金名将岳飞所创，用来杀敌报国，因此除了实战性强，它还有容易上手的特点。后经过一代武学宗师卢嵩高大师继承和发扬，将实用、强身、易学作为特色，老少皆宜。”

听着余老师的介绍，我们不禁对卢式心意拳心驰神往。看到我们一个个跃跃欲试的样子，老师便传授了一招“野马奔槽”。这一招式的精髓在于要体现出饿马夺食时的迅疾和气势。只见老师先向前跨上一步，起脚

从下而上踢向对手腹部，接着顺势出拳击打其下颌，动作干净利落，一气呵成。我们依照着老师的样子比划起来，不一会儿竟也能有模有样地打出“咄咄逼人”的气势。自觉“学有小成”的小记者们纷纷表示：“真的不难！这么棒的拳法，应该让更多的人来学习。”

余老师点点头：“练武，不仅能强健身体，更能改变一个人的精神气质。希望大家能通过学习卢式心意拳，进一步了解和学习中国传统文化，传承和发扬‘爱国、感恩、正气、大义、勇敢’的武术精神。”

好一套卢式心意拳！习得一身，正气一生，忠勇仁善，心意如一！

图书在版编目(CIP)数据

跟着孩子看非遗 / 吴鹏宏等编. -- 上海 : 上海文
化出版社, 2021.6
ISBN 978-7-5535-2307-1/G.386

Ⅰ. ①跟… Ⅱ. ①吴… Ⅲ. ①非物质文化遗产—上海
—青少年读物 Ⅳ. ①G127.51-49

中国版本图书馆CIP数据核字(2021)第101667号

出 版 人:姜逸青
责任编辑:张彦
装帧设计:徐洁园 钟晶 刘珈伲

书　　名:跟着孩子看非遗
编　　者:吴鹏宏 张洁 黄琼 杨伟中 张黎明 华凌磊 张智丽 钱张帆 李响 李楠
出　　版:上海世纪出版集团 上海文化出版社
地　　址:上海市绍兴路7号 200020
发　　行:上海文艺出版社发行中心
　　　　上海市绍兴路50号 200020 www.ewen.co
印　　刷:上海新开宝商务有限公司
开　　本:787×1092 1/16
印　　张:19.25
印　　次:2021年6月第一版 2021年6月第一次印刷
书　　号:ISBN 978-7-5535-2307-1/G.386
定　　价:128.00元

告 读 者:如发现本书有质量问题请与印刷厂质量科联系
T: 021-59988972